DESCOMPLICADAS

DESCOMPLICADAS

Guiando meninas adolescentes
pelas sete etapas até a vida adulta

Lisa Damour, Ph.D.

Tradução
Fabienne W. Mercês

BICICLETA AMARELA
ROCCO

Título original
UNTANGLED
Guiding Teenage Girls Through the Seven Transitions into Adulthood

Os conselhos contidos neste livro não constituem nem substituem tratamento psicológico profissional, terapia ou outros tipos de aconselhamento ou intervenção profissional.

Copyright © 2016 de Lisa Damour – Todos os direitos reservados.

Publicado nos Estados Unidos pela Ballantine Books, uma associada da Random House, uma divisão da Penguin Random House LLC de Nova York.

Ballantine e House são marcas registradas da Penguin Random House LLC.

Agradecimentos especiais a Hal Leonard Corporation pela autorização de reproduzir um trecho extraído de "Sexual Healing", letra e música de Marvin Gaye, Odell Brown e David Ritz, copyright © 1982 da EMI April Music Inc., EMI Blackwood Music Inc. e Ritz Writes. Todos os direitos administrados pela Sony/ATV Music Publishing LLC, 424 Church Street, Suite 1200, Nashville, TN, 37219. Direitos autorais internacionais garantidos. Todos os direitos reservados. Reimpresso com a autorização de Hal Leonard Corporation.

BICICLETA AMARELA
O selo de bem-estar da Editora Rocco Ltda.

Direitos para a língua portuguesa reservados
com exclusividade para o Brasil à
EDITORA ROCCO LTDA.
Av. Presidente Wilson, 231 – 8º andar
20030-021 – Rio de Janeiro – RJ
Tel.: (21) 3525-2000 – Fax: (21) 3525-2001
rocco@rocco.com.br
www.rocco.com.br

Printed in Brazil/Impresso no Brasil

Preparação de originais
HALIME MUSSER

Coordenação editorial
BRUNO FIUZA

CIP-Brasil. Catalogação na fonte.
Sindicato Nacional dos Editores de Livros, RJ.

D171d
Damour, Lisa
Descomplicadas: guiando meninas adolescentes pelas sete etapas até a vida adulta / Lisa Damour; tradução de Fabienne W. Mercês. – 1. ed. – Rio de Janeiro: Bicicleta Amarela, 2019.

Tradução de: Untangled: guiding teenage girls through the seven transitions into adulthood
ISBN: 978-85-68696-57-6
ISBN: 978-85-68696-59-0 (e-book)

1. Adolescentes (Meninas). 2. Adolescentes (Meninas) – Psicologia. 3. Pais e adolescentes. I. Mercês, Fabienne W. II. Título.

19-55300	CDD-649.125
	CDU-649.1-053.6

Vanessa Mafra Xavier Salgado – Bibliotecária – CRB-7/6644
O texto deste livro obedece às normas do
Acordo Ortográfico da Língua Portuguesa.

Em memória afetiva de Jim Hansell,
cuja mente brilhante foi guiada pelo coração mais bondoso

Enquanto uma adolescente for inconsequente[1] e apresentar comportamento imprevisível, ela pode sofrer, mas não me parece precisar de algum tratamento. Acho que ela deveria ter tempo e espaço para descobrir as próprias soluções de suas questões. Em vez disso, pode ser que seus pais precisem de ajuda e aconselhamento para lidarem com a filha. Existem poucas situações na vida mais difíceis de enfrentar do que um filho ou filha adolescente em sua tentativa de se tornar livre.

— Anna Freud (1958), "Adolescence"*

---

* Tomei a liberdade de substituir o uso do pronome masculino por um feminino ao revisar o texto de Anna Freud de 1958, alterando o estilo da época, que adotava por regra os pronomes sempre masculinos.

Sumário

Introdução	13
UM **Saindo da Infância**	19
Dando um Gelo	23
Alérgica a Perguntas	30
Surpreendentemente Cruel	32
A Piscina	35
Totalmente Competente, Só que Não	38
Desabrochando com Relutância	41
Fumaça Sem Fogo	46
Abandonando a Infância: Quando se Preocupar	50
A Garota Peter Pan	50
Correndo para Se Tornar Adulta	52
DOIS **Entrando numa Nova Turma**	57
O Apelo da Popularidade	60
Briga da Turma	65
Falsas Amizades	67

Se Sua Turma Pular da Ponte...	70
Quando a Turma Precisa dos Mais Velhos	74
Habilidades (nas redes) Sociais	79
Entrando numa Nova Turma: Quando se Preocupar	83
Isolamento social	83
Sofrendo Bullying	84
Praticando Bullying	88

TRÊS Dominando as Emoções — 90

Você: Lixo de Emoções	94
Estou Chateada, Agora Você Também Está	98
Angústia da Nova Amizade	104
Reações Catalisadoras	108
Postar para Sobreviver	111
Como Virar um Pai Controlador Sem Querer	116
Dominando as Emoções: Quando se Preocupar	119
Reconhecendo o Estado de Espírito do Adolescente e Distúrbios de Ansiedade	119
A Solução Autodestrutiva	122

QUATRO Desafiando a Autoridade do Adulto — 124

Olhando por Trás da Cortina	125
O Fim do "Porque Eu Mandei"	127
Contendo o Perigo	134
Ruptura e Conserto	138
Buracos Negros	144
Adultos com Defeitos	148
Mantendo a Postura	154
Desafiando a Autoridade do Adulto: Quando se Preocupar	158
Bom Demais para Ser Verdade	158

Sempre Desafiando 159
Adultos que Entram em Conflito 161

CINCO Planejando o Futuro 163

Impulsos, Conheçam a Internet 165
A Estrada para o Futuro: Quem Dirige? 168
Alcançando a Aprovação 172
Preocupada com os Testes 178
Planejando a Semana Seguinte 183
Lidando com a Frustração 186
Planejando o Futuro: Quando se Preocupar 190
   Muito Planejamento, Nenhuma Diversão 191
   Sem Planos à Vista 192

SEIS Entrando no Mundo do Romance 195

Um Sonho Adiado 196
Um Encontro Promovido numa Reunião de Marketing ... 201
Olhando a Longo Prazo 203
A Bússola Interior 208
Namoro por Posição Social 212
Ser Gay: A Difamação e a Realidade 216
Entrando no Mundo do Romance: Quando se Preocupar ... 223
   Os Afluentes e o Lago 224
Os Romances Sazonais 226

SETE Cuidando de Si Mesma 228

Concordar sem Escutar 229
Garotas, Comida e Peso 231

Dormir *versus* Tecnologia   236
Conversa Séria sobre Beber   239
Falar Abertamente sobre Drogas   247
Sexo e Seus Riscos   253
Cuidando de Si Mesma: Quando se Preocupar   259
    Distúrbios Alimentares   259
    Ela Ainda Não Está Pronta para Deslanchar   260

Conclusão   263
Agradecimentos   265
Notas   267
Fontes Recomendadas   285

Introdução

PRECISAMOS DE UMA NOVA ABORDAGEM PARA FALAR DAS ADOLESCENTES, PORQUE a forma como esse debate é conduzido não é justa com as meninas nem ajuda seus pais. Se você está lendo este livro, provavelmente alguém já comentou sobre sua filha algo como "*Espere* até ela virar adolescente!". (E os pais que dizem isso nunca dão um sentido positivo à frase.) Se você já leu outros livros sobre garotas adolescentes, talvez tenha percebido como exploram o lado mais sombrio da adolescência — como as garotas sofrem ou causam sofrimento a seus pais e amigos. É de fato verdadeiro que garotas podem ser duras consigo mesmas e com os outros, e, mesmo quando estão muito bem, são com frequência imprevisíveis e intensas. Mas muitas vezes tratamos a adolescência como um período destinado a ser doloroso e turbulento para as adolescentes e seus pais. Fazemos parecer que criar uma adolescente é como andar em uma montanha-russa: a família toda embarca, se segura com força durante o percurso todo, enquanto os pais rezam para que, depois dos altos e baixos, sua filha desça do carrinho como uma adulta feliz e saudável.

Estou aqui para contar que a vida ao lado de sua filha adolescente não tem a obrigação de ser um caos. Existe um padrão *previsível* no desenvolvimento da adolescente, um mapa que mostra como as meninas crescem. Quando você entende o que faz sua filha despertar, tudo nela faz mais sentido. Quando você tem um mapa do desenvolvimento adolescente, fica muito mais fácil guiá-la para que se torne a mulher sensata que você deseja que ela seja.

Para conhecermos um caminho novo e mais proveitoso para falar das adolescentes, mergulhei na jornada que atravessa a adolescência, organizando-a em sete etapas de desenvolvimento, apresentadas uma a uma em cada capítulo deste livro. Essas etapas elucidam as conquistas específicas que transformam garotas em adultas vibrantes e ajudam os pais a entenderem que muitos comportamentos de suas filhas, inclusive os estranhos e desafiadores, são normais e indicam a evolução de cada uma.

Os primeiros capítulos descrevem as etapas mais perceptíveis[2] durante o ensino fundamental (entre os onze e os treze anos para a maioria das garotas). E os capítulos seguintes falam de etapas geralmente mais evidentes quando as garotas entram no ensino médio. As adolescentes em desenvolvimento costumam vivenciar cada uma dessas etapas em ritmos diferentes, percorrendo várias delas paralelamente, o que explica por que a adolescência pode ser tão difícil para as garotas e os adultos ao seu redor.

Sou um desses adultos que se importam muito com as adolescentes e construí a minha carreira profissional em torno delas. Semanalmente encontro meninas e seus pais no meu consultório, oriento estudantes do Departamento de Ciências Psicológicas da Case Western Reserve University enquanto eles aprendem a trabalhar com adolescentes, faço aconselhamento de estudantes no meu escritório na Laurel School, uma escola independente só para meninas que vai da pré-escola ao ensino médio, onde trabalho como psicóloga-consultora e dirijo o Centro de Pesquisa sobre Meninas. E, como orgulhosa mãe de duas garotas, tenho a sorte de tê-las no centro de minha vida pessoal também.

Observar garotas sob pontos de vista tão distintos me inspirou a perceber que tornar-se adulto divide-se em categorias significativas, sendo possível usar essas categorias — essas etapas — para medir o desenvolvimento das garotas durante seu crescimento. O conceito de etapas de desenvolvimento[3] não é novo. Foi proposto inicialmente pela reconhecida psicanalista Anna Freud, filha de Sigmund Freud, em 1965, como uma maneira de organizar o turbulento desenvolvimento infantil.

Ela evidenciou que as crianças se desenvolviam em várias frentes — da dependência para a autoconfiança, da brincadeira para o trabalho, do egocentrismo para o companheirismo, e percebeu que podemos avaliar com exatidão o desenvolvimento da maturidade de uma criança a partir dessa e outras etapas.

Anna Freud foi uma entre muitos pensadores que propuseram um enquadramento para o desenvolvimento psicológico saudável. Em 1950, Erik Erikson desenvolveu um modelo de desenvolvimento[4] da infância à velhice, marcado por desafios existenciais a serem vencidos a cada passo. Psicólogos da atualidade mantêm a tradição de estudar o desenvolvimento a partir de cada componente. Hoje, consideramos o envelhecimento com base em etapas físicas, emocionais, cognitivas e sociais. Em outras palavras, estudos acadêmicos sobre o desenvolvimento humano divididos em fases de compreensão constituem agora uma tradição teórica rica e um robusto corpo de pesquisas. Debruço-me sobre o trabalho de grandes intelectuais ao propor um modelo concreto e compreensível do que as garotas precisam *exatamente* realizar para atravessar a adolescência de forma bem-sucedida.

Uma vez que desenvolvi mentalmente esse modelo e percebi que ele respondia a muitas questões que eu observava, eu o apresentei aos meus alunos de pós-graduação para ajudá-los a compreender os complexos casos envolvendo adolescentes que surgiam. Geralmente adolescentes em desenvolvimento podem ser impulsivos e confrontadores, apresentando comportamentos absolutamente estranhos para os padrões adultos. Sendo assim, esses clínicos em formação precisavam de um quadro geral que os permitisse avaliar a saúde mental dos adolescentes que buscavam psicoterapia. Quando perguntávamos "Em quais etapas o adolescente está progredindo, apresenta dificuldades ou não consegue se desenvolver?", podíamos ordenar o caos aparente e orientar o trabalho que os clínicos novatos estavam aprendendo a fazer.

É prático para os profissionais analisar as adolescentes usando como base as etapas de desenvolvimento que surgem durante essa fase, mas, acima disso, tais etapas ajudam os pais a identificar as conquistas que transformam as garotas em adultas, além de compreender o familiar, porém confuso, comportamento adolescente. No ano passado sua filha pode ter gostado de participar das brincadeiras infantis na festa do bairro, mas, este ano, ela insiste em ficar com os adultos enquanto reclama que está entediada. O que provocou a mudança? Talvez ela esteja saindo da infância (capítulo 1). E como você lida com uma menina que está animada tanto para comprar um exemplar da revista *The Economist* para um trabalho escolar quanto três exemplares da *Us Weekly* que traz uma matéria com sua banda favorita? Provavelmente você a está assistindo entrar no mundo do romance (capítulo 6). Quando você compreender o importante processo de desenvolvimento que sua filha está vivenciando, você ficará menos apreensiva com certos comportamentos intrigantes.

Pensar em etapas de desenvolvimento ajuda a concentrar a energia no ponto mais necessário. Por exemplo, sua filha pode ter um grupo de amigas leais e ter sido bem recebida em um novo grupo (capítulo 2), mas ela pode estar negligenciando as tarefas escolares e precisando de ajuda para planejar o futuro (capítulo 5). Talvez ela sonhe em jogar softbol na universidade, mas ignora o conselho de seus treinadores. Ela pode estar comprometida com seu objetivo, mas não o suficiente para que deixe de desafiar a autoridade dos adultos (capítulo 4). Estar atenta às múltiplas facetas do desenvolvimento de sua filha evitará que você se distraia com o sucesso dela em algumas áreas, deixando de lado outras em que ela tem dificuldade.

As etapas nos permitem avaliar, a qualquer momento, o progresso de uma adolescente nos pontos mais importantes de desenvolvimento. Você deveria se preocupar quando sua filha fica deprimida porque perdeu a eleição para o conselho estudantil? Vai depender se ela costuma ser resiliente ou está com dificuldades para lidar com os sentimentos (capítulo 3). Você deve se despreocupar com a decisão dela de sair sem agasalho num dia frio ou considerar o desprezo dela com o próprio bem-estar como parte de um já preocupante padrão que mostra dificuldades de cuidar de sim mesma (capítulo 7)? Já que garotas adolescentes costumam ter comportamentos que seus pais não entendem, é útil ter uma maneira de saber quando não há necessidade de interferir e quando deve-se fazê-lo.

Visto que adolescentes costumam ter comportamentos que seriam considerados estranhos em qualquer outra fase da vida, como perceber quando acontece algo de muito errado? Para esclarecer a diferença entre o comportamento normal de uma adolescente e o que deve ser de fato preocupante, você encontra no final de cada capítulo uma seção intitulada "Quando se preocupar", útil para identificar se há necessidade de uma significativa mudança na forma de lidar com sua filha ou de procurar ajuda profissional. Em outras palavras, analisaremos os desafios mais comuns enfrentados na criação de adolescentes, além de fazer uma nova análise sobre por que algumas adolescentes entram em colapso interno ou agem de forma autodestrutiva.

Há uma qualidade universal nas etapas de desenvolvimento apresentadas neste livro. Elas capturam etapas atemporais da adolescência de meninos e meninas com históricos diversos. Apesar do meu e do seu crescimento terem sido baseados nessas etapas, crescer hoje em dia é diferente de como foi em nossa época. Agora estamos criando nossos filhos numa cultura veloz de intensa competitividade, com conexão digital ininterrupta. Abordaremos as etapas permanentes da adolescência *e* a forma como a cultura atual modela a realidade de uma adolescente e de seus pais.

Em essência, meninas e meninos são mais parecidos do que diferentes, por isso não se surpreenda se descobrir que algumas das histórias e conselhos a seguir remetem à sua experiência de criar um menino adolescente. Mas garotas enfrentam desafios únicos na adolescência, e este livro mergulha profundamente nas pesquisas mais recentes que pais de meninas precisam conhecer. As etapas de desenvolvimento aqui apresentadas se aplicam a todas as raças e classes sociais, e os fatores contextuais que afetam as adolescentes também serão abordados. As nuances internas e psicológicas do desenvolvimento adolescente serão nosso foco principal.

Vou compartilhar histórias para ilustrar as etapas do desenvolvimento adolescente, sem detalhar uma garota específica ou uma família em particular. Na verdade, são conjuntos de muitos e muitos encontros que tive ao longo de anos com adolescentes e seus pais. Algumas vezes, os detalhes sobre alguns desses encontros são tão vitais para o relato que retirei qualquer identificação, mantendo, entretanto, a integridade emocional e o valor educativo do ocorrido.

Este livro procura ser mais descritivo do que prescritivo — para oferecer a você uma maneira nova de *compreender* sua filha, não para dizer como criá-la. Ao longo da narrativa ofereço sugestões de como lidar com muitos desafios comuns, mas surpreendentes, que você enfrentará como pai ou mãe. Mas não se sinta preso aos meus conselhos. Na minha opinião, quando se trata de criação, há muitas maneiras de acertar. O que funciona com uma família não funcionará com outra. Você é quem conhece melhor a sua filha e a dinâmica da sua família. Meu ideal é que você consiga unir esse conhecimento às lições ensinadas aqui, e use os exemplos oferecidos para avaliar o comportamento de sua filha adolescente com base no desenvolvimento que ela está tentando alcançar (ou deveria estar tentando alcançar).

Ao apresentar um mapa com o percurso que atravessa a adolescência, este livro ajudará você a entender melhor a sua filha, a se preocupar menos com ela, ser útil na trajetória dela durante a adolescência e reconhecer — de fato, aplaudir de pé — o longo caminho que ela já percorreu como adolescente. Este livro não abordará, nem poderia, todos os desafios que você enfrentará enquanto sua filha cresce. Ao tentar descrever os adolescentes de maneira geral, certamente falhei em descrever com perfeição a filha de alguém. Mas garotas agem de forma padronizada, e as pessoas que as guiam (estou olhando para você) colherão frutos ao conhecer esses padrões. Admiro os pais de adolescentes quase tanto quanto admiro suas filhas, e escrevi este livro para ajudá-los a fazer um trabalho de criação ainda melhor.

UM

Saindo da Infância

Na sala de espera de meu consultório, vi Maya pela primeira vez. Com um ar relaxado, braços e pernas longos, e um cabelo escuro com os primeiros fios grisalhos, ela se levantou para me cumprimentar, movendo-se graciosamente para devolver a revista que lia na mesa baixa, próxima ao abajur. Ela acompanhou-me até minha sala e sentou-se na extremidade mais distante do sofá. Não é o lugar mais próximo da poltrona em que sento, mas também não é tão longe quanto a poltrona escolhida pelos clientes que preferem manter certa distância. Ela continuou com seu casaco fino — nós nos encontramos num dia muito fresco e ensolarado no final de outubro —, cruzou as pernas, uniu as mãos e inclinou-se para frente durante nossa conversa.

Ao telefone, Maya havia contado que andava preocupada com a mudança brusca no seu relacionamento com Camille, sua filha de doze anos. No consultório, ela contou uma história bem conhecida — que vamos analisar a partir de um ângulo novo.

Maya contou que, até dois meses antes, Camille era sua companheira engraçada e simpática que estava quase sempre disposta a visitar a biblioteca, ir ao mercado ou ao shopping. Mas, ao começar a sétima série, Camille mudou radicalmente. Ela chegava da escola e trancava-se no quarto para começar uma maratona de trocas de mensagens com os amigos até a família chamá-la para o jantar. Perplexa, Maya descreveu como Camille sentava-se calada e respondia com monossílabos as perguntas sobre seu dia. Mesmo falando tão pouco, Camille sugeriu que seus pais estavam fazendo as perguntas mais idiotas do mundo e que sentar-se com eles, à mesa, era a última coisa que ela queria fazer.

Vez ou outra, a antiga personalidade de Camille vinha à tona por algum tempo. Os olhos de Maya lacrimejaram ao descrever esses momentos tão aguardados. Mas, na maior parte do tempo, Maya sentia-se irritada com Camille pelo seu comportamento tão arredio, com saudade da relação calorosa que mantinha com sua amada filha ou sentindo o peso de lidar com esses sentimentos ao mesmo tempo. As amigas de Maya garantiam que Camille era "normal" e que garotas "brigam com seus pais quando se tornam adolescentes", mas Maya decidiu me procurar. Ela estava preocupada que algo não estivesse bem.

As amigas de Maya não estavam erradas, mas seus horizontes eram muito limitados e seus pontos de vista excessivamente pessoais. Perdiam de vista a situação de forma mais ampla. Garotas não se afastam de seus pais sem motivo. Elas se afastam para iniciar a própria trajetória, começando por uma das sete etapas do desenvolvimento adolescente: o abandono da infância. Aos doze anos, a maioria dos pré-adolescentes sente uma pressão interna repentina de se separar de quase tudo que lhe parece infantil e, como Maya estava aprendendo, o bom relacionamento entre uma garota e seus pais é geralmente o primeiro a ser afetado. Abandonar a infância não é sempre a primeira etapa do desenvolvimento enfrentada pelas meninas durante a adolescência, mas é certamente uma das mais perceptíveis para os pais. Quando garotas se distanciam dos pais, todas elas estão alardeando "Caso vocês não tenham reparado, sou uma adolescente agora!".

Se não encararmos como uma rejeição extremamente pessoal, poderemos observar que, quando se trata de abandonar a infância, nossas filhas têm uma longa trajetória a percorrer em seu desenvolvimento e em muito pouco tempo. Elas têm que ir do ponto A, onde seguram nossas mãos com felicidade e agem como bobas em público, ao ponto B, onde declaram independência e autodeterminação que vêm com o fato de serem jovens mulheres, trocando o comportamento desajeitado por outro relativamente maduro (pelo menos quando há estranhos por perto).

Para se desenvolver nessa etapa, garotas param de contar seus segredos aos adultos, arrepiam-se quando usamos apelidos carinhosos, além de deixarem claro que estão nos fazendo um favor ao aceitarem participar da fotografia da família no feriado. A trajetória que leva uma garota para longe da infância, porém, não se restringe ao seu relacionamento com os pais. Ela pode incluir a experimentação de maquiagem, a brusca insistência de que andar de ônibus escolar é para bebês, e dizer palavrões entre os amigos.

O esforço de uma garota para abandonar a infância é igualmente consciente e inconsciente. Jovens adolescentes admiram as adolescentes mais velhas e desejam com intensidade ser como elas. Quando eu estava no nono ano, recordo-me de observar um grupo de garotas do ensino médio vestidas como Madonna nos anos 1980, enquanto dançavam e dublavam a música "Borderline" durante um show de talentos. Elas eram sensacionais, e lembro-me de decidir, naquele instante, que encurtaria a distância entre a sofisticação das luvas de renda que usavam e a minha recém-descoberta estupidez. Mas muito também acontece na mente de forma inconsciente. Mesmo que não estejam conscientes disso, as garotas de doze anos fazem as contas e descobrem que, se tudo ocorrer como planejado, elas sairão de casa em cinco ou seis anos. Sentem-se pressionadas a se preparar para a independência da vida adulta, abandonando as marcas da infância.

Maya viera ao meu consultório porque estava aflita que algo estivesse bem errado, e minha obrigação é levar a sério a preocupação dos pais. Por isso comecei a fazer perguntas que me ajudassem a entender o que era normal ou não no comportamento de Camille. Ela destratava todos os adultos ou apenas sua mãe e seu pai? Como andava sua vida escolar? E com os amigos? Ela demonstrava interesses pessoais, dormia bem e comentava seus planos para o verão ou o ano seguinte?

Maya completou o quadro.

Professores reportavam que Camille tinha uma natureza bondosa e correta. Camille cuidava dos cachorros dos vizinhos, e Maya ouviu o mesmo tipo de comentário deles. Ela disse que sua filha ia bem na escola, tinha amizades sólidas, e, nos finais de semana, passava horas no terceiro andar inacabado da casa, que ela transformara num apartamento belo para suas bonecas. E, apesar de Maya suspeitar que às vezes Camille levava o telefone para o quarto para usar durante a noite, a filha geralmente dormia bem. Ela ansiava pelo acampamento a cada verão e compartilhava seus objetivos mais de longo prazo de se tornar professora ou cientista.

Eu assegurei Maya de que suas amigas provavelmente estavam certas — o comportamento turbulento da filha *era* normal. Encorajei-a a ver a mudança de Camille de uma perspectiva diferente: havia sete tipos de mudanças que ela passaria por sua jornada à vida adulta, e abandonar a infância era uma delas. Camille estava fazendo exatamente o que era esperado — até desejado — das adolescentes. Estava seguindo os mesmos passos de outras meninas, pelo menos desde 1958, quando Anna Freud observou a vida típica de adolescentes[5] "num lar como se fosse um estranho, alguém bastante indelicado, na opinião dos familiares mais velhos e mais novos". Apesar de ser considerado normal que os adolescentes mantenham certa distância de seus pais, a maioria de nós sente que o relacionamento com nossas filhas está abalado.

Você poderá notar que os ensinamentos de Anna Freud estão presentes neste livro, existindo duas razões para isso acontecer. Primeiro, porque ela ocupa lugar de destaque na história da psicologia ao ser uma das primeiras estudiosas a expor e *normatizar* muitos dos desafios previsíveis que ocorrem durante a adolescência. Este livro deseja apoiar-se em uma base tão sólida. Segundo, Anna Freud ocupa um lugar especial no meu coração porque teve alguma importância na minha decisão de tornar-me psicóloga.

Quando eu tinha seis anos, meu pai trabalhava num banco americano que nos transferiu de Denver para Londres durante alguns anos. Por coincidência, uma família de amigos passou pela mesma mudança na mesma semana. Carla, uma estudante de pós-graduação esguia de cabelos ruivos e ondulados, havia ido para Londres estudar com Anna Freud. Meus pais praticamente adotaram Carla, que tomou conta de mim, filha única, durante os finais de semana prolongados em que eles viajavam juntos. Carla vivia no norte de Londres, próximo à clínica de Anna Freud, num apartamento minúsculo com uma sala, uma pequena cozinha com decoração inglesa típica da década de 1970, um banheiro entulhado, e um quarto apertado com uma cama enorme que dividíamos quando eu dormia lá. O aquecedor na cozinha funcionava com moedas, e logo se tornou parte de nossa rotina nos finais de semana. Carla guardava moedinhas para que eu pudesse colocá-las no radiador assim que chegasse. Nós nos sentávamos em sua cozinha e eu começava meu interrogatório: "Por que crianças fazem terapia? O que você diz a elas? O que elas dizem para você? Como falar as ajuda a melhorar?" Carla era incrivelmente paciente e generosa comigo. Relembrando das nossas conversas, posso ouvi-la tirar todas as minhas dúvidas sobre seu trabalho, adequando suas respostas a uma menina de seis anos.

Eu estava encantada. Pouco depois de completar sete anos, entrei no nosso apartamento em Londres e falei para minha mãe: "Quero fazer o que a Carla faz." Quase quarenta anos depois, Carla continua sendo uma amiga próxima e uma mentora, e eu continuo agradecida por ela ter me apresentado a uma carreira que descobri ser profundamente gratificante, tanto pessoal quanto profissionalmente.

Dando um Gelo

Do seu ponto de vista, sua filha pode tornar-se uma jovem adulta e independente em cinco ou seis anos. Mas, do ponto de vista dela, uma mudança brusca (como a de Camille) é a solução ideal: por vários anos, ela treina como abandonar a relação infantil que mantém com você até que ela realmente precise caminhar por conta própria. Ela pode fingir que mora sozinha ou transformar o quarto num dormitório estudantil, enquanto ainda está no conforto de casa e protegida por você. Psicologicamente, é como colocar rodinhas na bicicleta. Ela aprende a andar sobre duas rodas sabendo que as rodas menores a socorrerão se perder o equilíbrio.

Desta forma, não assuma que sua filha compreende por completo por que ela está se afastando de você. A vontade de mantê-la longe é quase sempre inconsciente. Isso significa que os sentimentos dela em relação a você mudam sem que ela saiba explicar. Ela apenas sabe que *era* uma companhia agradável que de repente tornou-se inexplicavelmente irritante. Você *tinha* um senso de humor irônico, mas de repente as mesmas brincadeiras ficaram sem graça e bobas, especialmente quando feitas na frente dos amigos dela. Você *era* uma fonte útil de conselhos, mas agora suas sugestões parecem totalmente irrelevantes. Pais que precisam lidar com a nova atitude da filha sentem-se como se *fossem* jujubas que viraram couve-de-bruxelas. Você pode ser bom para ela, mas deve ser evitado sempre que possível.

Sinto empatia. Apesar de a comparação ser boba, é muito doloroso se tornar uma couve-de-bruxelas.

Trabalhei muitos anos como psicóloga antes de perceber a semelhança entre os vegetais desprezados e os pais de adolescentes, porque, como muitos clínicos, comecei a trabalhar com alguns pais antes de ser mãe. Há certas vantagens nisso (você não compara seus filhos com os filhos dos pacientes) e outras claras desvantagens (ninguém a faz compreender o que é acordar com uma criança vomitando às duas da manhã – você tem que passar por isso para entender).

Quando a minha filha mais velha tinha três anos, minha última sessão do dia era com os pais de Erin, uma carismática garota de dezesseis anos. Tive afinidade com o pai dela por compartilharmos o mesmo ponto de vista — nós dois gostávamos de Erin e estávamos preocupados com o relacionamento delicado dela com a mãe. Tive mais dificuldade de simpatizar com a mãe, uma mulher muito crítica com a aparência da filha, irritada pela "falta de gratidão" da menina pelos seus anos de sacrifício pessoal.

À medida que a mãe de Erin detalhava sua decepção com a filha, uma imagem se formou em minha mente: a minha adorada filha de maria-chiquinha que se atiraria nos meus braços quando eu chegasse em casa. Pensei: "Espere! É *disso* que os pais de adolescentes estão falando quando me param no mercado, olhando saudosos para a minha bebê, aconselhando-me a aproveitar essa fase. Eles não estão dizendo que devo adorar limpar a papinha de maçã no teto. Eles querem dizer que eu vou sentir saudade disso quando minha filha não me achar mais fantástica nem quiser passar o máximo de tempo possível comigo."

Com alguma empatia atrasada, eu disse aos pais de Erin: "Tenho certeza de que não deve ser fácil ser rejeitado por alguém que vocês amam tanto. Especialmente por vocês terem sido tão próximos e passado tanto tempo juntos." Terapeutas anseiam por sinais que demonstrem ter acertado em cheio com seus comentários, e o meu indício estava bem ali, escorrendo pelas bochechas da mãe. O pai abraçou a esposa chorosa e, juntos, pudemos perceber que, enquanto a mãe de Erin focasse na raiva que sentia pela filha, ela não precisaria enfrentar o luto pelo fim da relação amorosa e feliz que as duas tinham. Ao falarmos da saudade que os dois sentiam do passado, conseguimos encontrar maneiras para que eles pudessem lidar com a filha no presente.

Frases de apoio bem-intencionadas ditas por amigos (e psicólogos!) afirmando que essa fase é normal não diminuem a dor de perder um relacionamento amigável que muitos pais mantinham com as filhas pré-adolescentes. Mesmo que sua filha goste de sua companhia na maior parte do tempo, ainda é horrível quando ela se distancia ou interrompe a conversa com os amigos até você sair. Além disso, as garotas afastam-se dos pais exatamente quando estão enfrentando novos riscos ou tomando grandes decisões com importantes consequências. É bem ruim ser rejeitado por sua filha — sendo ainda pior porque acontece exatamente quando você acha que ela mais precisa de você.

O que fazer quando sua filha se tranca no quarto e só sai quando é chamada? Como lidar com ela se até seu jeito de respirar a irrita?

Você deve começar dando mais privacidade do que sua filha tinha quando era criança. De forma interessante, uma pesquisa sobre quanto os pais querem saber a respeito de seus filhos adolescentes[6] — e quanto os adolescentes escolhem compartilhar — sugere que nós damos mais privacidade aos meninos do que às meninas. Temos maior propensão a perguntar às garotas o que elas estão fazendo com a porta trancada, e nossas filhas, mais do que os garotos, respondem as nossas perguntas. Essa conclusão se encaixa com as conversas que tenho com os pais que esperam que seus filhos adolescentes sejam mais calados ("Você sabe, ele é um garoto, não fala com a gente"), mas expressam grande preocupação quando as garotas adolescentes se fecham. Para evitar ter duas regras é importante lembrar que garotas, tal como garotos, gostam de ter privacidade. Alguns pais suspeitam erroneamente que, se sua filha está fechando a porta, é porque está aprontando, mas a maioria das adolescentes tranca-se no quarto para fazer exatamente as mesmas coisas que fariam de porta aberta.

Isso lembra-me de Ashley, de catorze anos. Seus pais me procuraram preocupados com o comportamento "furtivo" da filha. Quando pedi provas do suposto comportamento furtivo de Ashley, descobri que as suspeitas de seu pai vieram à tona assim que ela começou a fechar a porta do quarto aos doze anos. Ashley nunca se trancara quando criança, então o pai logo achou que ela escondia algo em seu quarto, algum comportamento ilícito ou drogas. Com base em suas suspeitas, ele insistia com frequência para que Ashley mantivesse a porta aberta ou pelo menos parcialmente aberta. Certo dia, quando ela foi dormir na casa de alguém, ele revistou o quarto da filha e descobriu um cofrinho trancado — obviamente escondido — no fundo do armário. Quando a menina voltou no dia seguinte, ele a mandou abrir o cofre, mas Ashley se recusou. Eles decidiram, então, me procurar.

O pai de Ashley só conseguia pensar no possível contrabando escondido no cofre da filha e estava convencido de que ela era uma delinquente. No final das contas, descobrimos que a menina guardava no cofre um diário com registros pessoais detalhados, experiências de uma garota no primeiro ano no ensino médio. Ashley sabia que o pai não respeitaria sua privacidade e que precisaria tomar medidas drásticas para se garantir. Incapaz de permitir que a filha se refugiasse no próprio quarto, o pai conseguiu afastar e insultar sua filha bem-intencionada.

Se você permitir à sua filha o santuário de seu quarto — imaginando, é claro, que ela seja sortuda o suficiente para ter um quarto só dela —, você pode se perguntar se ela só vai sair de lá outra vez quando precisar de dinheiro, comida ou de uma carona até a casa da amiga. Por esta razão, algumas famílias estabelecem um horário semanal para ficarem juntos, sempre que é possível com a família toda. Pode ser uma noite de jogos, uma ida ao cinema, um jantar fora, ou qualquer outra programação que agrade a todos. Sem dúvida é mais fácil cobrar a presença numa determinada noite se a tradição começar antes de sua filha se tornar uma adolescente, sem imposição de algum tipo de castigo se você não a vê por mais de cinco minutos consecutivos em três semanas. Você pode incrementar a noite familiar instituindo um rodízio, em que cada um terá a oportunidade de escolher o jogo, o filme ou o restaurante, marcando um horário para que o encontro acabe a tempo de a adolescente mais velha sair mais tarde com seus amigos.

Se sua filha reclamar dos encontros familiares obrigatórios ou se você não começou a tradição antes de ela se tornar uma adolescente, você ainda tem outras opções. Adolescentes mais velhas podem aceitar de forma surpreendente passar algum tempo com o pai ou a mãe. Uma refeição ou passeio com um dos pais pode ter um brilho que não se vê nas reuniões familiares, especialmente se a família incluir irmãos mais novos bagunceiros. Além disso, estar na companhia de apenas um dos pais pode ajudar na dinâmica das famílias mais complicadas. Uma garota me explicou: "Quando estou com meus pais, meu pai me enche de perguntas irritantes e olho para minha mãe, esperando que ela interceda e o mande ficar quieto. Mas quando estamos só nós dois sozinhos, nós nos damos bem melhor."

Mesmo se tiver ou não uma noite em família, programe-se para sair com sua filha para uma refeição durante a semana. Você deve ter ouvido falar dos resultados de uma pesquisa[7] que apontam que as refeições familiares contribuem para a saúde das garotas, seus resultados escolares, e bem-estar de forma geral. Apesar de essas conclusões serem importantes, o meu estudo preferido sobre jantares em família descobriu uma maneira de responder ao argumento "É, mas...": E se adolescentes se beneficiam das refeições em família *não* pelo que acontece à mesa, mas porque mantêm um relacionamento próximo com seus pais, o que já inclui fazer muitas refeições junto?

Para responder essa pergunta, as psicólogas Suniya Luthar e Shawn Latendresse mediram variáveis de relacionamento, tais como o quão próximos os adolescentes se sentem de seus pais e quanto se acham criticados por eles (além de perguntar com que frequência a família se reúne para refeições). De forma surpreendente, quando a equipe de pesquisa tirou a informação sobre o relacionamento do contexto da refeição familiar, eles *continuaram* com indicativos[8] de que comer em família melhora o rendimento escolar e a saúde psicológica. Em outras palavras, adolescentes usufruem das refeições em família, mesmo quando afirmam não se dar bem com os pais. Além disso, o mesmo estudo considerou que comer com um dos pais também é uma refeição familiar, indicando que o benefício é o mesmo, desde que haja a presença de um dos pais, com uma frequência maior.

Existem muitos estudos sobre refeições familiares, mas este estudo em especial me chama atenção por duas razões, uma profissional e outra particular. Enquanto psicóloga, eu aceito a evidência de que meninas devem se reunir com suas famílias para as refeições, mesmo que se sintam mais distantes de seus pais. Quaisquer pais com uma filha que mantém um silêncio hostil durante a refeição estarão propensos a questionar o valor daquele encontro conjunto — Maya certamente se sentia assim em relação a Camille. Para mim, as conclusões do estudo sugerem que garotas que se sentem distantes de suas famílias talvez sejam as que *mais* precisem que seus pais priorizem um tempo para estar junto delas — não importa se é um jantar, um café da manhã ou um almoço de fim de semana —, mesmo se houver tensão no tempo em que estão juntos.

Como mãe, agradeço aos pesquisadores por terem flexibilizado o conceito de refeição familiar. Com as agendas cheias de muitos pais e filhos, não sou a única com dificuldade de organizar um jantar familiar. Esse estudo me conforta em noites quando meu marido ou eu jantamos a sós com nossas filhas, fazendo-me também sentir sortuda quando estamos todos juntos. (Seguem algumas perguntas que pesquisas futuras possam responder: A refeição precisa ser quente? Precisa durar mais de dez minutos para alcançar seus benefícios mágicos? E com que frequência posso enlouquecer com os modos à mesa, e ainda assim ter uma influência positiva em minhas filhas? Obviamente, ainda há muitos dados importantes para serem descobertos.)

Se você realmente quer ter um bom relacionamento com sua filha, o tempo que estão juntas no carro pode ser seu melhor aliado. As condições de estar num carro — a menina não precisar olhar para o pai dirigindo, a certeza de que a conversa vai acabar quando o percurso terminar— é tudo o que algumas garotas precisam para se abrir. O efeito pode ser multiplicado pelo número de garotas no carro. Da próxima vez que ela pedir aos pais para buscá-la ou levá-la a algum evento social, diga sim, e se quiser ter uma rápida compreensão do que acontece na vida de sua filha, se ofereça para buscá-la no final da noite. Garotas e suas amigas parecem esquecer que o motorista é o pai ou mãe de alguém e falam de maneira bem aberta umas com as outras quando transportadas em grupo. Oferecer carona vai demandar tempo, combustível e provavelmente seu sono, mas você aprenderá mais sobre o que está acontecendo na vida de sua filha durante o trajeto para deixar as amigas dela em casa e voltar para casa do que em três semanas perguntando sobre a vida dela. Motoristas sábios sabem que é melhor interpretar esse papel com maestria; tentar participar ou fazer perguntas normalmente atrapalha a conversa, ou, pior ainda, faz com que as garotas comecem a conversar pelo telefone.

Como última opção, esteja disposta a trocar seus hábitos por maneiras mais adultas para se conectar com sua filha. Você pode ter vontade de reviver algum momento emocionante da infância dela — como decorar a árvore de Natal enquanto cantam juntas músicas de Bing Crosby —, mas sua filha pode revirar os olhos à mera sugestão. Se quer ter algum tempo de qualidade com sua menina, considere a ideia de fazer pipoca e sentar com ela no sofá para assistir a filmes no feriado.

Alérgica a Perguntas

No meio da noite em família, durante um jantar em casa, ou mesmo no carro, você está a ponto de descobrir que sua filha adolescente desenvolveu uma alergia, intermitente ou crônica, a perguntas. No ano passado ela pode ter aceitado sem problemas a sua curiosidade, mas, agora que está deixando a infância para trás, pode ofender-se com as perguntas. Você não precisa sempre interpretar a motorista discreta; às vezes, você *deve* perguntar abertamente. Mas quando eu convido garotas adolescentes a explicarem por que ficam tão incomodadas com as perguntas dos pais, elas invariavelmente balançam a cabeça, suspiram pesadamente e dizem: "Ai, as perguntas deles são *tão* irritantes!"

Então, eu pergunto: O que as torna irritantes? Os pais podem fazer perguntas que não sejam irritantes? Se os pais querem começar uma conversa com você, como devem fazê-lo? Quando faço perguntas sinceras, sempre vejo que garotas respondem com honestidade.

Eis o que elas me contam.

Uma garota irá perder a paciência se os pais fizerem perguntas na hora errada — quando ela está profundamente envolvida com trabalho, de saída, ou fechando os olhos para tirar uma soneca no sofá numa tarde tranquila. Uma garota não responderá a uma pergunta se achar que os pais não se importam com a resposta, e estão apenas tentando puxar conversa. E garotas não gostam que os pais se intrometam em sua vida. Você pode perguntar como foi a festa, mas não se está tentando descobrir algum detalhe. E o pior? Quando os pais seguem uma linha de perguntas planejadas e não permitem que o curso da conversa seja traçado pelas respostas da garota.

Então, o que funciona?

Garotas esperam perguntas de interesse genuíno. Considere abrir mão daquelas que usamos para começar conversas ("E aí, como foi seu dia?") e pergunte sobre algo específico que realmente queira saber. Se ela mencionou na semana anterior que estava enlouquecendo com álgebra pergunte: "Como está indo com a álgebra? Sei que não estava gostando na semana passada." Use um tom que mostre que você não tem um roteiro a seguir. Novamente, perguntas sinceras recebem respostas igualmente honestas. Segundo algumas garotas, elas gostariam que seus pais conversassem sobre os assuntos que elas propõem. Sendo assim, guarde sua pergunta bem elaborada e sincera se sua filha introduzir um tópico do interesse dela. Se ela comentar que a professora de música está mais exigente tente algo como "É mesmo? O que ela tem feito?" ou "Hum, você tem ideia do porquê?". E garotas gostam quando não lhes fazem perguntas. Várias garotas me disseram que gostam quando estão no carro e o pai ou a mãe não tentam puxar conversa e ficam ouvindo o rádio.

E se você está seguindo as regras — escolhendo os momentos, fazendo perguntas sinceras, deixando sua filha tomar a iniciativa —, mas continua recebendo um olhar feio em resposta a suas perguntas? E se sua filha nem sequer responde a você ou oferece respostas secas? Seja clara e diga que *não* espera que ela escreva cartas de amor para você, mas que ela precisa ser, no mínimo, educada.

Pensei muito no que significa encorajar garotas a serem educadas. Por um lado, a palavra tem uma conotação adocicada que tenho aversão a usar para estimular garotas. Por outro, funciona de forma satisfatória porque é bem concreta. Garotas sabem o que é ser bem ou mal-educada. Logo, prefiro usar "ser educada" a outras opções, como "ser respeitadora", que é muito abstrata para ser compreendida de imediato e, para mim, cria um padrão irreal de ser alcançado. Dito de outra maneira, posso ser educada com pessoas que não merecem meu respeito, e acho ser o máximo que deveríamos exigir das garotas. Se sua filha tentar bancar a esperta quando você faz uma pergunta razoável, sinta-se à vontade para dizer: "Você pode não gostar das minhas perguntas, mas precisa descobrir uma forma educada de respondê-las." Mas você só poderá fazer esse pedido se estiver habituada a reagir com a mesma educação que está exigindo dela.

Via de regra, não acho que pais devam permitir que suas filhas lhes faltem com respeito. Você pode estar relutante em afastar ainda mais sua já distante filha — especialmente uma que seja simpática com todos os outros adultos, *menos com* você —, mas adolescentes sabem quando estão se comportando da forma errada, e se sentem desconfortáveis quando você não se posiciona. Quando sua filha estiver sendo mal-educada, descubra uma forma de fazê-la perceber.

Lembre-se de que você tem o direito de escolher o que faz de bom pela sua filha com base na maneira com que é tratada por ela. Sua garota não deve esperar de você que a leve ao shopping de repente se ela não se relaciona bem com você no dia a dia. Será que isso é chantagem emocional? De jeito nenhum. É como o mundo funciona. As pessoas não fazem coisas legais para quem não as trata bem. É melhor sua filha aprender isso antes de sair de casa do que quando estiver por conta própria. Se ela a tratar como alguém intrometido ou um motorista fofoqueiro, mas vier pedir-lhe um favor, tente mostrar a situação difícil que ela mesma criou. Você pode dizer: "Eu fico arrasada. Amo você e quero ajudá-la de todas as formas possíveis, mas você tem sido grosseira comigo há dias e não quero que você ache viável tratar as pessoas dessa maneira e esperar que elas mudem seu trajeto para fazer-lhe um favor. Tem alguma sugestão de como podemos resolver isso?" Alternativamente, e dependendo do humor do momento, você pode dizer: "De maneira alguma! Não do jeito que você vem agindo. Melhore bastante a maneira de tratar as pessoas e tente mais tarde."

Surpreendentemente Cruel

Cathy chegou cedo para nossa consulta, então ficamos conversando enquanto esperávamos por seu marido. Estávamos nos encontrando para falar de Kirsten, sua filha de quinze anos que vinha lutando contra a ansiedade. "Kirsten me tirou do sério esta semana", disse Cathy, que prosseguiu para explicar que passou o último mês cuidadosamente preparando uma apresentação importante para o trabalho. No dia da apresentação, Cathy — uma mulher bonita e em forma — colocou seu vestido de tricô preferido e estava de saída para o escritório quando Kirsten desceu as escadas. Cathy lembrou à filha que aquele era o grande dia e perguntou se estava bem-vestida. Cathy imitou a resposta de Kirsten para mim. Inclinando a cabeça, arqueou uma sobrancelha e disse: "É, está bom... Se você não se importar de parecer uma bibliotecária gorducha." Nós duas rimos, mas estava claro que ela estava muito magoada com o comentário.

Nas palavras de uma sábia colega,[9] a psicóloga Renée Spencer, garotas são "admiravelmente sintonizadas" com os adultos que conhecem bem. E às vezes usam esse conhecimento interno para serem surpreendentemente malvadas. Sua filha já pode ter dado gelo em você como parte de seu movimento de afastar-se de você, considerando infantil o relacionamento entre vocês, mesmo quando ele é satisfatório de forma geral. Ser má permite que sua filha dê mais um passo para abandonar a infância. Ela não está apenas excluindo você, mas está de fato a empurrando para longe.

Como o comentário de Kirsten, a forma maldosa de uma garota falar com seus pais costuma ter duas características impressionantes. Em primeiro lugar, é cuidadosamente direcionada às suas vulnerabilidades; uma garota sabe ser malvada para machucar ou afastar *seus* pais. Uma menina que conheço insistia que só seu pai, um advogado e ex-atleta, podia examinar seu calcanhar torcido, não sua mãe —uma renomada radiologista. Outra declarou que a comida que sua mãe fazia para o almoço de Ação de Graças era "esquisita" (sua mãe era uma cozinheira talentosa e dedicada) e fez macarrão com queijo para comer à mesa durante a refeição. Garotas muitas vezes direcionam suas piores maldades para as mães — especialmente se as duas tiveram um relacionamento muito próximo no passado —, mas podem transformar pais em alvos também. Lembro-me de uma garota que rotulou seu pai, um homem intensamente devotado, de "Tipo um robô... Uma máquina que só assiste à televisão morando em nossa casa" num dia em que ele foi mais tarde para o trabalho para deixá-la na escola.

Em segundo lugar, a crueldade das garotas pode ser muito difícil de castigar porque muitas adolescentes evitam usar xingamentos. Em vez disso, elas agem de forma agressiva como retaliação, e suas atitudes são difíceis de serem reprimidas, determinadas ou castigadas pelos pais. Como Kirsten, as adolescentes fazem observações espirituosas e ofensivas sobre seus pais. Mesmo parecendo inocente — ou oferecendo o que ela chama de crítica construtiva sobre seu corte de cabelo, preferências ou outros valores interiorizados —, sua filha pode fazer de maneira casual um comentário que arruinará o seu dia por completo, especialmente se, como Cathy, você já estiver se sentindo insegura.

E nem toda a sua maldade é diretamente cruel. Algumas vezes, garotas provocam seus pais para trazê-los para perto e empurrá-los novamente para longe ao mesmo tempo. Vi esse padrão se estabelecer entre Andy, um amigo querido do ensino médio, e Grace, sua filha de dezesseis anos, durante uma visita de verão a Denver, minha cidade natal. Andy e sua esposa Sharon conversavam comigo no quintal quando Grace, uma violinista talentosa, juntou-se a nós. Grace sentou em silêncio com as pernas cruzadas e acompanhou a conversa.

Estávamos falando das viagens de Andy a trabalho na Indonésia e em Gana, quando perguntei se alguma vez sua família tivera oportunidade de acompanhá-lo em suas aventuras. Ele explicou que a viagem fora de última hora, sendo impossível levar a família, mas que suas milhas seriam usadas para viagens familiares. Grace intrometeu-se: "Ah, pai, você é bem mais útil para a gente quando está longe do que quando está por perto. E a casa também fica mais cheirosa também." Andy deu uma risadinha e agradeceu, e a conversa continuou. Andy não havia ficado magoado. De certa forma, ele compreendia que Grace estava deixando claro que ela não era mais sua menininha, mas que ainda se davam bem (afinal, é preciso bastante intimidade para implicar com alguém por causa do seu cheiro). Em outro momento, num humor diferente ou com um tom diferente de voz, o comentário de Grace poderia ter sido agressivo. Naquela noite, tive oportunidade de acompanhar Andy se divertir com o golpe de espertaza da filha e a maneira brincalhona com que ela descrevia seu relacionamento com ele.

Caso sua filha passe dos limites com você ou perceba que você está insegura e incapaz de levar a brincadeira numa boa, você não precisa sentar e esperar o golpe. Se conseguir pensar na hora, poderá responder com um "Ui" ou "Ai, que cruel" ou "Não é assim que nos tratamos nesta família". Se ela ficar na defensiva, olhar para você sem reação ou sair pisando duro, felicite-se pelo dever cumprido. Que dever é esse? Aquele de lembrar a sua filha que ninguém que se respeita vai gostar da companhia dela quando ela os tratar como fez com você.

Você pode precisar de algum tempo para absorver um golpe e esfriar a cabeça antes de conversar. Por fim, você pode dizer a sua filha algo como: "Preciso que você entenda que seu comentário me magoou. Você podia estar brincando, mas foi duro de ouvir." Outras vezes, você pode defender o seu companheiro se ele ou ela estiver sob ataque. Palavras como: "Sua mãe fez um delicioso almoço de Ação de Graças e você está sendo grossa. Tire esse macarrão com queijo daqui" podem funcionar. Acredite em mim, garotas sabem quando passam dos limites e estranham quando adultos agem como se não tivessem percebido.

Até aqui, esse é o quadro geral sobre garotas adolescentes: distantes, retraídas e algumas vezes surpreendentemente malvadas. Esse quadro é verdadeiro, mas para os pais isso não é tudo. Ser empurrado para longe é apenas parte da questão. Criar uma adolescente se torna mais estressante quando ela interrompe dias de distanciamento com momentos de intensa intimidade e proximidade.

A Piscina

Deixe-me explicar. Considere a metáfora de que sua filha adolescente é uma nadadora, você é a piscina onde ela nada, a água é o mundo. Como qualquer boa nadadora, sua filha quer brincar, mergulhar e jogar água quando está na piscina. E, como qualquer nadador, ela se segura na borda da piscina para respirar, depois de uma volta mais difícil ou de mergulhar diversas vezes.

Na vida real, a imagem é: sua filha anda ocupada demais com amigos, atividades ou tarefas escolares e você tem a impressão de que precisará se reapresentar a ela na próxima vez que a encontrar. Então de repente algo dá errado no mundo dela e ela vai até você em busca de conselhos, dividindo os detalhes do problema que está enfrentando, e talvez (segure o fôlego!) querendo um abraço e pedindo colo. Em outras palavras, ela tomou uma canseira na água e foi até a borda da piscina para se recuperar.

Você está nas nuvens porque ela voltou. Para misturar as metáforas, você é novamente uma jujuba! Ela quer estar com você, ouvir seus conselhos, ser consolada pela sua presença física. A música "Mother and Child Reunion", de Paul Simon, toca na sua cabeça e você começa a imaginar as muitas aventuras fantásticas que você viverá ao lado de sua nova melhor amiga.

Então, ela a afasta para longe. Dureza. O que acabou de acontecer? Bem, como uma nadadora que recuperou o fôlego, sua filha quer voltar para a água, e ela faz isso empurrando-se para longe da borda. Para retomar a vida, ela poderá criar uma briga banal ou agir de forma cruel e mesquinha ("Por favor, diga que você não usou *estes sapatos* com *esta saia* hoje"). Apesar de seu desejo de cantarolar Paul Simon o dia todo, sua filha precisa correr de volta para a água assim que se sente descansada. Mas por que ela não pode ficar perto por mais tempo? Porque, para ela, estar perto parece infantil, e esta é a última coisa que uma adolescente saudável que está deixando a infância quer ser. Segurar-se em você rapidamente se torna desconfortável para ela, tanto quanto se torna agradavelmente nostálgico para você. De forma inesperada e dolorosa, ela se afasta e volta a se esforçar para abandonar a infância.

Dói quando os momentos agradáveis com sua filha rapidamente acabam. Não há como evitar essas reaproximações dolorosas, e há reais benefícios para sua filha nesses encontros. Sendo assim, há o que você possa fazer para diminuir a dor da rejeição que vem com o afastamento. Para começar, antecipe o empurrão. Quando sua filha nada até você, aproveite, mas não crie expectativas ao achar que ela redescobriu o valor de sua sabedoria e afeição e que nunca mais vai se esquecer disso. Quando ela afastá-la, não permita que ela a maltrate. Se ela a afasta sem a menor educação, diga isso a ela. Pode ser que ela se desculpe ou não, mas você precisa dizê-lo, ela precisa ouvi-la dizer: "Isso machuca."

Em seguida, seja firme. Sua filha precisa de uma borda para se apoiar, e ela precisa que você seja essa borda que a permita se movimentar. Alguns pais se ressentem muito de suas nadadoras, e tomam de forma muito pessoal a rejeição das filhas, escolhendo se tornar indisponíveis para evitar terem que passar pelo mal-estar novamente. É claro que, de certa forma, sentem-se, *sim*, melhores ao evitar o chicote emocional. Mas ficar indisponível tem suas desvantagens. Pais indisponíveis perdem oportunidades maravilhosas, ainda que breves, de estar com suas filhas. Ou pior, suas filhas ficam na borda para se apoiar, e precisam nadar por águas agitadas e muitas vezes perigosas absolutamente sozinhas.

Por fim, organize seu apoio. Nas páginas iniciais deste livro, incluí uma de minhas citações favoritas de Anna Freud e é tão verdadeira hoje como era quando a escreveu em 1958: "Existem poucas situações na vida mais difíceis de enfrentar do que um filho ou filha adolescente em sua tentativa de se tornar livre." Criar adolescente não é para qualquer um, e isso ainda é verdade mesmo quando tudo está sob controle. Pais de adolescentes precisam de cônjuges que os apoiem e amigos que os animem, para os momentos em que duvidam se aguentarão uma nova rejeição. Saber que você pode ser um ponto de apoio seguro e confiável permite que sua filha se aventure pelo mundo afora; ter a força de estar presente quando sua filha agarrar-se a você, ciente de que ela irá rejeitá-la pouco depois, normalmente requer o apoio amoroso dos aliados adultos.

Usei a metáfora da piscina por anos. É uma comparação mais elaborada do que as que costumo usar, mas foram tantos que me procuraram nestes anos para dizer "aquela história da piscina realmente nos ajudou a atravessar pelos anos de adolescência de nossa filha", que não pude desistir dela. Certa vez, numa festa de formatura, uma mãe contou-me que ela havia sido usada como borda naquela mesma tarde. Ela explicou que sua filha — que eu sabia ser bem reservada, especialmente em casa — tinha voltado da formatura com os olhos úmidos de saudade de seus anos no ensino médio. A garota correu para mostrar à mãe seu anuário, sentou-se perto dela no sofá, apontou suas fotografias preferidas e contou histórias engraçadas das quais sua mãe nunca ouvira falar. A mãe, ainda curtindo o momento de conhecer melhor o anuário, esperou no sofá enquanto a filha ia até o quarto trocar a roupa da formatura. Só vinte minutos mais tarde é que a mãe percebeu que a garota já tinha saído para a festa de formatura de uma amiga sem se despedir.

Qualquer pessoa que esteja criando uma filha adolescente pode perceber a falta de regularidade no desenvolvimento dela. Como a jovem formanda do ensino médio, ela pode oscilar entre ser dependente e descolada, e muitos pais descobrem que suas filhas são incrivelmente competentes em algumas áreas e nem tanto em outras.

Totalmente Competente, Só que Não

Durante um almoço, uma amiga disse: "Escute essa. Tracy se recusa a colocar as lentes de contato." Tracy é sua filha de treze anos, uma garota espetacular que tem facilidade para usar o transporte público para ir à escola, às aulas de arte à tarde e à casa das amigas nos fins de semana. Ela compõe músicas cativantes para tocar no violão e está selecionando bateristas e cantoras para montar uma banda só de garotas. Quando seus pais trabalham até mais tarde, Tracy termina seus deveres, garante que seu irmão mais novo comece os dele, e põe a mesa para o jantar. Em outras palavras, ela é uma garota muito competente.

Minha amiga prosseguiu: "Entramos nessa horrível rotina matinal de eu dizer a ela para tentar colocar as lentes, enquanto ela insiste que não consegue. Discutimos por algum tempo, e eu acabo desistindo porque ela fica chateada por estar atrasada para a escola. Ela decidiu que é descolada demais para usar óculos, o que eu posso entender, mas nunca pensei que usar lentes se tornaria algo tão difícil."

Minha amiga não está sozinha. Muitos pais de garotas adolescentes estão tão maravilhados com as incríveis habilidades de suas filhas quanto chocados com as atividades que as meninas dizem não conseguir fazer. A mesma garota que arrecadou dinheiro para uma amiga portadora de uma doença rara, se recusará a devolver livros em atraso na biblioteca local porque não quer encarar a bibliotecária. A garota que usa ferramentas elétricas para construir modelos complexos em madeira também dirá que não pode fazer o jantar porque tem medo do fogão. Na maioria das famílias, existe um choque entre a certeza dos pais de que a filha pode executar uma tarefa *versus* a convicção da filha de que não consegue realizar a atividade.

Garotas não abandonam a infância em um único movimento. Elas não dependem de você num minuto e se tornam independentes no seguinte. Em vez disso, suas habilidades, ou melhor, sua confiança em suas habilidades, se desenvolvem em um ritmo descompassado. Sob o prisma da lógica, parece que qualquer garota capaz de desenvolver uma simulação virtual de como as proteínas se multiplicam consegue embrulhar um presente. Mas tente dizer isso à garota. Na minha experiência, só consegui identificar claramente um padrão quando encontrei áreas em que as meninas parecem ser menos hábeis do que o esperado: elas podem ser especialmente temerosas em realizar tarefas que envolvam adultos fora da família. Por exemplo, algumas garotas ficam paralisadas quando se espera que elas façam os pagamentos no salão ou que liguem para remarcar o ortodontista. Outras garotas congelam se precisam confrontar ou desapontar um adulto, e se desdobrarão pelo avesso para evitar falar com uma professora sobre um erro na nota ou para dizer aos vizinhos que não estão disponíveis para cuidar de seus filhos.

Há muitas maneiras de apoiar a sua filha, e há uma maneira de responder que não ajuda em nada: exaltar-se quando você não consegue convencê-la de que, se ela pode manejar uma serra circular, terá total condição de usar um fogão. Em vez disso, tente lembrar-se de quando ela ainda era bebê, uma outra fase da vida parecida com a adolescência, em que sua filha também se desenvolvia de forma rápida, mas irregular. Naquela época, você nunca levantaria as mãos para o alto dizendo "Se você consegue usar o controle remoto, certamente pode amarrar seus sapatos!". Então, você não quer fazer algo assim agora. Em vez disso, pense no conselho que nós psicólogos damos aos pais de bebês, e divida a tarefa de sua filha em estágios. Especificamente, pense em como ajudá-la a sair do estágio em que você faz a tarefa *para* ela,[10] pulando para o estágio em que você faz a tarefa *com* ela, para depois estar *por perto e observá-la* enquanto ela realizar a tarefa, para, finalmente, *deixá-la fazer sozinha*.

Sugeri à minha amiga que separasse algum tempo no fim de semana para sair do estágio em que ela coloca as lentes *para* Tracy, para entrar no estágio em que ela mostra como colocar as lentes junto *com* a filha. Ela poderia narrar sua técnica e deixar que Tracy tentasse uma etapa do processo enquanto a mãe continuaria fazendo as seguintes. Elas poderiam seguir lentamente ou acelerar ao longo das etapas subsequentes, mas as duas só progredirão se a mãe de Tracy não a julgar e aceitar que o processo de aprendizagem será gradual.

Se sua adolescente se recusar a ligar para o pediatra para marcar uma consulta, peça que ela fique ao seu lado quando você agenda uma consulta mais para frente, e se ofereça para acompanhá-la enquanto ela marca a própria consulta. Novamente, não a julgue. Descobri que garotas podem ser surpreendentemente relutantes em falar com adultos ao telefone. Diferentemente de nós, que passamos horas falando ao telefone quando éramos adolescentes, muitas de nossas filhas raramente usam o telefone hoje em dia para falar, e podem ter poucas oportunidades de aprender como se portar em uma ligação ao observar o exemplo de adultos, já que muitos pais também preferem mensagens e e-mails a telefonemas.

Não assuma que a insistência de sua filha em dizer que você é a única que sabe fazer um bom sanduíche para ela indique que ela vai morar com você até os quarenta anos. Se ela for independente, rejeitará sua ajuda em outras áreas, não se preocupe. A probabilidade é de que ela saia de casa no momento certo. Aceite que garotas abandonam a infância gradualmente e aproveite as oportunidades para fazer coisas *para* ela, *com* ela, além de *ficar do lado dela e admirá-la* enquanto ela estiver fazendo cada vez mais atividades sozinha.

Desabrochando com Relutância

Laurel, a escola só para meninas onde dou consultas em parte da semana, é um lugar incrível, mas decidi que não seria justo se eu mandasse minhas próprias filhas estudarem lá. As meninas merecem uma escola na qual a mãe não tenha tanto acesso aos acontecimentos do cotidiano, enquanto as garotas do colégio devem poder consultar uma psicóloga que não seja a mãe de uma colega. Em vez disso, minhas garotas estudam na fantástica escola pública de Shaker Heights, significando que, ao final do quarto ano, minha filha e eu fomos à escola primária de nosso bairro para assistir a uma programação noturna feminina criada para as garotas que estavam indo para o quinto ano e uma acompanhante adulta. A programação, apresentada pela minha amiga pediatra que trabalha no bairro, fala da puberdade. As meninas ficam divididas. Enquanto eu cumprimento contente as outras mães dizendo "Já chegamos aqui?!", as garotas se afundam nas cadeiras dobráveis de cor bege, cuidadosamente dispostas em fileiras no ginásio. Quando a pediatra começa a palestra, as garotas se retraem ainda mais. Elas encaram o chão e se entreolham em total incredulidade, deixando claro o quanto querem ir para casa.

Enquanto adultos podem ser convencidos pelo nosso próprio discurso de que a puberdade é como um desabrochar encantador da feminilidade, a maioria das adolescentes não acredita nisso. E por que deveriam? Independentemente da maneira que escolhamos descrever a puberdade, o que muitas meninas *de fato* ouvem é: "Preparem-se, senhoritas, porque seu corpinho que ainda não causou problemas até agora está a ponto de ganhar axilas malcheirosas para desodorizar; pelos crescidos que você poderá raspar; espinhas bem no seu rosto; seios em desenvolvimento, que serão inevitavelmente comparados aos de suas colegas. Ah, e nós mencionamos que sua vagina irá sangrar?" Na verdade, é surpreendente para mim que adultos pareçam animados com a puberdade. Alguma vez na vida ouviu alguma mulher dizer: "Puberdade? Acho que chegou na hora certa e é incrível"?

Muitas garotas acham as mudanças físicas da puberdade apenas nojentas. Ainda por cima, as mudanças físicas da infância para a adolescência acontecem num momento em que a menina não escolhe e podem não ser bem-vindas. Para piorar ainda mais, a puberdade avança numa velocidade que a garota não pode controlar. Considerando que as meninas estão lutando para abandonar a infância, talvez seja possível pensar que elas aceitariam bem a mudança biológica para se tornar uma mulher. Mas não costuma ser assim. E a razão é a seguinte: garotas gostam de abandonar a infância em seu próprio ritmo. Você deve ter reparado que, num momento, sua filha está baixando músicas de letra indecente, e, no seguinte, está enroladinha no sofá como fazia aos seis anos, lendo um livro que adorava quando tinha oito anos. Seu comportamento aparentemente paradoxal é, na verdade, brilhante. Ela está abandonando a infância enquanto está regulando o processo. Está mandando tropas de desenvolvimento conquistar novas posições (como flertar ou pensar sobre questões filosóficas) e ordena que suas tropas recuem para posições seguras ou montem acampamento (brincar de bonecas, ler livros da infância) quando precisam descansar ou se reagrupar. E vem a realidade física da puberdade! Essas tropas desobedecem sua líder e marcham adiante sozinhas. O que adultos anunciam como um desabrochar feliz parece, para algumas garotas, um motim muito evidente.[11]

Pouco antes do Dia de Ação de Graças, Maya me ligou para marcar outra consulta. Foi útil para ela encarar o distanciamento de Camille como parte de seu movimento para deixar a infância para trás e, apesar de Maya concordar que a filha estava se desenvolvendo bem, ela queria continuar as sessões por ser uma pessoa bem reservada, agora contente de ter um lugar onde conversar com franqueza sobre a trajetória de Camille pela adolescência. Na verdade, gosto muito quando posso servir de caixa de ressonância particular para os pais cujas filhas estão vibrando de variadas maneiras. Quando nossos filhos são pequenos, ficamos na pracinha e conversamos sobre quem está deixando as fraldas, mas, quando são adolescentes, nem sempre conseguimos perguntar às amigas como suas filhas estão controlando os ciclos menstruais, relacionando-se com amigos ou se saindo na escola. Discrição pessoal, respeito pela privacidade de nossas filhas, ou sentimento de competição em pequenas comunidades dificultam o diálogo entre pais sobre uma variedade de desafios que surgem durante a criação de adolescentes.

Quando nos encontramos outra vez, Maya comentou que a puberdade de sua filha estava bem adiantada, mas Camille mudava de assunto rapidamente quando a mãe falava de menstruação, uso de desodorante etc. Claramente, Camille era uma dessas garotas que sentem como se as tropas estivessem desafiando a líder, e sua solução foi tentar evitar o assunto. Maya sabia que a puberdade era discutida na aula de saúde na escola, mas duvidava de que Camille tivesse feito alguma pergunta, mesmo se sentisse muita vontade. Maya não queria que Camille ficasse sem jeito, envergonhada ou que guardasse perguntas sem respostas, mas ainda não achara uma boa maneira de conversar com a filha sobre o seu corpo em transformação.

Nem todas as garotas se sentem desconfortáveis com o início da puberdade. Algumas animam-se com as possibilidades e estão contentes em pedir ou aceitar conselhos sobre como ter novos cuidados pessoais. Mas se sua filha é como Camille, uma menina envergonhada para conversar sobre as novas rotinas da higiene pessoal, considere dar-lhe um livro apropriado para sua idade que fale sobre puberdade (várias boas opções estão listadas na seção Fontes Recomendadas). Não crie grande expectativa sobre o livro e não peça que ela lhe diga se o leu; saiba que você ofereceu a ela um caminho para aprender sozinha sobre fatos da vida, no próprio ritmo. Por sugestão minha, Maya comprou alguns livros para Camille, colocou-os no quarto dela com um bilhetinho que dizia: "Achei esses livros quando estava na livraria. Com amor, mãe." E não tocou mais no assunto. Mesmo que sua filha peça ou aceite seus conselhos de imediato sobre como lidar com a puberdade, ela pode gostar de ter livros para consultar sobre assuntos do interesse dela, úteis para iniciar conversas com você quando ela quiser mais detalhes.

Pouco depois de deixar os livros para Camille, Maya foi surpreendida certo dia (e ficou emocionada!) quando Camille perguntou-lhe com que idade havia menstruado e quando começou a usar absorventes. Maya respondeu as perguntas com naturalidade e não tentou evoluir para uma conversa mais ampla sobre o assunto. A esta altura, Maya tinha intuído com perfeição algo que aprendi ao longo de minha experiência profissional: ter uma conversa delicada com uma adolescente é como tentar dialogar com alguém do outro lado da porta. Camille abrira a porta um pouquinho e Maya trabalhou com sabedoria nessa frestinha oferecida. Se Maya tivesse insistido em oferecer informações não solicitadas, Camille teria batido e trancado a porta, e hesitaria em voltar a abri-la algum dia.

Você vai conhecer muitas garotas e seus pais ao longo deste livro, mas em quase todo capítulo nós faremos referências a Maya e a Camille (cujos nomes, como todos os outros, foram trocados). Quanto mais eu conhecia Maya, mais admirava sua sabedoria e apreciava sua disposição para colaborar comigo sempre que falávamos de sua filha. E, como qualquer outra garota, a trajetória de Camille pela adolescência demonstra como diferentes etapas do desenvolvimento se evidenciam em diferentes pontos desta jornada.

Garotas que não se sentem à vontade para abrir a porta e pedir ajuda às mães sobre como lidar com as mudanças físicas que a puberdade traz podem aceitar apoio de uma terceira pessoa neutra. Eu sei de uma mãe empreendedora que realizou uma missão de reconhecimento num departamento de lingerie numa loja de departamentos local onde trabalhava uma simpática vendedora especializada em sutiãs. Com consentimento de sua filha, as duas voltaram à loja e a mãe fez compras enquanto a vendedora tirava as medidas para o sutiã da menina. De maneira similar, se sua filha rejeitar os conselhos de como tratar a acne, considere telefonar para o pediatra ou médico da família antes da próxima consulta periódica, e pedir a ele que toque no assunto sobre os cuidados com a pele como parte da rotina. Em outras palavras, se sua filha prefere manter a privacidade sobre as mudanças do corpo, respeite a vontade dela colocando-a em contato com informação e recursos necessários para que ela possa cuidar-se de forma adequada.

Às vezes, garotas se sentem tão sobrecarregadas no início da puberdade, que fingem estar exatamente como antes. Elas minimizam ou negam precisar de sutiã, desodorante, banhos diários, controle de acne, ou mesmo usar absorventes. Se sua filha espera livrar-se da puberdade ao ignorá-la, você precisa ajudá-la a lidar com a negação. E perceba os sinais dela indicando que não está em busca de uma longa conversa sobre o assunto. Tente algo como: "Antes, eu tinha o dever de ajudá-la a cuidar do seu corpo, mas chegou a hora de você assumir esta tarefa. Sei que você não está feliz com todas essas mudanças complexas. É um aborrecimento tratar as espinhas, menstruar e coisas do gênero, mas acho que você se sentirá melhor quando aceitar a fase e cuidar melhor de si mesma."

Ao olhar ao redor do ginásio da escola primária de minha filha, está claro que a conversa sobre a puberdade está atrasada para muitas garotas de nove e dez anos presentes. Novas descobertas de um estudo em larga escala conduzido por especialistas de todo o país mostram que os primeiros sinais de puberdade, como o desenvolvimento dos seios, estão surgindo cada vez mais cedo. Aos sete anos, surgem os mamilos[12] em 24% das meninas negras, 15% nas latinas, 10% nas caucasianas e 2% nas asiáticas. Os valores sobem para 43%, 31%, 18% e 13%, respectivamente, aos oito anos. As meninas também começam a menstruar[13] mais cedo, mas não de forma alarmante: cem anos atrás, a menarca acontecia por volta dos quatorze anos, não aos doze, como é comum hoje em dia.

Em seu fascinante livro *The New Puberty*,[14] a médica Louise Greenspan e a psicóloga Julianna Deardorff resumiram os fatores conhecidos que, sozinhos ou combinados, podem engatilhar a puberdade precoce: obesidade infantil, exposição a remédios hormonais e estresse social e psicológico. As estudiosas notaram que esses fatores de risco são especialmente comuns em comunidades carentes, encontrando-se altos índices de puberdade precoce em meninas americanas de minorias raciais.

As escolas em Shaker Heights são bem integradas, mas as questões raciais e econômicas do distrito se sobrepõem e os estudantes que pertencem às minorias estão desproporcionalmente entre os mais pobres.

Apesar de ninguém saber quando uma menina entrará na puberdade, as tendências demográficas mais amplas sempre impressionam quando participo de um encontro escolar destinado a alunas de onze a treze anos. Uma boa percentagem de meninas afrodescendentes completamente desenvolvidas do *quinto ano* apresentam-se para pais e parentes ao lado de colegas caucasianas que, em sua maioria, ainda parecem crianças. Assistindo às apresentações sempre mergulho em questionamento e divagações: "Como você se sente com um corpo de dezoito anos quando ainda tem apenas onze?"

O que eu sei: a sensação é bem estranha para garotas que se desenvolvem fisicamente mais rápido que psicologicamente. No mínimo. Se você acha que sua filha enxerga o próprio desenvolvimento físico como acelerado e prematuro, ajude-a a colocar a situação em perspectiva. Você pode dizer: "Seu corpo decidiu que está na hora de funcionar como o de uma menina mais velha, mas isso não quer dizer que você precise seguir o mesmo ritmo. Sinta-se livre para continuar fazendo coisas infantis pelo tempo que quiser. Tudo se acertará."

Fumaça Sem Fogo

No primeiro ano do ensino médio, minha melhor amiga e eu ficamos obcecadas pela música, agora clássica, "Sexual Healing", cantada por Marvin Gaye. Por uma temporada inteira de natação, não escutávamos outra música durante o trajeto de quinze minutos de ida e volta dos treinos. Enquanto Nancy dirigia, eu mexia no toca-fitas — voltando a fita quando a música terminava para ouvi-la novamente. Estávamos no fusca branco de Nancy, com seu interior de couro marrom, e cantávamos junto: "Se você não sabe no que está se metendo, posso dizer-lhe, isso é cura pelo sexo." E posso garantir que não havia a menor relação entre amar a música e o nosso real interesse em fazer sexo. O único vapor em nossas vidas sem romance era o que saía de nossos cabelos molhados enquanto deixávamos os treinos e dirigíamos para casa no inverno de

Denver. Mas, graças a Marvin, mergulhamos em sensualidade (melódica) enquanto abandonávamos nossa infância.

Garotas ansiosas para deixar a infância para trás geralmente relacionam sexo com ser mais velha e, assim como Nancy e eu, podem imitar muito bem a sexualidade adulta. Se não estão cantando canções provocantes, podem estar experimentando roupas pouco adequadas, maquiagem pesada, ou danças com movimentos sedutores. Não é incomum que pais se queixem para mim dos vestidos provocantes que suas filhas querem usar nas festas escolares. Muitos dos que conseguem convencê-las de usar roupas apropriadas para a idade suspeitam de que elas encurtem as saias, deixem os ombros de fora e calcem saltos altos cambaleantes assim que se afastam. Mas quando adolescentes conseguem parecer adultas sensuais (uma forma exclusivamente feminina de abandonar a infância), não acho que adultos devam acreditar que as garotas conseguem entender a imagem que estão passando. Na minha experiência, as garotas em geral não entendem. Elas não conseguem ver a relação entre *parecer sensual* e *ser sexual*. Assim como menininhas que experimentam batom para parecer mais velhas, mas não têm a menor intenção de agir como tal, a adolescente vestida com roupas reveladoras pode não ter a menor intenção de agir de acordo com sua aparência. As condições podem ser diferentes, mas o objetivo persiste: tanto a criança quanto a adolescente estão *brincando* de parecer mais velhas.

Você pode se surpreender ou até ficar com raiva se sua filha se comportar de forma vulgar ou sexualizada, mas controle a reação mais violenta até perguntar-se: "É só fumaça ou tem fogo?" Se você tiver motivos para se preocupar com algo errado, lembre que este livro traz muitos conselhos sobre como lidar com comportamentos de risco. Se achar que é só fumaça, lembre-se de Ashley, a menina que fechava a porta, enquanto seu pai, o exagerado, prejudicou o relacionamento entre pai e filha por considerar que fechar a porta significava algo mais grave do que realmente era. Se sua filha esforça-se para parecer descolada, você pode ficar tentada a cometer o mesmo erro ao dizer-lhe que ela parece vulgar ou uma vadia.

Você pode achar que seus comentários poderão ajudá-la, a maioria das garotas não os recebe bem. Sua filha pode criar um visual que ela acredita projetar um ar de sofisticação adulta, talvez até uma reprodução bem-sucedida de algum modelo de revista ou on-line. Não importa se a roupa está justa ou vulgar. Quando você chama o estilo dela de vulgar, ela entende: "Sua tentativa elaborada de parecer mais madura não deu certo e você parece ridícula." Se você lhe disser que parece uma vadia, ela *não* vai escutá-la dizendo: "Você está se apresentando de uma forma que nossa cultura associa a promiscuidade." Ela escutará você dizendo: "Você está parecendo uma vadia." Por isso, considere algo como: "Querida, seu visual está muito adulto, não sendo apropriado para os treze anos." Se você encontrar (uma esperada) resistência, pode ter que complementar: "Esta roupa vai chamar atenção sexual para você de uma forma que, francamente, *ninguém* nesta família está preparado para lidar."

Garotas também usam o ambiente virtual[15] para experimentar estilos de comportamento que realmente reflitam sua personalidade. Ao postar comentários irônicos e imagens que sugerem sofisticação, elas fazem experimentações digitais de abandonar a infância. Às vezes, os pais encontram algum conteúdo que não condiz com a garota que conhecem. Alguns pais encontram postagens de suas lindas e educadas filhas usando linguagem que faria um caminhoneiro desbocado corar. Já ajudei pais a decifrarem postagens da filha que afirmava beber e sair com rapazes mais velhos, quando eles sabiam que não era verdade.

Se as postagens de sua filha não refletem a garota que você conhece, não acredite que tudo aquilo seja verdade, mas não seja ingênua. Converse com ela sobre o que leu on-line e peça a ela que explique o que está acontecendo. Se você sentir ou souber que sua filha está mentindo, tente descobrir *os objetivos* dela com as postagens inadequadas e conversem a respeito.

Não importa se é fumaça ou fogo, garotas frequentemente se apresentam on-line de maneiras que seus pais não aprovariam pessoalmente. Se isso acontecer com sua filha, esclareça ou faça um acordo sobre o que é aceitável postar na internet. Adolescentes têm dificuldade de perceber o impacto de suas postagens, e, com frequência, precisam de regras esclarecedoras do que podem ou não postar, assim como precisam entender as consequências se quebrarem as regras. Considere a regra antiga: se sua filha não se sentir confortável com a ideia de que a avó leia a postagem, ela não deve postá-lo. Se ela postá-lo mesmo assim, deve estar preparada para ficar sem celular ou pelo menos sem o plano de dados por algum tempo.

Mesmo que sua filha não ultrapasse os limites do comportamento adulto na forma de se vestir ou em suas postagens, algumas de suas amigas o farão. Utilize essas oportunidades únicas de avaliar quando e onde os sinais externos de comportamento adulto vão surgir. Se você buscar sua filha numa festa e vir garotas usando saltos altos, saias que mal cobrem a calcinha e decotes excessivamente generosos, sinta-se à vontade para dizer: "Puxa, essas garotas estão parecendo bem sensuais. Você e suas amigas terão décadas para serem adultas e se vestirem assim se quiserem. Agora é sua grande oportunidade de ir a festas e se divertir usando roupas confortáveis que sejam bacanas."

Se você perceber que uma das amigas de sua filha está empenhada numa campanha virtual de parecer ter 25 anos quando só tem quinze, vá em frente e comente: "Se a Megan está saindo com muitos garotos — e eu tenho minhas dúvidas de que ela realmente esteja fazendo isso — pergunto-me se ela está bem. E me preocupo com a necessidade dela de anunciar isso on-line." Não espere que sua filha queira ter uma longa conversa sobre o que está acontecendo com Megan, mas não perca a oportunidade de fazer com que sua filha entenda que você está preocupada e, não, julgando. Essa atitude ajudará a manter canais de comunicação abertos entre você e sua filha para discutirem o que as amigas dela andam fazendo.

Quaisquer pais de adolescente sabem que a tecnologia tem um papel importante na vida dos adolescentes, fazendo com que a educação seja mais complexa do que nunca. Não surpreende que a tecnologia de hoje impacte em todos as etapas de desenvolvimento da adolescência, então, vamos continuar falando do papel que o mundo digital desempenha na vida de sua filha, sua função como responsável por ela, levando em conta as outras seis etapas de desenvolvimento que faltam.

Abandonando a Infância: Quando se Preocupar

Considerando que o comportamento *normal* de uma adolescente foge do comum, às vezes é complicado para os pais compreenderem quando algo está realmente errado. Se um adulto abruptamente se torna recluso, aproxima-se dos entes amados para rejeitá-los em seguida, recusa-se a aprender sobre higiene pessoal ou constantemente experimenta novos visuais e identidades, nós teríamos muito com que nos preocupar. Mas apresentei todos esses comportamentos como exemplos de como uma adolescente lida com o esforço crucial de abandonar a infância.

Então, como sabemos que está na hora de nos preocuparmos? Paradoxalmente, é quando o comportamento delas *não segue* esses padrões — quando ela se fixa num dos dois extremos. Sobre o abandono da infância, eu me preocupo com as adolescentes que parecem relutantes demais em crescer e com adolescentes que se recusam em ser crianças.

A Garota Peter Pan

Algumas garotas parecem empenhadas em viver numa eterna infância. Elas são gentis e solícitas, absorvidas pelo seio familiar, bem boazinhas com seus pais. Na minha experiência particular, elas usam termos suaves, como "meleca" em vez de xingamentos, ou dizem que contam tudo para suas mães, fazendo-me pensar: "Jura? Mesmo? Por quê?". A resposta ao "Por quê?" vem de muitas formas. Algumas vivem com pais complicados que não suportam a rejeição. Outras são confidentes de um dos pais ou do pai/mãe que se sente infeliz no casamento. A lealdade a esse pai/mãe impede o impulso realizar o esperado distanciamento guiado pelo desenvolvimento. No outro extremo estão as garotas cujos pais não aguentam a ideia de vê-las crescer. Esses pais cultivam ativamente a dependência e insistem em cuidar de suas filhas como se fossem crianças mesmo muito depois de começar a adolescência. Vi pais generosamente presenteando suas filhas com uma nova decoração de quarto espelhada no quarto delas de infância quando as meninas terminaram a faculdade.

Essas garotas vêm ao meu consultório por, pelo menos, uma dessas três razões: estão ansiosas, deprimidas ou solitárias. Se estão ansiosas, geralmente é porque inconscientemente estão furiosas. Estão sendo roubadas de sua adolescência e sabem disso. Essas garotas parecem ter medo do mundo exterior, mas logo fica claro que estão com medo do próprio mundo interior. Estão apavoradas com seus próprios impulsos de ousadia e rejeição porque não podem dar vazão a esses impulsos e ainda serem amadas pelos pais. Se estão deprimidas, é porque direcionaram sua raiva para dentro. Não tendo espaço para brigarem com os pais, brigam consigo mesmas. "Meus pais estão sofrendo" transforma-se em "Estou sofrendo", uma distorção depressiva que é mais segura do que a realidade.

E elas estão tristes porque sabem o que estão perdendo. Garotas imersas na eterna infância frequentemente têm poucas amigas na adolescência porque são vistas por seus pares como infantis ou maduras demais. Amigas da mesma faixa etária que estão ansiosamente abandonando a infância não querem se relacionar com garotas infantis. Além disso, descobri que garotas aliadas a seus pais tendem a ter uma visão dura do comportamento de seus pares e são vistas como difíceis de conviver. Elas reprovam as bebidas e entram em pânico com qualquer tipo de sensualidade adolescente. Desnecessário dizer que os convites para festas não são frequentes.

Se você reconhece sua filha ao ler isto, dê um passo para trás e tente entender por que ela talvez esteja se agarrando à infância. O desenvolvimento saudável do adolescente exige algumas condições — uma delas é ter um pai que consegue aguentar a rejeição. Você não precisa ser uma verdadeira piscina de concreto, mas é melhor que seja resistente; você talvez precise criar uma rede de apoio entre adultos para permitir que sua filha cresça. Se você está contando com sua filha para ser seu suporte emocional, procure adultos em quem possa confiar, incluído, talvez, uma boa psicoterapeuta. A partir da sintonia que garotas têm com seus pais, sua filha provavelmente perceberá que você encontrou o apoio necessário e começará a se distanciar.

Se você suspeitar de que sua filha acha que você *precisa* dela dependendo de você, faça algo para ela mudar de opinião. Comemore qualquer gesto dela em direção à independência ou pergunte por que ela não está criando seu próprio espaço. Talvez você precise mostrar a ela que teve dificuldade em vê-la crescer, mas que não deseja que ela se sacrifique para tomar conta de você. Se sua filha não criar distanciamento de você, procure uma psicoterapeuta experiente que possa ajudá-la a aprender a abrir mão.

Você vai perceber que a seção "Quando se Preocupar" ao final de cada capítulo oferecerá algumas explicações para reflexão, além de algumas sugestões de como lidar com um comportamento preocupante. Indico também outras fontes para aprofundamento (além das que já estão listadas nas Fontes Recomendadas no final deste livro). Inspirada na citação adequada de Tolstói – "As famílias felizes são todas iguais. As infelizes o são cada uma à sua maneira"[16] –, garotas que estão sofrendo de verdade precisam, e certamente merecem, orientação ajustada à sua realidade. De fato, cada garota com problemas que eu já atendi trazia um histórico complexo, que, uma vez conhecido, explicava suas dificuldades. Mas essas histórias são tão específicas quanto as garotas que as vivem, e contá-las vai além do escopo da proposta deste livro. Existem prateleiras de livros sobre garotas que vivem uma adolescência alarmante ou tenebrosa. Este livro concentra-se nos desafios do desenvolvimento normal que a maioria das adolescentes e seus pais enfrentam.

Correndo para Se Tornar Adulta

Também devemos nos preocupar com as garotas que se adiantam demais. Não estou falando de meninas realmente maduras no sentido real da palavra — que administram um negócio de babás e se tornam autossuficientes. Estou falando de garotas de treze e quatorze anos com vida sexual, experimentando bebidas e drogas. Infelizmente, há um rótulo social associado a esse comportamento que os especialistas chamam de "comportamento pseudomaduro" porque, para adolescentes concentrados em abandonar a infância, há fascínio em seus pares que estão crescendo com rapidez. Pesquisas demonstram que adolescentes que extrapolam seus limites antes da hora tendem a não ir bem mais adiante. Com o tempo, tornam-se mais propensos a apresentar problemas de relacionamento, abuso de substâncias[17] e questões legais quando comparados a seus pares que caminham de forma mais lenta.

Quem apresenta maior probabilidade de experimentar sexo, drogas e bebidas com pouca idade? A ciência psicológica consistentemente aponta para dois fatores: de forma desproporcional, garotas com pressa de crescer vêm de famílias desfeitas ou não têm um relacionamento próximo com nenhum dos pais.[18] O vínculo entre ter uma família problemática e um comportamento de risco prematuro geralmente vem da pouca supervisão. Pais que lutam contra a pobreza, com dificuldades pessoais, ou com outros fatores importantes de estresse, nem sempre conseguem preencher o dia de suas filhas com atividades extracurriculares regulares ou estão disponíveis depois das aulas. Abandonadas (e muitas vezes solitárias), essas garotas algumas vezes saem para arrumar confusão.

Ava, uma garota do nono ano, era o exemplo da uma adolescente pseudomadura abandonada. Seus pais a arrastaram para o meu consultório pouco depois de chegarem bem tarde em casa, num dia de semana, e a encontrarem vomitando no banheiro enquanto sua amiga estava desmaiada no chão. Ava tinha aproveitado as longas horas de trabalho dos pais para misturar todas as bebidas que tinham no bar antes de convidar uma amiga para experimentar o coquetel.

Em nossa primeira sessão, Ava sentou-se distante dos pais numa cadeira extra, enquanto seus pais, mudos de raiva, dividiram o sofá. Eles a encararam fixamente, uma garota bonita com sobrancelhas cuidadosamente desenhadas. Ava tirou os óculos escuros estilosos da cabeça e mordiscou descuidadamente uma das hastes enquanto os encarava de volta.

O pai de Ava quebrou o silêncio e contou por que estavam ali. Antes de terminar, ele acrescentou indignado: "Ava parece que não entende. A amiga dela podia ter *morrido*!"

A mãe dela finalmente falou: "Trabalhamos tanto para dar a ela uma vida boa... E é isso o que ela faz."

Adotando a lógica irracional e egocêntrica que é marca registrada de garotas adolescentes em todo lugar, Ava retrucou: "Se vocês se importassem realmente comigo, me deixariam fazer o que quero."

Com um misto de raiva e incredulidade, o pai dela se virou para mim e disse: "Ela quer que a levemos para as festas da escola!"

Sem dizer uma palavra, a mãe de Ava a olhou de um jeito esclarecedor: os pais tinham empregos que exigiam longas horas de dedicação para que pudessem sustentar a família, e doía ver como Ava estragava os óculos que certamente custaram mais do que seus pais poderiam pagar sem esforço. Ava continuou mascando a haste, ciente de que sua mãe não gritaria para que ela tirasse os óculos da boca enquanto estivessem na minha presença.

Enquanto assistia à cena se desenrolar à minha frente, eu suspeitei de que a fúria que tomava conta do meu consultório era, na verdade, alimentada pela dor de Ava em se sentir isolada e o temor de seus pais por sua segurança. Achei que a família conseguiria perceber isso se fizessem terapia comigo.

Mesmo em famílias tranquilas ou capazes de supervisionar suas filhas, garotas estão mais propensas a criar problemas se o seu relacionamento familiar está abalado por estresse dos pais. Há ampla evidência de que o relacionamento entre os pais e as filhas pode sofrer abalos[19] pelas adversidades da pobreza, mas, até recentemente, famílias de melhor condição eram negligenciadas pelas pesquisas psicológicas. Como diz Suniya Luthar,[20] a psicóloga prolífica responsável pela minha pesquisa favorita sobre jantares em famílias: "Se a baixa renda implica numa relação familiar prejudicada, a lógica contrária seria que uma renda maior implicaria em uma relação melhor em casa." Mas não é isso o que a pesquisa aponta. Estudos recentes indicam que riqueza pode isolar garotas de seus pais, tanto física quanto emocionalmente. Pais abastados podem trocar tempo em casa por empregos lucrativos e optar por contratar um exército de babás, tutores ou mordomos para ajudar na educação de suas filhas. Nesses casos, a ausência dos pais parece contribuir[21] para o desequilíbrio emocional e o uso de drogas. Dito de outra maneira, comparados a adolescentes ricos, adolescentes de classes média e baixa, são, para a sorte deles, mais propensos a ter tempo extra em casa na companhia dos pais.

Na falta de um relacionamento próximo com os pais, garotas buscam envolvimento em outros lugares. Começam a andar com adolescentes mais velhos ou com outros pares sem supervisão. Também podem procurar em veículos de comunicação dicas de como crescer. A psicóloga Monique Ward,[22] pesquisadora proeminente que mostra como a mídia popular molda as crenças dos adolescentes, descobriu que adolescentes que assistem à televisão para não se sentirem solitários são mais propensos a objetificar sexualmente as mulheres, e, quanto maior a exposição a uma programação sexualizada, maior a probabilidade de sexualizarem-se. Em suma, se os pais não estão presentes para criar seus filhos, nossa mídia repleta de sexo (que lucra com a programação picante destinada a pré-adolescentes) os educará.

Se o que você está lendo causou preocupação, comece a perguntar-se: Você geralmente sabe onde sua filha está e o que ela está fazendo? Vocês estão na mesma sintonia? Jantam juntas com exceção de uma ou outra noite? Se suas respostas forem negativas, programe-se para passar mais tempo com sua filha e para aprofundar seu relacionamento com ela. Se sua filha já se entrosou com um grupo de adolescentes mais velhos, descubra uma ou mais maneiras de fazê-la se relacionar com amigos da mesma faixa etária e adultos sábios e solidários. Programas de voluntariado, empregos de meio expediente e programas para juventude oferecidos pela Igreja ou Sinagoga podem ser um bom ponto de partida. Se seu esforço para entrar em sintonia com sua filha não funcionar, ou se não conseguir afastá-la de um grupo que está adiantado no processo de crescimento, peça ajuda ao pediatra ou médico de família, ao orientador pedagógico escolar ou a um psicoterapeuta de sua confiança (médicos que atendem adolescentes são uma fonte confiável para avaliação de sua saúde mental).

Você deveria banir a mídia sexualizada? Boa sorte. Mesmo que tenha sucesso em proibi-la em sua casa, sua filha irá cruzar com esse tipo de conteúdo em algum momento. Faça o que puder para evitar que haja exposição de conteúdo muito explícito, e considere a possibilidade de usar outros conteúdos como pontapé inicial para conversas. Se você deseja que sua filha torne-se uma consumidora crítica dos produtos midiáticos, use o que ela assiste para ajudá-la a desenvolver esse espírito questionador. Debruce sobre o sofá ou laptop e diga: "Adoro entretenimento, mas você sabe que não gosto muito de seriados que apresentam as mulheres como estúpidas e gostosas." Sua filha pode revirar os olhos, mas fale mesmo assim. Garotas conseguem escutar e perder a paciência ao mesmo tempo.

Alguns pais parecem ver o desenvolvimento como uma corrida a ser vencida e encorajam suas filhas a mostrarem-se maduras. Eles as estimulam a ter uma aparência mais adulta ou as equipam com acessórios de mulheres adultas, como bolsas e joias. Mas não é assim que funciona. O desenvolvimento normal é uma força interna poderosa que impulsiona as garotas para a frente, seguindo seu crescimento com base nas etapas da adolescência. A maioria das adolescentes não precisa ser encorajada a crescer — elas vão adiante num ritmo saudável e algumas vezes pedem maior liberdade e privilégios do que o aconselhável. Quando querem crescer com pressa, é nosso dever como pais fazê-las frear. Se você reconhece esse tipo de tensão, certamente significa que sua filha está fazendo a parte *dela* e você a *sua*, enquanto ela assume a missão de abandonar a infância.

DOIS

Entrando numa Nova Turma

O MEU CONSULTÓRIO NA LAUREL SCHOOL, UM COLÉGIO INSTALADO NUM MAJESTOSO prédio construído no estilo Tudor na década de 1920, é conhecido como "o escritório de Harry Potter" porque, assim como o quarto de Harry na casa dos Dursleys, fica sob uma escada. Em um vão estreito e profundo, embaixo da magnífica escadaria principal, tem espaço suficiente para a minha escrivaninha, onde o teto desce inclinado, duas poltronas, uma de frente para a outra, e um pequeno banco para os meus papéis e bolsa. Adoro meu espaço aconchegante e nunca o trocaria por outro. O melhor a respeito dele é que se localiza no centro da construção, mas quase completamente escondido. Nem todas as garotas que vêm falar comigo querem que a escola inteira fique sabendo, e meu espaço permite que elas discretamente desçam pela escada para me encontrar. O segundo melhor detalhe sobre o meu consultório: está localizado acima do armário onde instalaram o sistema de som do ginásio das primeiras séries do ensino fundamental, usado por professores criativos que às vezes colocam música durante as aulas de educação física. Isso significa que o som palpitante de "Car Wash" frequentemente sobe por entre as tábuas do meu soalho e alivia a tensão enquanto estou atendendo as estudantes.

Eu estava trabalhando à escrivaninha — sem o som da discoteca — quando Joelle, uma aluna do nono ano, afável e espevitada, colocou o rosto pela fresta da porta e pediu para falar comigo. Erguendo-me como uma corcunda para evitar bater a cabeça no teto, assenti e fui até a poltrona onde sento quando recebo visitas. Joelle sentou-se à minha frente.

— E aí? — perguntei, querendo deixar claro que ela era bem-vinda mesmo sem hora marcada.

— Acho que chegou a hora de abandonar o futebol, mas ainda não decidi. Jogo desde os cinco anos, mas não tenho certeza se ainda tenho tempo para isso. Já estou fazendo aulas de retórica e debates e conseguindo lidar bem com minha carga horária, mas não quero ficar para trás. Os treinos são mais puxados do que antes e estou chegando em casa realmente cansada. Entre o futebol e as reuniões de retórica, não consigo ter final de semana. Estou tão preocupada com isso que estou dormindo mal.

— Parece que você está pronta para seguir adiante. O que a está impedindo de largar o futebol?

Como apenas uma adolescente consegue fazer, Joelle lançou-me um olhar questionador que enviava duas mensagens ao mesmo tempo: "Está falando sério que não sabe qual é o problema?" e "Estou vendo que você está tentando ajudar, por isso vou perdoar sua ignorância."

— Minhas amigas mais próximas estão no time — explicou ela.

Imediatamente entendi o "Como você não sabia?" presente em seu olhar. Se ela largasse o futebol, iria se afastar de suas amigas, e isso era motivo suficiente para ficar no time. Distanciada de sua relação próxima com os pais, Joelle estava bem adiantada na segunda etapa de desenvolvimento que consideraremos — a tarefa de entrar numa nova turma. Antes da adolescência, a maioria das garotas relaciona-se bem com suas famílias e tem a mais íntima das relações com seus pais e irmãos menores. Ao final da adolescência, esperamos que as garotas afrouxem os laços familiares apertados e fortaleçam os relacionamentos com seus pares. De fato, enquanto garotas se desenvolvem nessa etapa, elas com frequência passam a depender das relações com seus amigos tanto quanto dependem da relação com seus pais, e às vezes até mais.

Para alguns adolescentes, fazer parte de uma turma acontece sem esforço. Eles encontram bons amigos que serão fiéis até o fim do ensino médio ou, como Joelle, entram numa turma com os mesmos interesses. Mas, para a maioria dos adolescentes, entrar para uma turma significa lidar com questões difíceis. Gosto da minha turma? Minha turma gosta de mim? Minha turma representa o que sou ou o que eu quero ser? Eu deveria procurar uma turma melhor? Quais as vantagens e desvantagens de pertencer à minha turma? E o que faço com os membros da turma de quem eu não gosto?

Não há como superestimar a importância para os adolescentes de pertencer a uma turma. Eles não estão apenas procurando novos amigos, mas substituindo a família de quem estão se afastando (ou que, no mínimo, ignoram em público) pela turma de que se orgulham de fazer parte. Se fracassarem, ficam sujeitos às piores opções de voltar ao núcleo familiar ou percorrer sua trajetória sozinhos. Além disso, pertencer a uma turma moldará seus interesses, conquistas acadêmicas, status social, autovalorização e até sua inclinação para comportamentos de risco e vice-versa. Visto desta maneira, o dilema de Joelle faz sentido. Se ela sair do time, afasta-se de sua turma. Além disso, ela os deixaria logo no início do ensino médio — uma situação estressante que é frequentemente amenizada pela sensação de segurança que temos ao fazer parte de um grupo.

Dada a importância crucial de entrar para uma nova turma, garotas em geral ficam muito chateadas quando não estão bem com seus pares. Antes de refletir sobre como você pode ajudar sua filha a gerenciar o estresse social, vamos definir duas palavras: *conflito* e *bullying*. A maioria dos atritos entre adolescentes — e pessoas de todas as idades também — são conflitos. Conflito é o resfriado nas relações humanas: não gostamos dele, não podemos curá-lo e apenas temos que suportá-lo. Quando humanos passam tempo com outros humanos, entram em conflito uns com os outros (e nos resfriamos). Assim como nos resfriados, há o que pode ser feito para aliviar o conflito e evitar que piore.

Já o bullying tem etapas mais parecidas com a pneumonia. As vítimas são expostas mais de uma vez a ações negativas de uma ou mais pessoas de faixa etária semelhante e sentem dificuldades de se defender. O bullying é sério e potencialmente perigoso, e deve ser enfrentado com firmeza. Exatamente como a pneumonia, pode causar um dano real e permanente, se ignorado. Mas a preocupação de nossa cultura com o bullying levou a um exagero de diagnósticos. Muitos confrontos desagradáveis entre jovens são agora tratados como bullying, e um diagnóstico malfeito leva a um tratamento inadequado. Tratar conflitos como bullying é o equivalente a prescrever antibióticos para um resfriado comum. O tratamento é desnecessário, não irá curar o resfriado, e cria novos problemas. Tratar o bullying como um conflito rotineiro é o equivalente a diagnosticar uma pneumonia como um resfriado comum —sem tratamento, pode trazer consequências críticas.

Por sorte, conflitos são mais comuns do que bullying. Mas para garotas adolescentes os conflitos com seus pares são preocupantes, por isso a maior parte deste capítulo dedica-se a como ajudar sua filha a gerenciar o estresse e a rivalidade que surgem quando se entra ou está numa turma. A seção "Quando se Preocupar" deste capítulo indica como você pode agir se sua filha tornar-se socialmente isolada, for vítima de bullying ou praticá-lo em outras pessoas.

O Apelo da Popularidade

Maya e eu combinamos de nos encontrar sempre às terças-feiras pela manhã. E foi só em fevereiro, quando ela já se consultava há quatro meses, que abordou sua preocupação com a vida social de Camille. A grade de aulas de sua filha mudou depois das férias de inverno e ela não almoçava mais com Sara, uma de suas melhores amigas desde o quarto ano. Nas últimas semanas, Maya ouviu Camille contar sobre suas novas amigas, um grupo de meninas populares, várias delas com o mesmo horário de almoço de Camille. Ao que parecia, as meninas convidaram-na para sentar à sua mesa. Maya preocupou-se com a mudança na vida social de sua filha. Camille estava claramente encantada por ter sido aceita pelas garotas populares, mas Maya sabia que, no ano anterior, durante o sexto ano, elas excluíram amigas e criaram apelidos cruéis para algumas meninas de fora do círculo de amizade.

Exaltada, Maya explicou que, no sábado à noite anterior à consulta, ela e a filha brigaram porque Raina, uma das novas amigas, convidou

Camille em cima da hora para dormir em sua casa. Camille já combinara ir ao cinema com Sara, mas implorou para que a mãe a ajudasse a inventar uma desculpa para desmarcar com Sara, e, em seguida, a levasse para a casa de Raina. Maya se recusou a ajudá-la e insistiu para que Camille fosse correta e mantivesse os planos com Sara. Sem opção, Camille foi contrariada ao cinema com Sara, e não quis falar com Maya na ida e na volta.

Maya ficou chocada com o desejo da filha de desmarcar com Sara. Entendi o ponto de vista da mãe, mas percebi que Camille não era a primeira garota de sua idade a ser seduzida pelo poder da popularidade. Se pensarmos nisso em termos de turma, garotas começam a valorizar o que a popularidade parece oferecer: um selo que assegura lugar numa turma desejada. Não é coincidência que o conceito de popularidade ganhe força exatamente no instante em que as garotas se distanciam de suas famílias. O medo de não fazer parte de uma turma — distanciada da família, sem um grupo de amigos — empurra a adolescente para o atalho e estimula a idealização da popularidade e das consequentes conexões sociais. Na verdade, a maior parte da encenação social, que é marca registrada das garotas, faz muito mais sentido quando entendemos que elas só estão tentando garantir seu lugar na turma.

Pesquisadores que estudam o relacionamento entre pares descobriram que existem dois tipos de popularidade.[23] A *popularidade sociométrica* é o termo usado para descrever adolescentes apreciados, com reputação de serem gentis e divertidos. Já a *popularidade percebida* descreve adolescentes que detêm muito poder social, mas não são queridos por muitos de seus colegas de classe. Esses dois grupos distintos surgem de estudos que usam um método em que o aluno nomeia ou ordena seus colegas a partir de uma lista de interesses, com o objetivo de avaliar a dinâmica social em ambiente escolar. As garotas recebem uma lista com os nomes de todas as garotas em sua classe (e garotos recebem listas com os nomes de todos os garotos) e são solicitadas a marcar o nome de três colegas de quem mais gostam, três colegas de quem menos gostam, e quais garotas que são consideradas populares. Com essa tática, pesquisadores descobriram que muitas garotas estimadas não são consideradas populares, e que muitas das garotas identificadas como populares não são benquistas. Na verdade, as garotas populares-de-quem-não-se-gosta são descritas[24] por suas colegas como dominadoras, agressivas e metidas, enquanto as garotas benquistas-mas-não-populares são descritas como gentis e confiáveis.[25] Um terceiro grupo também é identificado: as garotas benquistas que são identificadas por seus pares como populares. São amistosas e leais, e se diferenciam das garotas estimadas-mas-não-populares por serem mais difíceis de manipular. Em outras palavras, as garotas do grupo com garotas benquistas e populares são amistosas e assertivas — habilidades que garotas frequentemente lutam para dominar. Falaremos a respeito em breve.

Com base nessa pesquisa, sabemos que, quando adolescentes atribuem o termo *popular*, elas provavelmente falam das garotas *reconhecidas como populares* — garotas que usam crueldade para ganhar poder social. Adultos gostariam de achar que garotas cruéis seriam banidas por seus pares, mas, infelizmente, é o oposto que costuma acontecer. A garota que se permite ser cruel se beneficia de muitas "amigas", meninas ansiosas para ficarem próximas ao seu lado bom. A menina popular é frequentemente temida e tolerada pelos demais colegas por não desejarem tornar-se um alvo. Apesar de a crueldade entre garotas também envolver xingamentos ou intimidação física em alguns casos, garotas são mais propensas a usar poderosas formas[26] indiretas de agressão, como espalhar boatos sobre outra garota, excluí-la ou prejudicar suas relações com os demais. Em resumo, garotas adolescentes cruéis mantêm seu poder ao ameaçar as meninas da turma de quem seus pares mais gostam.

Raramente garotas conseguem manter seu poder indefinidamente com um comportamento cruel. No primeiro ano do ensino médio, a maioria das garotas se sente segura o suficiente entre suas amigas para isolar ou ignorar as garotas que continuam agindo com crueldade.[27] Alunas do sétimo ano (entre 12-13 anos), no entanto, recém-distanciadas de seus familiares, são especialmente vulneráveis. Frequentemente estão dispostas a serem cruéis — ou suportar meninas que o sejam — para garantir seu espaço numa nova turma. Nem todos os alunos do sétimo ano se preocupam em garantir seus relacionamentos sociais agindo dessa forma, mas o comportamento cruel geralmente alcança o ápice nessa fase.

O que acontece no sétimo ano? Apesar de ainda não termos a ciência ou a tecnologia para nos basear, eu suspeito de que, neurologicamente falando, o botão de "como usar e abusar do poder social" é ligado no cérebro em algum momento durante esse período. Enquanto isso, o botão do "deixe-me pensar um instante nas consequências de usar e abusar do poder social" não é ligado até o oitavo ano ou depois. Dito de outra maneira, a dinâmica social do oitavo ano está captada com perfeição numa tirinha antiga da revista *The New Yorker*[28] em que vemos dois policiais com o Capitólio ao fundo. Um deles pergunta ao outro: "Como você pode ter certeza de que detém o poder, a não ser ao abusar dele?"

Com isso em mente, costumo aconselhar aos pais que aproveitem as oportunidades de desconstruir o significado do termo *popular*. Como sabemos, quando um adolescente diz que uma garota é popular, em geral estão dizendo que ela é poderosa. E quando a menina é poderosa, geralmente significa que está disposta a ser cruel e todos sabem disso. Se sua filha mencionar que uma garota é popular, pergunte: "Ela é popular ou apenas poderosa? As crianças gostam dela ou têm medo dela?" Dê a sua filha uma boa razão para desvalorizar a popularidade.

Você também pode apontar que, ao falar de amizade, qualidade suplanta quantidade. De fato, estudos apontam que os adolescentes mais felizes não são aqueles com mais amigos, mas os jovens com amizades mais sólidas e pares que os apoiam, mesmo que isso signifique ter um único amigo incrível.[29] Por quê? Uma explicação é que a popularidade dá muito trabalho, não importa como as garotas encarem. Garotas no centro de grandes grupos têm muitas relações para lidar, e comumente ocorrem os conflitos de lealdade. Considere a vida de uma garota popular que só tem permissão dos pais para chamar duas amigas para dormir em sua casa. Ela terá que refletir sobre quem convidar e planejar-se para gerenciar a mágoa das amigas deixadas de fora. Além disso, exigências sociais pesadas podem minar o que antropólogos culturais chamam de "rotinas sustentáveis",[30] o padrão previsível da vida cotidiana que é importante na redução do estresse. Garotas populares precisam fazer cálculos complexos antes de decidir quem vão convidar para o cinema ou para quem vão ligar quando estiverem chateadas. Garotas com um ou dois amigos podem contar com seu pequeno grupo e viver sem essas questões.

Maya e eu conversamos e decidimos que ela deveria canalizar sua energia em apoiar a amizade de Camille e Sara, mesmo que a filha ainda quisesse se aproximar da turma popular. Preocupamo-nos com a possibilidade de Camille abandonar Sara — uma perda infeliz, e que pioraria muito se (ou, provavelmente, quando) suas novas amizades não dessem certo. Assim que houvesse a oportunidade, Maya planejava dizer: "Estou vendo que você está obcecada com suas amigas novas, mas você parece ficar muito tensa nos finais de semana enquanto espera um telefone delas. Sara pode não ser tão divertida quanto as novas amigas, mas você parece mais relaxada quando está com ela. Quer convidá-la para dormir aqui?" Não apostamos que Camille abandonaria as garotas populares para correr atrás de Sara, mas acreditamos que seria bom se Maya pudesse mostrar que ter um amigo de verdade costuma ser melhor do que ter muitos novos amigos cheios de poder.

Apesar de Maya estar muito tentada a conversar com Camille sobre a má reputação da nova turma de amigos, eu a aconselhei a não fazer isso. É tentador criticar amigas que não foram gentis, mas é melhor lembrar que garotas mudam muito rapidamente durante a adolescência. Conheço pais que se arrependem de ter criticado uma menina que desenvolveu uma amizade próxima e feliz com sua filha. Por isso, se sentir necessidade de criticar as amigas de sua filha (algumas vezes isso é necessário), use suas próprias palavras e o tom de voz normal para explicar que as garotas estão numa situação delicada, não dizer que são pessoas ruins. Quando nos encontramos na consulta seguinte, Maya contou que conversou com Camille sobre as novas amizades enquanto as duas assistiam a um programa de televisão em que garotas falavam mal umas das outras pelas costas. Sem esperar resposta, Maya disse: "Ainda lembro-me das garotas da escola que tentavam se enturmar apontando o dedo para quem *não* conseguia se enturmar. Não é o comportamento mais maduro, e estou feliz que você não seja assim." O comentário de Maya tinha o objetivo de estabelecer um padrão de comportamento mais alto para Camille sem criticar diretamente suas amigas populares.

Briga da Turma

Não demorou muito para Sara perceber que Camille a estava deixando de lado para passar mais tempo com suas novas amigas. Magoada e ofendida, Sara contou para várias de suas amigas de classe que Camille fez xixi na cama até praticamente o final do terceiro ano (o que era verdade, mas tinha sido compartilhado em segredo). Camille descobriu a fofoca e chamou Sara de "vadia" nos bilhetes trocados com uma de suas novas amigas na sala de estudos. O monitor da turma viu os rabiscos, confiscou o caderno e ligou para Maya. Quando Maya confrontou Camille a respeito da situação, Camille admitiu na defensiva que havia feito isso, mas insistiu que Sara começara o problema ao contar para todo mundo sobre o problema de incontinência noturna.

Garotas podem ser muito vingativas quando alguém da turma é desleal. Sara estava muito magoada, mas, maneira inaceitável, agiu sob emoção, o que inspirou Camille a retaliá-la. Não há desculpas para o comportamento das duas, mas há uma explicação: de forma cultural, não sabemos como ajudar as garotas a descobrirem como lidar com a raiva. No entendimento delas, as meninas podem ser capachos — pense na Cinderela — ou cruéis sem limites, como as meias-irmãs de Cinderela. Raramente ajudamos as garotas a desenvolverem a assertividade — a arte de se defender sem desrespeitar o direito alheio. Mandamos a mensagem de que as "garotas boas" são boazinhas o tempo todo, e nos surpreendemos quando garotas reagem de maneira inaceitável. Mulheres adultas lutam para se defender sem serem chamadas de "mandonas", "autoritárias" ou coisa pior. Se as adultas têm dificuldade de lidar com isso, imagine as garotas.

Ensinar sua filha a ser assertiva leva tempo. O primeiro passo envolve reconhecer e avaliar as emoções negativas. Maya ligou-me depois de sua tentativa fracassada de fazer Camille assumir o mau comportamento. Concordamos que a atitude de Camille tinha passado dos limites, mas aconselhei Maya a ajudar a filha a identificar o que estava pensando e sentindo e separá-lo da maneira como agiu. Mais tarde naquele mesmo dia, Maya retomou a conversa sobre o que aconteceu na escola: "Sei que a Sara a chateou muito. A atitude dela deixaria qualquer um irritado e envergonhado. Você tem o direito de se sentir assim, mas não pode agir de forma vingativa." Adolescentes são beneficiados quando adultos os ajudam a separar "pensar" e "sentir" do "agir", porque *todos* têm pensamentos e emoções desagradáveis. É normal e, no capítulo 3 ("Dominando as Emoções"), veremos que o desconforto psicológico pode ajudar as garotas a aprender e a crescer. Mas nossos pensamentos e sentimentos devem apenas mostrar como nos sentimos, e não ditar a atitude que tomaremos.

Se Camille tivesse procurado Maya para ajudá-la antes de xingar Sara, as duas poderiam ter pensado numa resposta assertiva e mais tranquila que Camille poderia ter dado (ou escrito por mensagem) para Sara: "Fiquei magoada por você ter compartilhado meus problemas pessoais na escola. Entendo que você possa estar com raiva de mim, mas você devia ter me mostrado isso de outra maneira." É uma boa resposta, mas poucos adultos — e ainda menos adolescentes — responderiam assim. Fique ciente que, apesar de sua filha não seguir seu conselho ou pedi-lo tarde demais, garotas ainda assim se beneficiam quando adultos sugerem opções à resposta impulsiva. Muitos pais veem-se construindo as habilidades assertivas de suas filhas nas segundas-feiras pela manhã, quando reveem as situações que poderiam ter sido enfrentadas de uma maneira melhor. (Lembre que você só terá oportunidade de aconselhar sua filha dessa forma se demonstrar que entende as emoções dela, sem julgá-las.) Citar exemplos de comportamento maduro e assertivo pode ajudá-las a minimizar as reações no futuro, além de ajudá-las a encontrar a própria forma de responder.

Mesmo que sua filha não converse com você sobre as dificuldades dela de lidar com comportamento agressivo, é provável que você a ouça falar de falta de gentileza na turma da escola. Essas conversas podem ser importantes para ajudá-la a construir suas habilidades assertivas. Se sua filha contar-lhe que um grupo na escola está excluindo alguém, você pode aproveitar e dizer: "Pode ser que elas tenham alguma razão para não querer mais passar tanto tempo com a menina, mas precisam encontrar uma maneira melhor de fazê-la compreender que as coisas não andam bem. O que você faria se estivesse no lugar delas?"

Tome cuidado com a frequência com que usa esse recurso. Meninas se fecham quando estão perto de adultos que transformam todas as conversas em momentos de aprendizado. Concordar e fazer perguntas genuínas sobre o ponto de vista de sua filha diante da situação podem ser uma maneira menos direta de ajudá-la a pensar em como ela e as amigas deveriam tratar umas às outras. Resumindo, o sucesso de todas as conversas com sua filha adolescente dependerá do que você *diz* e daquilo que você *não diz*. Quanto mais você souber controlar o que falar, mais ela estará disposta a compartilhar, e maior impacto terá o seu conselho quando solicitado.

Pertencer a um grupo de amigos não é fácil para garotas que detêm poder social e precisam manter-se leais a amigos novos e antigos. Uma vez que as garotas estejam enturmadas, elas continuam enfrentando novos desafios enquanto progridem nessa etapa de desenvolvimento. Elas podem precisar gerenciar o comportamento da turma a que pertencem, adotar atitudes arriscadas para manter os laços sociais, ou se estressar pelas obrigações excessivas de dar atenção a amigos carentes. Falaremos disso a seguir.

Falsas Amizades

O linguista Michael Adams diz que as gírias são "a poesia do povo",[31] e é difícil negar a poesia da expressão *falsas amizades*. Adolescentes usam essa expressão para enquadrar uma série de relações conflituosas, inclusive com uma amiga que é muito divertida, quando não está tendo um mau comportamento. Infelizmente, o terreno social do adolescente não é apenas povoado por garotas boas e malvadas. Ao passarmos um tempo com adolescentes, descobrimos que garotas cruéis também podem ser extremamente simpáticas — compartilham intimidades ou são absolutamente altruístas — quando *não* estão sendo indelicadas. Isso pode gerar um conflito em qualquer garota que descubra ter uma falsa amiga, podendo fazer com que ela (e seus pais) desejem ter um inimigo de verdade.

Se sua filha tem uma amiga falsa, você provavelmente ouvirá pouco sobre a amizade quando as coisas estiverem bem. Mas quando a falsa amiga se virar contra a sua filha, você pode descobrir a respeito de comportamentos bem ruins. Por exemplo, atendi uma família no consultório cuja filha do oitavo ano teve problemas por colar na prova. Ela explicou aos pais que uma amiga copiara as suas respostas de uma pesquisa de estudos sociais, confirmando que essa mesma menina postara recentemente uma foto sua numa situação embaraçosa, causado muita comoção. Com raiva e querendo proteger a filha, os pais estavam prontos para telefonar aos pais da colega, quando a menina implorou-lhes para não fazer isso. Ela explicou que as duas eram boas amigas e deixou os pais confusos ao mostrar mensagens amorosas trocadas entre elas nas semanas anteriores.

Suspeite de que sua filha tem uma falsa amizade se você vê-la num círculo vicioso em que ela se queixa das atitudes de uma amiga, é aconselhada por você a evitar a menina, diz que está tudo bem, e, depois de um tempo, você a ouve queixar-se da mesma amiga. A maioria dos pais espera que suas filhas compreendam a necessidade de se afastar de quem as faz sofrer, e ficam surpresos ao descobrir que suas meninas estão ainda mais próximas de quem as magoou. Insistir no que não está funcionando — neste caso, aconselhando a garota a se afastar da falsa amizade — tende a ser uma estratégia malsucedida. Se você está nessa situação, pode ajudar sua filha fazendo mais perguntas sobre os altos e baixos dessa amizade traiçoeira. Com um entendimento mais completo desse relacionamento, você estará em condições de dizer coisas mais úteis como: "A decisão de continuar saindo com ela é sua. Se quiser continuar, cuidado quando ela estiver sendo legal com você, porque você sabe que isso pode não durar muito." Ou também: "Nós amamos você e não gostamos de vê-la se colocar numa posição em que pode ser machucada." Ou ainda: "Talvez ela possa ser divertida. Compreendo por que vocês passam tanto tempo juntas. Mas amigas de verdade não fazem coisas tão cruéis uma com a outra."

Apesar de você achar que está dizendo o óbvio, garotas nem sempre sabem que o comportamento da falsa amiga não é correto, especialmente se outras garotas o aceitam e a falsa amiga não parece sentir arrependimento. Adolescentes gostam quando seus pais confirmam que elas têm o direito de querer que suas amigas sejam gentis. E apesar de existir amizades desleais também entre meninos, garotas estão mais propensas a vivenciá-las e a conversar mais a respeito com os pais.

Não é realista que pais tentem evitar uma amizade de sua filha, já que eles não têm o poder de monitorar e controlar cada detalhe da vida social da adolescente. E, por pior que o falso amigo seja, não é nada fácil para as garotas terminarem a amizade. Turmas de adolescentes unem-se por teias sociais complexas, e, ao terminar uma amizade, uma garota pode, em consequência, perder outras amigas ou até a turma toda no processo. Frequentemente, garotas resolvem suportar uma amiga mais difícil para manter a paz na turma. Não deveria ser assim, mas é o que acontece.

Você pode ajudar sua filha a passar por uma situação difícil ao reconhecer que, para ela, não existe uma saída fácil para terminar uma amizade complicada. Lembre-se que adolescentes não funcionam como adultos. Se nós decidimos terminar uma amizade, deixamos de marcar almoços, rezamos para não encontrar a pessoa no mercado, e, quando a encontramos, nos desculpamos por estarmos ocupados demais. Adolescentes se encontram todos os dias na escola, querendo ou não. Se sua filha permitir, estudem juntas estratégias para que ela educadamente mantenha uma distância segura da falsa amiga, mesmo que pertençam ao mesmo círculo social.

E se você tiver motivos para pensar que sua própria filha destrata os amigos? Uma opção é tentar fazer com que ela entenda que os amigos não vão sempre concordar com seu comportamento. Se sua filha gosta de implicar com as amigas (ou fazer outras coisas do gênero), vá em frente e diga: "Querida, sabemos que você acha divertido implicar com os outros, mas estamos achando que seus amigos não estão gostando. Eles podem não reclamar agora, mas não se surpreenda se eles começarem a revidar."

Se for preciso, você pode mostrar-lhe como ela está se divertindo à custa dos amigos. Quando adolescentes se divertem sendo cruéis, estão agindo ainda como na infância. Crianças de três anos são especialistas em "diversão perversa" — alegremente fazem coisas que têm noção de que vão chatear seus pais —, mas a maioria das crianças evolui e abandona esse período de sadismo infantil. Como os adolescentes estão abandonando a infância e desejam parecer maduros, os pais, às vezes, podem conseguir modificar o comportamento deles apenas apontando sua imaturidade. Você poderia dizer: "Sabemos que você gosta de implicar com seus amigos. Isso pode ser divertido agora, mas provavelmente não será tolerado no ensino médio." Seja cuidadoso ao chamar o comportamento de um adolescente de imaturo. Esse pode ser um método eficiente para ajudar garotas a crescerem, mas também pode ser entendido como um poderoso insulto. Não existe benefício em ofender um adolescente (ou qualquer outra pessoa, para falar a verdade), então tenha certeza de fazê-lo de forma amorosa, se quiser tentar essa estratégia.

Se Sua Turma Pular da Ponte...

Adolescentes, mesmo os maduros e ponderados, têm atitudes estúpidas às vezes. E a probabilidade de sua filha fazer algo estúpido intensifica-se quando ela está entre amigos. Você já pode ter percebido isso — talvez você lembre como perdia o juízo quando estava com seus amigos adolescentes — e as psicólogas Margo Gardner e Laurence Steinberg (uma especialista de renome em comportamento adolescente) descobriram uma maneira inteligente de fazer essa demonstração num laboratório de pesquisa.[32] Elas compararam a maneira como adolescentes mais novos (13-16 anos), jovens adultos (18-22 anos) e adultos (acima de 24 anos) jogavam um jogo de videogame que acrescentava cinco pontos para a direção perigosa e descontava pontos para a direção excessivamente cuidadosa e colisões. Todos no laboratório jogavam sob uma das seguintes condições: sozinhos ou diante de alguém da mesma idade.

A pesquisa mostrou que, em todas as idades, os indivíduos correram aproximadamente o mesmo risco quando jogavam sozinhos. E a situação ficou interessante. Diante de seus pares, os adultos se comportaram da mesma maneira, os jovens adultos aumentaram mais o risco do que quando jogaram sozinhos, e os adolescentes mais novos correram o *dobro* do risco quando observados por seus pares. Conclusão? Comparados a adultos, adolescentes têm maior propensão a serem menos cuidadosos[33] e correrem mais riscos quando estão entre amigos.

Em termos técnicos, após o começo da puberdade, a rede socioemocional do cérebro pode prontamente suplantar o sensível sistema de controle cognitivo. Num nível neurológico, adolescentes, mais do que adultos e crianças, encaram a aceitação social como um fator altamente compensador.[34] Caso colocado em situações carregadas de emoção que oferecem recompensas sociais — por exemplo, quando um amigo popular sugere que será divertido fumar maconha —, o adolescente pode deixar de lado seu bom senso e permitir que seus impulsos prevaleçam. Como diz Laurence Steinberg: "Na adolescência, então, o mais pode não significar apenas alegria — o mais pode trazer maiores riscos."[35]

O temor dos pais pela segurança dos filhos é o que os mantém acordados à noite. Mas, na tentativa de manter suas filhas seguras, alguns pais vão a extremos que desconsideram a importância de ser descolados aos olhos da turma, e acabam colocando as garotas em risco maior. Por um lado, existem pais certos de que podem manter suas filhas em segurança ao ameaçá-las com terríveis castigos. Apesar de algumas ideias deixarem os pais mais tranquilos, ameaçar mandá-la para uma escola militar se ela *pensar* em experimentar cerveja, por exemplo, pode ter o efeito contrário quando bons adolescentes estão experimentando situações ruins. Adolescentes costumam ter uma programação bem flexível nos finais de semana, e, por exemplo, uma garota vai a uma festa no sábado acreditando que o evento será supervisionado por pais, mas descobre-se numa festa arriscada. Se a festa está fora de controle, ou se a garota tem um pressentimento ruim, ela terá que decidir o que é pior: continuar ali para ver no que vai dar ou pedir a seus pais para buscá-la. Que garota escolheria se humilhar diante da turma ao convidar um pai furioso para tirá-la da festa? Obviamente nenhum de nós quer que nossas filhas decidam continuar na festa em vez de pedir nossa ajuda.

No outro extremo, estão os pais que decidem manter suas filhas seguras, tornando-se os melhores amigos dela, até mesmo servindo álcool para menores de idade quando oferecem uma festa em sua casa. Apesar de não concordar com essa opção, entendo o que geralmente os motiva. Os pais festeiros acham que, se a filha vai se arriscar quando estiver com os amigos, melhor arriscar-se com os amigos sob sua supervisão. Mas os pais festeiros roubam de suas filhas uma das melhores opções de resposta que elas podem dar numa situação de risco: poder usar os pais como desculpa pelo bom comportamento que precisam manter.

Acho que as garotas em maior segurança são aquelas que podem contar com seus pais e suas "regras malucas" para evitar comportamentos arriscados. Se uma amiga oferece maconha, a garota deve poder dizer: "Quero fumar com você, mas a minha mãe parece um cão farejador. Se ela sentir o cheiro da maconha em mim quando eu chegar em casa, vai me mandar para a reabilitação." Você pode não ter um faro poderoso, pode não ter discutido sobre maconha com sua filha, e pode nem se importar se ela experimentar. Mas se você passou o fim de semana dançando em cima da mesa com as amigas de sua filha, ela provavelmente não poderá usar você como desculpa ou qualquer outra ameaça sua para sair de uma saia-justa sem prejudicar sua imagem com a turma. Você pode ter sentimentos conflitantes sobre uma estratégia de segurança que envolva histórias criadas com base em suas crenças mais severas, mas lembre ser mais importante manter sua filha em segurança do que as amigas dela acharem você descolada. Como demonstra a pesquisa com videogame, adolescentes correm maiores riscos, não menores, quando estão entre amigos. E não é realista esperar que um adolescente, a quem se ofereceu maconha, responda "obrigado, mas não quero. Maconha é ilegal no nosso país e, mesmo se fosse legalizada, sou menor de idade".

Você pode fazer com que seja possível para sua filha justificar seu bom comportamento por causa da relação amorosa e acessível que vocês mantêm em casa e ser absolutamente madura (ao ponto de manter-se distante) quando os amigos dela estiverem por perto. Sinta-se à vontade para ser tão gentil e receptiva quanto possível quando os amigos de sua filha estiverem por perto, mas mantenha-se firme no seu papel de pai de meia-idade chato, para que ela possa retratá-lo como mau quando necessário. Adolescentes às vezes querem que sejamos mais relaxados, mas, na verdade, esperam que nos comportemos como adultos. No meu consultório, aprendi em conversas informais que garotas estranham quando os pais se comportam como adolescentes. Exemplos:

— Então, a mãe de Tanya disse que nos compraria cerveja no fim de semana — disse uma garota.

— Isso é legal ou esquisito? — perguntei.

— É *esquisito*. Minha mãe não é tão divertida quanto a mãe da Tanya, mas ela não tem esse tipo de comportamento.

Além de você precisar comportar-se como adulta para que sua filha possa sempre culpá-la pelo bom comportamento dela, certifique-se de conversarem sobre a possibilidade de ela encontrar-se numa situação ruim e estabeleça o acordo de buscá-la a qualquer hora e em qualquer lugar sem fazer perguntas. Ela deve estar ciente de que vocês terão uma conversa franca no café da manhã sobre como ela foi parar numa festa bizarra a 24 quilômetros de casa, mas deixe claro que ela nunca se arrependerá de pedir sua ajuda. Considere o seguinte: alguns pais inclusive desenvolvem um código para que, se ela ligar dizendo "esqueci de desligar o ferro de passar", eles compreendam que ela precisa de resgate e comecem a berrar ao telefone. A garota pode segurar o telefone longe do ouvido, fazer cara feia, enquanto suas amigas escutam o sermão, e desculpar-se por precisar voltar para casa porque sua mãe acabou de surtar. Você estará fazendo o seu melhor como pai quando reconhecer que sua filha quer ficar junto de sua turma, mesmo quando ela escolhe não participar do que eles estão fazendo.

Quando a Turma Precisa dos Mais Velhos

Durante vários meses depois das aulas, recebi Lana em meu consultório particular, uma garota inteligente e séria do segundo ano do ensino médio, que me procurou durante o divórcio litigioso de seus pais. Numa terça-feira chuvosa, ela esticou as pernas no meu sofá e com um único movimento tirou o elástico do pulso e prendeu o cabelo cacheado num coque.

— O que falamos é confidencial, certo? — perguntou ela.

— Claro. A não ser que tenhamos razões para nos preocupar com a sua segurança ou se você for perigosa para os outros — respondi de forma padrão.

Ela prosseguiu e contou que sua amiga Cassie começara a se cortar, mostrando a Lana vários cortes em seu braço e pedindo segredo. Lana estava dividida. Ela não queria ser desleal a Cassie, mas andava perdendo o sono pela preocupação de Cassie continuar se machucando. Além disso, ela se sentia na obrigação de tomar conta de Cassie quando queria mesmo dar um tempo nessa amizade estressante.

Poucas garotas crescem e amadurecem sem precisar lidar com o comportamento autodestrutivo de uma colega ou amiga. Especialmente quando ficam mais velhas, garotas costumam pedir às amigas que mantenham seu comportamento perigoso em segredo, mas acabam deixando a guardiã do segredo numa posição terrível. Garotas adolescentes são extremamente leais com os membros de seu grupo e relutam em traí-las, mesmo quando precisam pedir ajuda aos adultos. Ao mesmo tempo, elas se preocupam demais com seus pares e tentam ajudar as amigas com problemas que estão bem além de sua capacidade adolescente. Na verdade, garotas às vezes tentam ajudar os amigos com problemas difíceis até para adultos, a não ser que o adulto seja um estudioso do campo da saúde mental. Eu me apresso em explicar esse fato para garotas que se culpam por falharem com as amigas ao dividirem o problema delas comigo.

Quando as garotas me contam que têm uma amiga que está se cortando, bebendo demais, usando drogas, apresentando tendências suicidas, algum distúrbio alimentar ou qualquer tipo de comportamento perigoso, começo assegurando-as de que foram sábias em me procurar, conforme eu disse a Lana. Falei: "Você tem razão em se preocupar, e está certa em achar que Cassie precisa de mais ajuda além do que você pode dar. Ela tem sorte de ter você preocupada com ela." Os ombros de Lana relaxaram, mas ela continuou com uma expressão séria. Ela sabia que ainda tínhamos muito o que fazer.

Em seguida, refletimos sobre a melhor maneira de Lana ter certeza de que os pais de Cassie — as únicas pessoas que poderiam prover a Cassie a ajuda que ela precisava — soubessem o que estava acontecendo. Lana e eu concordamos que ela poderia ir até Cassie e dizer algo como: "Estou feliz que você tenha me contado que está se cortando. Sei que uma parte de você está preocupada com isso, e quero me solidarizar com essa parte. Seus pais precisam saber disso para ajudá-la da forma que você merece. Qual a melhor maneira de contar para eles?" Concordamos que Lana ofereceria duas sugestões: Cassie poderia contar aos pais e pedir que eles dissessem a Lana que estavam cientes; ou Cassie poderia ir junto com Lana conversar com algum adulto de confiança e pedir-lhe que informasse os pais de Cassie. Não fiquei surpresa quando Lana achou que Cassie não aceitaria nenhuma das sugestões. Se fosse esse o caso, aconselhei que ela continuasse: "Um adulto precisa saber o que está acontecendo com você. Se você não quer contar a ninguém, eu mesma terei que fazer isso. Sei que você vai ficar brava comigo, mas eu prefiro vê-la em segurança a vê-la contente comigo o tempo todo."

É importante lembrar que adolescentes criam grupos com o objetivo específico de ter um espaço em que *não* haja adultos, então buscar ajuda de um adulto fora da turma — mesmo em caso de comportamento de risco — pode ser percebido como uma grave traição. Se sua filha conversar com você sobre o problema de uma amiga, faça questão de dizer que ela fez o certo. Se você estiver realmente preocupada com a amiga de sua filha, pode se sentir motivada a tomar uma atitude que considero *errada*: a de imediatamente ligar para os pais da amiga, mesmo que sua filha se oponha. Quando sua filha vem pedir sua ajuda, sua prioridade deve ser apoiá-la. Passar por cima de sua filha e tomar uma atitude que envolva um segredo vai afetar a confiança dela em se abrir com você ou procurá-la para pedir ajuda, aconselhar ou opinar em outras situações. Se não for uma situação que envolva risco de morte, diga a sua filha que ela não é responsável pela amiga e o gesto mais generoso que ela pode fazer é colocá-la em contato com um adulto que possa ajudar.

Quando eu fazia uma pesquisa sobre como evitar distúrbios alimentares, aprendi sobre a importância de respeitar a lealdade entre meninas, mesmo quando se trata de um comportamento perigoso. Em geral, programas de prevenção a distúrbios alimentares ajudam garotas a aprender como gerenciar o estresse, sentirem-se bem com seus corpos e conseguirem ser críticas à imagem ideal divulgada pela mídia. Esses programas costumam ser mais eficientes em modificar o que as meninas sabem sobre estresse, imagem corporal, mídia, do que em mudar a maneira como elas cuidam do próprio corpo. Essa é uma realidade assustadora, uma vez que distúrbios alimentares com frequência não são percebidos pelos adultos até se tornarem graves. Assim, eu e colegas de trabalho criamos um programa para encorajar garotas a avisarem a seus pais os primeiros sinais de distúrbio alimentar numa amiga.

Antes de apresentar o programa às turmas de oitavo e nono anos, fizemos um encontro com um grupo do primeiro ano do ensino médio da Laurel School para escutar a opinião delas sobre o formato da nossa proposta. Depois de apresentarmos a linha guia do estudo, as garotas afirmaram que se sentiam dispostas a conversar com um adulto se uma amiga apresentasse sinais de distúrbios alimentares, mas com uma condição: elas não queriam ser vistas como traidoras. Estavam muito comprometidas em guardar os segredos umas das outras, e se preocupavam com a possibilidade de que contar a um adulto sobre uma alteração alimentar importante numa amiga fosse transgressão social. Com a ajuda dessas alunas, achamos uma solução. Ofereceríamos a opção de escrever bilhetes anônimos para adultos confiáveis na Laurel School para que pudessem detalhar suas preocupações (por exemplo: "Maggie não almoçou durante toda a semana passada."). Dessa forma, os adultos teriam uma oportunidade para analisar a informação oferecida pelas meninas e — se cabível — tratariam do problema da garota com os pais dela, sem mencionar o bilhete.

Por fim, desenvolvemos um programa bem-sucedido[36] que ensinava às garotas os perigos dos distúrbios alimentares e a importância de um diagnóstico precoce, com ênfase no processo anônimo pelo qual poderiam compartilhar o que as preocupava nas amigas. Em retrospectiva, tenho certeza de que devemos o sucesso do programa às opiniões inocentes das meninas do primeiro ano do ensino médio. Aprendemos que garotas têm maiores chances de pedir ajuda para uma amiga com problemas se tiverem certeza de que os adultos respeitarão sua lealdade para com os grupos a que pertencem.

Mesmo quando garotas com problemas sérios recebem ajuda, nem sempre a situação melhora de imediato. Na consulta seguinte, Lana contou que Cassie havia concordado que precisava de um tipo de ajuda que Lana não poderia oferecer, e, junto com Lana, contou à orientadora pedagógica da escola sobre sua automutilação. Cassie disse a Lana que a orientadora indicara uma psicoterapeuta. Lana tranquilizou-se por sua amiga estar recebendo ajuda profissional, mas descobriu que a amizade delas continuava tão estressante quanto antes. Duas ou três noites por semana Cassie enviava mensagens de texto para Lana dizendo que estava chateada, pronta para se automutilar. Lana não fazia a menor ideia do que responder. Ela estava terrivelmente preocupada com Cassie, sem condições de ajudá-la, e ressentida por não conseguir fazer os deveres de casa por estar chateada ou ocupada demais tentando cuidar da amiga.

Nós *queremos* que as garotas telefonem, pedindo ajuda, e elas em geral fazem isso muito bem. Em outras palavras, seu suporte aos membros do grupo costumam trazer resultados positivos. Para Cassie, no entanto, os esforços de Lana não foram suficientes — o problema era maior do que elas. Se sua filha estiver na mesma situação que Lana, ofereça apoio enquanto ela define alguns limites na relação com a amiga carente.

Quando Lana contou sobre as últimas mensagens, eu disse o seguinte:

— As emoções negativas de Cassie são como uma casa mal-assombrada que ela carrega dentro de si para onde vai. Quando ela vai para sua casa mal-assombrada, sem dúvida não quer entrar sozinha. Então, ela lhe escreve mensagens que deixam você quase tão chateada quanto ela está. Não esperamos que você a acompanhe para dentro da casa mal-assombrada — esse é o trabalho da analista dela. Da próxima vez que ela lhe escrever uma mensagem, sugira que ela compartilhe as emoções dolorosas com a analista. Se isso não funcionar, podemos pensar juntas em como você ou Cassie podem mostrar aos pais dela que os problemas que ela enfrenta não estão sendo resolvidos adequadamente pela ajuda profissional que ela está recebendo nesse momento.

Garotas frequentemente colocam seus desejos em segundo plano para ajudar uma amiga carente. Mas se ela não conseguir ajudar a resolver o problema, esteja pronta para oferecer-lhe algum tipo de discurso assertivo e gentil que ela possa usar como proteção enquanto guia a amiga para quem de fato pode ajudar. Algumas semanas mais tarde, Lana contou que nossa estratégia tinha funcionado. Quando Cassie mandou outra mensagem assustadora, Lana perguntou se ela estava compartilhando suas emoções dolorosas com a analista. Na saída das aulas no dia seguinte, ela procurou Cassie para falar da prova de História que se aproximava, e intencionalmente não mencionou as mensagens da noite anterior. Para o alívio de Lana, um acordo não verbal havia se estabelecido entre elas. Ainda eram amigas, mas Lana deixou de ser a receptora das complicadas emoções de Cassie.

Na maioria das vezes, o esforço dos adolescentes em se enturmar hoje em dia não é muito diferente do que acontecia na nossa época. Mas a amizade de Lana e Cassie representa a única grande exceção a essa regra: sua filha continuará pregredindo nessa etapa do desenvolvimento enquanto cultiva a vida social em múltiplos canais. As garotas de hoje precisam construir e manter suas amizades enquanto interagem no mundo real e no virtual.

Habilidades (nas redes) Sociais

A maioria dos pais fica sem palavras ao ver como as garotas são apegadas a seus telefones celulares. A melhor explicação que ouvi a respeito vem de danah boyd (a doutora definiu que seu nome seja grafado sempre em letras minúsculas), uma ativista e acadêmica que estuda o papel da tecnologia na vida social dos adolescentes. Nas palavras dela: "Os adolescentes não são viciados em redes sociais. São viciados uns nos outros."[37] Se você parar para pensar, nós também éramos assim, mas só tínhamos uma tecnologia pré-histórica: o telefone de gôndola. Todas as noites eu me transformava numa incendiária por usar um fio de telefone ridiculamente imenso para levar o aparelho da família para o meu quarto, cruzando portas e bloqueando o corredor. E o que eu fazia ao telefone? Em geral, nada demais. Tenho certeza de que não fui a única a segurar o telefone no ouvido, muitas vezes sem dizer quase nada, enquanto fazia o dever de casa com uma amiga do outro lado da linha. Lembro-me até de assistir à TV enquanto ficava na linha com uma amiga que assistia ao mesmo programa na casa dela. Nós comentávamos de vez em quando o que víamos, mas na maioria das vezes apenas curtíamos a companhia uma da outra. Para a maioria de nós, ficar ao telefone com nossas amigas era a segunda opção — o que realmente queríamos era estar juntas. Era o que fazíamos sempre que possível.

Quando comparamos a experiência de um adolescente hoje em dia com a nossa, encontramos duas diferenças. Primeiro, os adolescentes atualmente querem estar conectados, como nós também, mas a tecnologia de hoje permite uma comunicação fácil e abrangente que nós só poderíamos sonhar enquanto adormecíamos com o fone do telefone no ouvido. Segundo, muitos adolescentes hoje em dia passam menos tardes inteiras juntos do que nós. Famílias com recursos que desejam oferecer mais oportunidades para os filhos frequentemente os mantêm com agendas cheias. Garotas estão ocupadas com uma quantidade absurda de tarefas escolares, praticam três esportes, aprendem música, ou estão envolvidas em outra combinação complexa de atividades, sobrando pouco tempo ocioso. Já sabemos que muito tempo livre sem supervisão pode fazer com que alguns adolescentes procurem por confusão, mas algumas garotas estão tão ocupadas que têm dificuldade de encontrar uma brecha para ficar com as amigas.

Na melhor das hipóteses, a tecnologia oferece aos adolescentes meios de construir e manter suas amizades, mesmo quando eles não têm tempo de se encontrar pessoalmente. Na pior das hipóteses, a tecnologia camufla a capacidade de um adolescente de construir um relacionamento pessoal com intimidade e amplifica as etapas negativas de seus relacionamentos. Uma nova pesquisa aponta que, em relação à vida social dos adolescentes, a vida virtual espelha a vida real.[38] Garotas que buscam amizades alegres com pessoas em quem podem confiar na vida real usam a comunicação digital para construir tais relacionamentos, enquanto garotas com problemas para se relacionar pessoalmente também encontram dificuldades[39] para se relacionar virtualmente. Em resumo, o ambiente on-line possibilita a interação constante com seu grupo, para o bem e para o mal, em cada minuto do dia.

Até para garotas que desenvolveram amizades reais e virtuais que lhes oferecem apoio, pesquisas mostram que o uso demasiado de tecnologia digital pode dificultar o desenvolvimento de habilidades sociais e interferir na qualidade de suas amizades[40] na vida real. Sem surpresas, amizades saudáveis dependem de habilidades sociais complexas e sutis que são mais bem aprendidas nas interações da vida real, não da vida virtual. Por essa razão, aconselho os pais a banirem a tecnologia (inclusive a deles) dos locais para poder aprender e treinar suas habilidades sociais, incluindo a mesa do jantar, as noites em família, e talvez até mesmo durante as rápidas saídas de carro. Olhando por esse lado, pode ser bom que uma garota tenha muitas tarefas no seu dia a dia, pois pode participar de atividades que não permitem o uso de celulares e que exigem interações interpessoais.

Nós sabemos que a comunicação digital pode revelar o pior do relacionamento humano. Converse com sua filha sobre o comportamento pouco gentil que pode ocorrer na internet e deixe claro que as regras sociais para o comportamento no mundo virtual são as mesmas do mundo real: ela não precisa gostar de todas as pessoas, mas não deve jamais ser mal-educada. E vai depender da sua filha o quanto você precisará acompanhar da vida virtual dela. Algumas garotas usam as redes sociais para manter contato com boas amigas e instintivamente evitam conflitos on-line. Outras interagem com o maior número possível de amigos e podem facilmente participar de algum conflito social desagradável.

Se sua filha ainda não envia mensagens ou interage na internet, espere até ela *realmente querer* um celular ou pedir para ter uma conta em rede social, e coloque seu direito de supervisionar as atividades dela como condição para ela ganhar acesso ao mundo digital. Comece com uma abordagem severa e vá afrouxando (conhecida pelos professores como "não sorria até dezembro") e comece as inspeções com uma frequência significativa. É sempre mais fácil afrouxar as regras do que criá-las quando a situação já está fora de controle. E lembre-se de que supervisionar as atividades digitais de sua filha não significa apenas evitar que ela se comporte mal. O que você leu pode ser útil para comentar com ela sobre a maneira como os adolescentes conversam entre si e explicar sobre o que compartilhar ou não na internet. Se você perceber que sua filha está escrevendo mensagens sarcásticas, mas você não está certa de que os amigos dela a compreendem, mostre a ela gentilmente. Adolescentes estão aprendendo o que significa amizade nas vidas real e digital. Sem exageros, você poderá dar algumas opiniões e sugestões.

Se sua filha já tem um telefone celular e perfis em redes sociais, talvez seja necessário implementar algumas regras. Para isso, você precisa dizer algo como: "Eu sei que lhe dei total privacidade para usar o celular e as redes sociais até agora, mas acho que foi um erro. Se o mundo todo pode ver o que você está postando, eu também deveria poder. Por isso vou começar a olhar o seu celular e seus perfis nas redes sociais de vez em quando." Se sua filha resistir (o que é provável), existem algumas saídas possíveis. Se você está pagando o celular, o computador e o provedor, você pode decidir que tem direito de monitorá-la pelo fato de pagar para ela ter acesso. Em alternativa, você pode chegar a um acordo com sua filha de quem pode monitorar a vida digital dela. Conheço uma garota de treze anos que me deu a seguinte explicação: "Não que eu esteja fazendo algo de errado no celular. Na maioria das vezes, só estamos falando sobre quem está a fim de quem. Quando meus amigos vão lá em casa, vão estranhar se minha mãe e meu pai souberem a respeito." Ela e seus pais encontraram uma solução: o primo de dezessete anos monitoraria a vida digital dela. A garota de treze anos não se importava que o primo soubesse sobre a vida amorosa da turma dela.

A maioria dos pais monitora a vida social das filhas até que não haja mais necessidade. Se você chegou a esse ponto, ou quando chegar, você pode dizer: "Se eu souber que você não está sendo educada ou bem-comportada na internet, vamos conversar e decidir juntas o que fazer. Lembre que deletar informações de seus perfis em redes sociais não significa que elas tenham desaparecido — elas ainda estão por aí em algum lugar." Desde que você pague para sua filha usar tecnologia, você pode exigir ter controle de suas atividades digitais. Isso dito, é bom lembrar que nossos pais tinham pouca ideia de como agíamos com nossos amigos. Erramos e aprendemos com nossos erros. De um jeito ou de outro, somos a primeira geração de pais que tem acesso detalhado à maneira como nossos adolescentes relacionam-se entre si. Isso significa que temos registros de interações de má qualidade, mas também temos acesso excessivo ao que deveria ser comunicação particular entre adolescentes.

Quando pais monitoram as atividades on-line de sua filha, frequentemente agem dessa forma numa tentativa de evitar que ela deixe registros permanentes de algum comportamento inadequado. Esse é um motivo válido e o abordaremos no capítulo 5 ("Planejando o Futuro"). Ao pensar no quanto você deve monitorar sua filha, pode ser útil se perguntar: "Estou fazendo um monitoramento porque realmente me preocupo com o que ela faz na internet ou faço simplesmente porque posso?"

Entrando numa Nova Turma: Quando se Preocupar

Destaco três condições a respeito da vida social de sua filha que você deve prestar atenção: se sua filha não faz parte de uma turma, se sofre bullying, ou se é ela quem pratica bullying nos colegas.

Isolamento Social

Uma garota precisa apenas de uma única companheira, mas ela está com problemas se não tiver nem isso. Estudos sobre adolescentes socialmente isolados não determinaram as causas do isolamento nem se o afastamento é causado por emoções depressivas ou de baixa autoestima, mas ficar sozinho e sentir-se péssimo estão bastante associados à adolescência. As pesquisas indicam também que ter um relacionamento próximo com um dos pais ou um bom desempenho escolar não compensam os danos de se estar socialmente isolado.[41] A solidão deve ser considerada com seriedade. Quanto maior o tempo que uma garota ficar sem uma turma, pior ela se sentirá, e mais difícil será para ela construir novas amizades.

Além disso, meninas sem amigos tornam-se alvos fáceis para sofrer bullying. Como sabemos, a interação humana desencadeia conflitos, mas já vi garotas suportarem uma quantidade razoável de atritos com seus pares quando têm amigos que as defendam ou que as assegurem de que são amadas, mesmo que não por todos. Garotas sem amigas encaram os problemas e as flechadas da adolescência sem nenhuma armadura para protegê-las. Confrontos que são dolorosos para adolescentes enturmados tornam-se insuportáveis para garotas solitárias.

A crueldade é inerente a qualquer grande grupo de adolescentes. Mas, comparativamente, poucos adolescentes estão diretamente envolvidos, seja como agressor ou vítima, nos reais casos de bullying em que uma pessoa é repetidamente maltratada e incapaz de se defender. Mas a maioria dos adolescentes sabe que o bullying existe, e pesquisas com frequência demonstram que pessoas que testemunham casos de bullying são aquelas com melhores condições de evitá-lo.[42] Infelizmente, as pesquisas também demonstram que essas testemunhas tendem a ignorar ou se afastar de seus pares isolados.[43]

Se sua filha tornar-se socialmente isolada, aja de forma enfática para ajudá-la a se enturmar. Para começar, você pode conversar sobre a situação social dela com adultos de confiança que trabalham na escola onde ela estuda. Professores e administradores sabem melhor do que ninguém como funciona a dinâmica entre os estudantes. Avalie se existem mudanças que você ou sua filha possam fazer para melhorar a situação dela e pergunte se há algo que a escola possa fazer para aproximá-la de seus potenciais amigos. Já vi professores terem o cuidado de designar os lugares onde sentar na sala de aula e proporem trabalhos em grupo para criar uma abertura social para garotas que precisavam disso.

Busque oportunidades durante o verão e atividades extracurriculares que possam ajudar sua filha a fazer novas amizades. Garotas sem amigos podem ser socialmente estigmatizadas e ter poucas oportunidades de desenvolver habilidades interpessoais necessárias para construir novas amizades. Felizmente, quando as garotas têm uma oportunidade para encontrar novos amigos (como numa colônia de férias), elas frequentemente voltam às aulas mais autoconfiantes e desfrutam de maior interação social do que antes. Se sua filha tem dificuldade de se relacionar com seus pares, não importa o que você faça, converse com o pediatra ou médico da família e peça indicação de um psicoterapeuta experiente. Sua filha está sofrendo. Ela precisa de ajuda e pode ser bom ter uma terceira pessoa para ajudá-la a descobrir o que a impede de encontrar uma turma.

Sofrendo Bullying

Certa manhã no início de dezembro, recebi o telefonema de uma mãe que buscava ajuda para sua filha do oitavo ano. Pelo telefone, ela explicou que acabara de saber que Lucy estava sofrendo bullying em sua escola paroquial. O bullying foi descoberto quando a enfermeira da escola ligou avisando que Lucy estava com o hábito de ir até a enfermaria para reclamar de dores de cabeça nos dias de educação física. A menina parece ter tido uma crise de pânico quando sugeriram que fosse para a aula mesmo se sentindo mal. A mãe de Lucy contou-lhe do telefonema quando a menina chegou em casa naquela tarde. Para a surpresa da mãe, Lucy desabou e, entre soluços, contou o que estava acontecendo na escola. Sem saber o que fazer, a mãe de Lucy me procurou.

Lucy não quis me encontrar sem os pais, mas dispôs-se a vir ao meu consultório na companhia deles. Em nossa primeira consulta, ela sentou perto da mãe no sofá enquanto o pai puxou a poltrona extra para ficar do lado dela. Lucy — uma garota bonita, mas um pouco acima do peso — foi educada, mas parecia muito tensa. Claramente, sentia-se como alguém sob minuciosa avaliação. Na tentativa de fazê-la relaxar, comecei a falar.

— Lucy, parece que as coisas andam bem difíceis na escola. Sua mãe me contou ao telefone que você vem precisando lidar com um tratamento bem doloroso há muito tempo. O que prefere? Que eu faça perguntas e você me conta o que eu preciso saber, ou prefere que seus pais compartilhem o que vocês conversaram?

— Eles podem contar — respondeu ela com tom de voz baixo, visivelmente aliviada com as opções que ofereci.

Juntos — às vezes completando as frases um do outro — os pais narraram a história da filha. Antes e depois das aulas de educação física, Lucy era frequentemente cercada por três colegas de turma no vestiário. Elas implicavam por causa de seu peso e sussurravam em seu ouvido piadas cruéis de como devia ser difícil para algumas garotas comprarem roupas de ginástica que fossem grandes o suficiente para caber. Certa vez, roubaram seu sutiã enquanto ela tomava banho e depois contaram aos garotos da turma que ela estava sem sutiã. Os garotos alegremente começaram a implicar também e falaram em voz alta durante semanas que ela estava "deixando tudo cair". As outras amigas sabiam o que estava acontecendo, mas ficaram em silêncio. Os pais de Lucy achavam que elas não queriam se tornar o próximo alvo.

Garotas podem ser incrivelmente cruéis umas com as outras, mas não quer dizer que são as únicas a praticarem bullying. Lucy descobriu o que estudos demonstram: garotos também fazem bullying em garotas, enquanto o contrário é raro. A crença equivocada de que apenas garotas praticam bullying entre si pode fazer com que adultos não enxerguem com clareza algumas situações.[44]

Os efeitos do bullying podem ser duradouros e profundos. Já sabemos há muito tempo que o trauma do abuso infantil pode deixar cicatrizes psicológicas que persistem pela vida adulta. Novos estudos sugerem que o assédio verbal de colegas da mesma faixa etária pode criar uma marca duradoura no corpo caloso, a parte do cérebro que coordena o funcionamento dos hemisférios direito e esquerdo.[45] Por mais desconfortável que fosse para Lucy estar em meu consultório, abracei a oportunidade de lidar com o tratamento emocionalmente tóxico que ela vinha sofrendo e de ajudar seus pais a protegê-la de um futuro assédio.

Se você achar que sua filha está sofrendo bullying, comece a agir. Mas com cuidado. Procure adultos na escola onde ela estuda e veja se eles têm alguma informação útil para oferecer. Apesar de sentir-se muito chateada pela situação, procure uma forma mais tranquila de compartilhar suas preocupações com professores e administradores. Situações envolvendo bullying podem ser muito complicadas para as escolas, especialmente porque, em alguns estados norte-americanos, a lei responsabiliza a instituição pelo bullying entre os alunos. Se você optar por não os confrontar diretamente, maiores são as chances de a escola ouvir suas preocupações com seriedade em vez de colocarem-se na defensiva. Sugeri aos pais de Lucy que anotassem o que a filha havia compartilhado com eles e começassem a conversa na escola com a pessoa com melhor possibilidade de avaliar a situação: a gentil e correta professora de educação física. Concordamos que eles procurariam outra pessoa no comando caso a professora de educação física não os ajudasse ou não tivesse autoridade para resolver o problema.

O pai de Lucy quis saber se deveria procurar também os pais das alunas que estavam maltratando sua filha. Eu sugeri energicamente que aguardasse e expliquei que a vontade de defender a filha vinha do instinto protetor que a maioria dos pais tem. Independentemente do que estivesse acontecendo no vestiário, os pais das meninas que assediavam

Lucy provavelmente iriam defendê-las, o que só pioraria a situação. Na minha experiência, raramente é boa ideia tentar resolver o bullying ao dar um telefonema para os pais de outras adolescentes, porque algumas garotas contam aos pais que estão sendo maltratadas na escola, sem admitir que trataram alguém muito pior do que foram tratadas. É melhor ouvir da professora de sua filha que ela revida o tratamento que recebe, do que descobrir esse fato ao telefonar para os pais do suposto agressor.

Também desencorajo os pais que ligam para outros pais para resolver brigas entre as filhas. Nunca vi as situações se resolverem com uma ligação, mas acompanhei muitas que pioraram. Por exemplo, um pai ou mãe que questiona por que a filha foi abandonada de repente por uma antiga amiga pode sentir vontade de ligar para a mãe da amiga em busca de explicações. O pai ou mãe do outro lado da linha raramente tem detalhes do problema (imaginando, é claro, que eles saibam o que aconteceu) e fazer essa ligação pode prejudicar a reputação social da garota abandonada. Se você está preocupada com as amizades de sua filha, apoie o esforço dela de consertar seus relacionamentos ou de construir novas amizades, ou busque aconselhamento com uma terceira pessoa, como uma professora ou treinadora que compreenda aquela dinâmica social mais complexa. Se outro pai ou mãe telefonarem para conversar a respeito de problemas de relacionamento entre as filhas, sinta-se tranquila para dizer: "Obrigada por me contar. Estou certa de que as meninas vão encontrar uma solução."

Depois do encontro com o pai da Lucy, a professora de educação física notificou prontamente a direção escolar sobre o assunto. Depois de um encontro com Lucy e os pais dela para ouvir os detalhes, o diretor convocou cada uma das testemunhas em separado, que confirmaram o relato de Lucy. A escola começou, então, a aplicar medidas disciplinares nos estudantes que praticaram bullying. O diretor conduziu a questão de forma exemplar. Especialistas em bullying são contra colocar o agressor e a vítima frente a frente para resolver a questão.[46] Num real caso de bullying, promover esse encontro expõe seriamente a vítima ao risco de novas situações de maus-tratos no futuro. Os estudantes que maltrataram Lucy tiveram que prestar serviços comunitários na escola. Eles e seus pais foram avisados de que qualquer evidência de reincidência resultaria em expulsão. Lucy nunca precisou confrontar seus agressores diretamente e, para seu alívio, passou a ser ignorada por eles na escola.

Depois de várias sessões na companhia de seus pais, Lucy estava pronta para conversar comigo a sós. Ao nos conhecermos melhor, ela contou que ficara tão magoada com a postura passiva das colegas de turma que testemunharam as agressões que chegou a pensar em suicídio. Lucy explicou que duvidava de que a situação se resolvesse e acrescentou que ter esses pensamentos suicidas só pareciam confirmar sua suspeita de que era louca e problemática. Juntas, mergulhamos em seus sentimentos dolorosos e desenvolvemos estratégias para ajudá-la a gerenciar as crises de pânico, que começavam em algumas ocasiões quando ela sentava perto de um de seus agressores. Lucy pareceu começar a sentir-se mais leve a cada conversa nossa. Um de meus colegas diz que "as coisas parecem bem piores dentro de nós do que quando estão do lado de fora".[47] Na primavera daquele ano, Lucy começou uma amizade com duas garotas tranquilas e inteligentes, que ficaram felizes de incluí-la nos planos para o final de semana e procuravam-na durante as aulas.

Praticando Bullying

Estudos sugerem que garotas que praticam bullying em outras garotas com frequência agem dessa forma para criar uma sensação de pertencimento ou para gerar agitação e acabar com o tédio em seu grupo.[48] Em outras palavras, algumas garotas às vezes encontram espaço num grupo ao implicarem ou excluírem garotas que não se adequaram às regras impostas. Elas podem até tornar seus pares em alvo para criar maior "aderência" social — criar assunto para conversarem, algo para se fazer —, quando não têm maturidade para compartilhar interesses positivos.

Se você descobrir que sua filha pratica bullying, não culpe ninguém pelo comportamento dela. Nenhum pai ou mãe quer acreditar que sua filha possa agir de tal forma, mas negar a realidade vai impedir que possam ajudá-la. Estudos que acompanharam adolescentes engajados na prática do bullying apontam que, com o tempo, eles apresentaram alta propensão a desenvolver depressão, ansiedade, abuso de drogas e comportamento antissocial.[49] Explique à sua filha que bullying é inaceitável e passível de punição, e fique de olho para evitar que aconteça novamente. Avalie levar sua filha a sessões de psicoterapia para que ela compreenda por que está agredindo seus pares; conserte algum dano que possa ter provocado; e construa habilidades sociais positivas.

Mesmo que sua filha não tenha tido nenhuma experiência direta com bullying, mostre o papel fundamental que as testemunhas têm na ajuda às vítimas. Explique que você não espera que ela enfrente o agressor, mas, ao contrário das garotas no vestiário que Lucy frequentava, ela deve tomar uma atitude se souber que uma colega de turma está sofrendo maus-tratos. Ela precisa entender a importância de agir, independentemente do que sente pela vítima, e que você irá ajudá-la a pensar em como ela pode defender uma colega de turma que está sofrendo bullying.

Às vezes, os elementos do desenvolvimento adolescente se reúnem para criar sua própria tempestade. Isso é especialmente verdadeiro quando combinamos as duas etapas que apresentamos até aqui ("Saindo da Infância" e "Entrando Numa Nova Turma") com a etapa que falaremos a seguir: "Dominando as emoções". Já sabemos que adolescentes afastam-se de sua família para buscar grupos, e que eles procuram (e às vezes competem) se enturmar ao mesmo tempo que todos os seus conhecidos. Com tantas variáveis envolvidas, não é de surpreender que as garotas fiquem tão chateadas quando sua vida social não vai bem. Você já deve ter entendido que se chatear pode ser uma experiência intensa muito devastadora quando sua filha é adolescente. Já é complicado para as garotas compreenderem como se encaixam num mundo mais amplo; a tarefa fica ainda mais desafiadora porque a maioria das adolescentes sente que suas emoções podem sair do controle.

TRÊS
....
Dominando as Emoções

Quando eu estava no primeiro semestre na faculdade, meu professor de métodos e técnicas de avaliação psicológica entregou-me uma pilha de formulários com testes de Rorschach para verificar a pontuação. Antes de me liberar, ele acrescentou: "Ao verificar a pontuação do teste de personalidade, confira com atenção a idade da pessoa que o respondeu. Se for um adolescente, mas você achar que pode ser um adulto, você vai concluir que se trata de um adulto psicótico. Mas é apenas um adolescente normal."[50]

Dois anos mais tarde, deparei com essa visão da adolescência[51] descrita por Anna Freud:

> Considero normal uma adolescente se comportar de forma instável e imprevisível por um período considerável de tempo; lutar contra seus impulsos e aceitá-los; amar seus pais e odiá-los; revoltar-se contra eles e depender deles; ter profunda vergonha de reconhecer sua mãe diante dos outros e, inesperadamente, desejar ter conversas íntimas com ela; copiar estilos de outras pessoas enquanto busca a própria identidade; ser mais idealista, artística, generosa e altruísta do que jamais será em outro momento, mas também ser o oposto: egoísta, calculista e egocêntrica. *Essas oscilações e esses extremos opostos seriam declarados como bastante anormais em qualquer outro período da vida. Nesse momento, podem apenas significar que a estrutura da personalidade de um adulto leva*

muito tempo para se moldar, que o indivíduo em questão não para de experimentar e não tem pressa de reduzir suas possibilidades.

Pensei: "Uau. Aí está mais uma vez: nos adolescentes, a normalidade parece loucura."

Vinte anos mais tarde, não preciso mais avaliar formulários com testes de Rorschach ou ler Anna Freud para saber que o desenvolvimento saudável de adolescentes pode parecer bem irracional. Pais dizem-me isso todos os dias. Explicam como um aborrecimento qualquer — por exemplo, uma garota descobrir que o jeans que deseja usar ainda está na máquina de lavar — pode se transformar num terremoto emocional, que desequilibra todos em casa. Eles contam como sua filha, antes tão educada, agora grita quando está animada; como a menina que era resiliente aos onze anos, agora, aos catorze, cai em prantos por qualquer chateação. E os sentimentos adolescentes não são apenas exacerbados. Eles são imprevisíveis! Ouço dizerem como o "pior dia na história do mundo" pode de repente virar "o melhor dia na vida" se o garoto que ela gosta envia uma mensagem de paquera. Como diz uma amiga: "Minha filha tem cinco diferentes emoções antes das oito da manhã. Todas extremadas."

A força súbita das emoções adolescentes podem pegar os pais desprevenidos porque, entre os seis e os onze anos, as crianças passam pela fase de desenvolvimento que os psicólogos chamam de *latência*. Como o termo sugere, os humores intempestivos da primeira infância se apaziguam e garotas ficam bem tranquilas, até chegarem à adolescência e as suas emoções explodirem novamente. Recentes estudos cerebrais demonstram, sob nova perspectiva, por que a latência termina na adolescência. Apesar de acharmos antes que o cérebro parava de se desenvolver próximo aos doze anos, sabemos agora que ele se remodela drasticamente[52] durante a adolescência. O projeto de renovação segue o mesmo padrão de desenvolvimento cerebral dentro do útero. Ele começa pelas porções primais mais baixas (sistema límbico) e segue para as porções mais altas e externas (o córtex), onde encontramos as funções que diferenciam os homens dos outros animais.

As novas características do sistema límbico[53] aumentam as reações emocionais do cérebro. Estudos indicam que os centros emocionais abaixo do córtex estão mais sensíveis em adolescentes do que em crianças e adultos. Por exemplo, um estudo linear usou ressonâncias magnéticas[54] para acompanhar a resposta cerebral de adolescentes a um estímulo emocional em tempo real. A equipe de pesquisadores mostrou imagens de rostos amedrontados, felizes e calmos para crianças, adolescentes e adultos, enquanto monitorava a atividade da amígdala, uma peça fundamental nas reações emocionais do sistema límbico. Em comparação à atividade cerebral de crianças e adultos, as amígdalas dos adolescentes reagiam com intensidade a rostos amedrontados ou felizes. Em outras palavras, estímulos emocionais soam como gongos em adolescentes, enquanto parecem sininhos para as outras faixas etárias.

Com a reorganização cerebral de baixo para cima, o córtex frontal — a parte do cérebro que exerce uma influência racional e calmante — não começa a funcionar por completo até a idade adulta. Isso significa que o sistema límbico reage além do que o córtex frontal pode controlar. Em termos simples, emoções intensas explodem e, a partir desse momento, você e sua filha conhecem um novo período de convulsão emocional.[55]

Adultos com frequência dizem aos adolescentes que suas emoções estão descontroladas por causa dos "hormônios". Isso não funciona muito, e provavelmente é impreciso. Apesar da óbvia coincidência entre o início da puberdade — com acne, estirões de crescimento e novos odores — e a intensificação das emoções de sua filha, resultados de pesquisas sugerem que o impacto dos hormônios da puberdade nos humores do adolescente é indireto, no melhor dos casos. Na verdade, estudos indicam que os hormônios reagem[56] a outros fatores que influenciam o humor de sua adolescente e podem ser estimulados por eles, como eventos estressantes ou a qualidade do relacionamento dela com você. Em outras palavras, as mudanças no cérebro de sua filha e os acontecimentos ao redor têm maior probabilidade de influenciar o humor dela do que as mudanças hormonais internas.

Eis o resultado: o que sua filha demonstra reflete o que ela está experimentando. Realmente, é intenso dessa maneira, então leve a sério as emoções dela, mesmo quando pareçam exageradas. A explosão de emoções que sua filha enfrenta nos leva à etapa do desenvolvimento que analisaremos neste capítulo — aquele em que ela aprende a dominar todas as emoções complexas. Garotas podem entrar na adolescência com um turbilhão de paixões, mas queremos que cheguem à idade adulta certas de que podem gerenciar suas emoções e fazer bom uso delas.

Pais que se surpreendem com as radicais oscilações de humor de suas filhas tendem a ignorar o quanto ela também está assustada. No início da minha carreira, uma colega mais experiente me deu o melhor conselho profissional de todos. Ela disse: "Você tem que trabalhar com a hipótese de que toda adolescente, secretamente, tem medo de estar maluca."[57] Desde quando eu trabalhava com os testes de Rorschach, tenho pensado em como adolescentes saudáveis podem *parecer* malucos aos olhos dos adultos, mas ainda não me ocorrera até então que os próprios adolescentes também se preocupassem com a própria sanidade. É claro que eles se preocupam. Uma garota pode cair no choro porque o jeans está sujo para usar e ao mesmo tempo imaginar o que acontece com ela. Adolescentes se lembram do período de calmaria durante a latência e costumam ficar tão desestabilizados quanto os pais quando entram nos mares agitados da adolescência.

Sempre me lembro do conselho de minha colega de trabalho quando, na minha vida profissional, encontro uma garota pela primeira vez. Não importa o quanto ela esteja ansiosa para falar comigo nem o quanto seus desafios são compreensíveis, eu assumo que parte dela está pensando: "É verdade. Estou maluca. Estou aqui sentada com uma psicóloga." Uso todas as ferramentas à minha disposição — minhas palavras, meu tom de voz, meu gestual — para que ela saiba que eu a enxergo como uma pessoa capaz e inteira, e que seremos parceiras na tentativa de compreender suas questões que a trouxeram. Para parafrasear o grande neurologista Oliver Sacks,[58] eu tento não encontrar garotas com o pensamento "Que tipo de problema essa garota tem?", mas, em vez disso, penso "Que garota tem esse problema?".

Então, se sua filha adolescente está se desenvolvendo dentro da normalidade, você está vivendo com alguém que secretamente preocupa-se com a própria sanidade e pode ter uma avaliação psicológica semelhante à de um adulto psicótico. Acrescentamos também que você está ao lado de uma garota cujo principal sistema de apoio — sua turma — é formado por pessoas que também estão no ápice da reatividade e da imprevisibilidade. Sua filha trabalha duro diariamente para dominar emoções poderosas e imprevisíveis para que possa seguir em frente e fazer tudo o que precisa.

Para gerenciar toda essa intensidade que vive e não se achar maluca, sua filha pedirá sua ajuda. Dependendo do momento, ela pode pedir ajuda diretamente, pode despejar suas emoções em você, ou pode descobrir uma maneira de fazer você sentir empatia por ela. Algumas vezes você compreenderá o que ela espera de você; em outros momentos, só entenderá em retrospectiva; às vezes, nem sequer se dará conta. Entender os esforços de sua filha em dominar as emoções permitirá que você permaneça sã enquanto estiver ocupada tentando fazê-la acreditar na própria sanidade.

Você: Lixo de Emoções

Adolescentes com frequência administram as próprias emoções jogando as mais incômodas nos pais, por isso não se surpreenda se descobrir que, com a chegada da adolescência, surge uma onda de reclamações. Da noite para o dia, a garota do quinto ano que compartilhava relatos divertidos das brincadeiras que ela e as amigas inventavam durante o almoço transforma-se na garota do sexto ano cujas histórias vêm carregadas de reclamações. Nenhum pai gosta de ouvir as intermináveis reclamações, mas fica mais fácil lidar se entendemos que as reclamações têm um importante valor.

Reclamar para você permite a sua filha ir à escola em um ótimo estado de espírito. Adultos costumam guardar boas memórias dos dias que passavam com os amigos na escola. Achamos que adolescentes são sortudos por poderem ficar com os amigos o dia todo, mas a realidade escolar em geral é bem diferente das nossas supostas lembranças. Se você pudesse ficar invisível e seguir sua filha durante todo o horário escolar, garanto que você teria três reações. Primeiro, você pensaria: "Caramba, o dia dela é tedioso e cheio de atividades. Aquele relógio na aula de História parece andar para trás." Segundo: "Algumas dessas crianças realmente são *chatas*. Não vou conseguir chegar ao intervalo do almoço." Terceiro: "Uau. Ela lida muito bem com seu dia. Não sei como consegue! Especialmente porque passa o dia recebendo ordens o dia todo e não pode nem sequer ir ao banheiro sem permissão."

Obviamente as crianças precisam adaptar-se aos colegas de turma, aos professores e às exigências da escola desde a pré-escola, mas não costumam *reclamar* muito a respeito até entrarem na adolescência. E por quê? Porque com cada emoção amplificada ao máximo, a colega de turma que era apenas chata no quarto ano se torna insuportável no sétimo ano. E adolescentes têm muito menos paciência com adultos (são pessoas mais hábeis em ver o que eles estão sentindo) do que crianças. Além disso, crianças mais novas em geral seguem em frente e demonstram com *atitudes* ao deixarem que seus impulsos tomem controle; elas batem, empurram e xingam ou encontram maneiras de se comportar mal na escola. Adolescentes (e muitos adultos) ainda têm esses mesmos impulsos, mas usam a força de vontade para conter suas emoções negativas e ficar longe de problemas durante o período escolar.

É aí que você entra.

Em vez de ser mal-educada ou agressiva com os colegas de turma e professores na escola, sua filha guarda toda sua irritação e espera até estar a salvo junto com você para expressá-la. Se ela consegue manter a calma durante o dia todo na escola, você se pergunta por que ela não pode se controlar só mais um pouco e ser gentil também com você. Como podemos constatar, força de vontade é um recurso limitado — uma descoberta demonstrada numa das minhas pesquisas favoritas, um estudo meio sádico, mas criativo e inofensivo.[59] Os psicólogos que conduziram o estudo pediram a universitários que participassem de um teste que os alunos acharam ser sobre percepção de paladar. Os voluntários foram levados individualmente até uma sala onde havia dois pratos numa mesa. Em um deles havia biscoitos frescos de chocolate, assados no próprio laboratório para que o ambiente ficasse tomado pelo delicioso cheiro. No outro prato havia rabanetes crus. Metade dos estudantes foi instruída a saborear alguns biscoitos enquanto os demais foram instruídos a comer só os rabanetes e não tocar nos biscoitos. (Se você está se perguntando se os pesquisadores ficaram observando os alunos para ter certeza de que só comeriam o que lhes foi instruído, a resposta é sim.)

Depois que os participantes comeram a comida que lhes foi designada, os pesquisadores deram-lhes uma desculpa qualquer para que permanecessem no laboratório por mais quinze minutos. Enquanto esperavam, os pesquisadores os convidaram a passar o tempo ajudando com uma pesquisa sobre habilidades na solução de problemas. Por último, os pesquisadores deram aos voluntários um quebra-cabeça insolúvel e marcaram quanto tempo cada participante levava até desistir. A esta altura, você provavelmente já sabe onde vamos terminar. Na média, quem comeu biscoitos usou sua força de vontade para trabalhar no quebra-cabeça por mais que o dobro de tempo de quem comeu os rabanetes, que, como esperado, usou toda a sua força de vontade para resistir aos biscoitos. Para muitos adolescentes, a escola é como um prato de rabanetes. Ao terminarem o dia, não há mais energia para conter sua irritação, e as queixas começam.

Garotas que têm a oportunidade de conversar sobre as inúmeras frustrações de seu dia, em geral, sentem-se melhor assim que despejam seu sofrimento em você. Qualquer adulto que passe o jantar reclamando dos colegas de trabalho, vizinhos ou chefe entende que dividir seus reais sentimentos em casa facilita muito conseguir ser bem-educado em público. Não é diferente com adolescentes. Ao despejarem tudo em você, estão prontos para voltar às aulas e bancar o papel de bons cidadãos. Na verdade, eles são capazes de agir como bons cidadãos na escola *exatamente porque* passam algum tempo lá imaginando as queixas detalhadas que compartilharão em casa assim que o dia na escola terminar.

Quando sua filha reclamar, escute em silêncio e lembre-se de que você está tendo a oportunidade de oferecer-lhe uma forma de desestressar. Muitos pais descobrem que *querem* tomar uma atitude enquanto escutam a agonia da filha — oferecer um conselho, apontar os possíveis equívocos, traçar uma estratégia para resolver os problemas dela etc. Não se sinta pressionada a resolver os problemas de sua filha; você provavelmente já tentou fazer isso e reparou que ela costuma rejeitar suas sugestões, mesmo as mais brilhantes. Se você realmente quiser ajudá-la a lidar com o sofrimento, tente fazê-la perceber a diferença entre reclamar e desabafar. Reclamar geralmente dá a ideia de que "alguém precisa consertar isso", enquanto desabafar exprime a ideia de que "sinto-me melhor quando alguém que gosta de mim me escuta". Muito do que os adolescentes reclamam não pode ser consertado. Nenhuma varinha mágica pode tornar menos irritantes os colegas de turma, professores, técnicos esportivos, localização de armários ou dever de casa. O melhor para ela seria reclamar um pouco menos e desabafar um pouco mais. Ao fazer isso, sua filha se afasta da ideia infantil de que o mundo deve se curvar à sua vontade, e aproxima-se da ideia adulta de que a vida vem com muitos tropeços inevitáveis.

Como conseguir que ela aja assim? Quando sua filha começar a lista de reclamações, considere perguntar: "Você precisa da minha ajuda no que está contando ou quer apenas desabafar?" Se ela quiser sua ajuda, irá dizer. Melhor ainda, talvez aceite e siga seu conselho depois de pedi-lo a você. Se ela quiser desabafar, ela irá dizer e você pode relaxar, sabendo que a ouvir já é de grande ajuda. Mais importante, ela *começará* a entender que, às vezes, só por você escutá-la, ela estará recebendo toda a ajuda que precisa. Sua filha pode desconfiar de seus motivos na primeira vez que você lhe oferecer a oportunidade de desabafar. Se ela se acostumou a receber (e rejeitar) seus conselhos enquanto reclama, pode desconfiar de suas intenções. Mas persista e deixe claro que você acredita no poder de cura de "só desabafar". Logo ela se convencerá. Porém, não espere que o desabafo substitua totalmente a reclamação. E aproveite as oportunidades para ajudar sua filha a distinguir os problemas que podem e devem ser resolvidos dos problemas que melhoram quando compartilhados com alguém que se importe.

Se os motivos do desabafo de sua filha parecerem injustos e você sentir vontade de se intrometer, pense em dizer: "Tenho uma perspectiva diferente da situação. Quer ouvir?" Se ela concordar, prossiga. Se negar, pare de falar e fique tranquila por saber que sua filha agora entende que não deve confundir seu silêncio com uma aprovação dos pontos de vista dela.

Parabenize-se quando conseguir que sua filha desabafe, porque haverá momentos em que você não conseguirá entender como ela pode *extrapolar* a capacidade de reclamar (imagine desabafar). Esses serão os dias em que ela descontará sua irritação em quem estiver no caminho — uma maneira particularmente desagradável, mas comum, de usar você (os irmãos ou o cachorro da família) como saco de pancadas. Se sua filha sente que precisa descontar na família seu dia ruim, você talvez possa deixar passar um ou dois comentários ácidos. Mas, se ficar evidente que ela pretende ficar nesse mau humor pelo resto da noite, diga: "Você pode não estar de bom humor, mas não tem permissão de nos maltratar. Se quiser falar sobre o que a está incomodando, estou à disposição. Se vai ficar irritada a noite toda, não faça isso aqui."

Estou Chateada, Agora Você Também Está

Quando chego ao meu escritório de Harry Potter nos dias em que atendo na Laurel School, minha primeira atividade é ouvir meus recados na secretária eletrônica. Certa manhã, recebi três recados seguidos de um pai.

O primeiro recado, uma mensagem ansiosa:

— Olá, Dra. Damour. Aqui é o Mark B. e estou ligando às 19h15 de terça-feira. Quando cheguei em casa, achei o teste de Química de Samantha na mesa da cozinha. Ela tirou 2,5. Não sei o quanto você conhece Sammy, mas ela nunca tirou uma nota menor que 8. Tentei conversar com ela sobre o teste e ela disse que não era nada demais e que eu estava exagerando. Não sei o que me preocupa mais... A nota baixa ou ela parecer não se importar. Isso é bem estranho porque ela geralmente leva os estudos com muita seriedade. Estou confuso e gostaria de saber se você pode retornar a ligação amanhã.

O segundo recado, uma mensagem desesperada:

— Oi, Lisa, é Mark de novo, são 22h30 de terça-feira. Tentei falar com Sammy sobre o teste, mas ela se trancou no quarto e não quer falar a respeito. Ela é uma boa aluna, então não consigo entender. Talvez ela não deva ir para a colônia de férias conforme planejado. Talvez fosse melhor ela ir para o programa de ciências que acabei de achar na internet. Tenho um prazo curto para receber o reembolso por desistência da colônia de férias, por isso, por favor, ligue assim que puder.

O terceiro recado, uma mensagem ainda confusa, mas aliviada:

— É o Mark, são 6h45 de quarta-feira. Acabo de encontrar Sammy e ela disse que enviou um e-mail para o professor de Química ontem à noite, e que ele respondeu de imediato. Eles combinaram de rever o conteúdo que ela não entendeu, e ele vai permitir que ela refaça o teste para recuperar alguns pontos perdidos. Desculpe pelas mensagens. Não precisa me ligar de volta.

Retornei a ligação. Estava claro que Samantha havia feito seu pai passar por um turbilhão emocional e que ele merecia alguma empatia, assim como uma explicação pelo comportamento confuso da filha. Eu conhecia o Sr. B. o suficiente para saber que ele era um homem calmo e razoável que ficara perplexo com a nota baixa. E conhecia Samantha o suficiente para saber que ela provavelmente ficou chateada quando recebeu o teste, mas mesmo assim fingiu para o pai que não se importava com a nota e o acusou de estar exagerando. Por quê? Para exteriorizar. Exteriorização é um termo técnico para descrever como adolescentes às vezes administram suas emoções, agindo de forma que seus pais sintam suas emoções por eles. Em outras palavras, eles jogam nos pais uma batata quente emocional.

Sua filha adolescente não acorda certo dia e pensa: "Acho que vou repassar minhas emoções desagradáveis para meus pais." A decisão de exteriorizar os sentimentos para sentir alívio emocional acontece de forma inconsciente. Processos inconscientes podem ser muito poderosos. Se pudéssemos colocar um microfone no inconsciente de sua filha, ouviríamos: "Sabe, passei um longo dia chateada com essa nota... Estou exausta. Não tenho uma solução para o problema, mas preciso de uma folga na chateação. Vou deixar o teste onde meu pai certamente o encontrará para que *ele* possa ficar chateado com a nota. Agora, ele pode querer que eu continue chateada com a nota, então vou dizer que ele está exagerando e vou dar as costas. Assim, ele deve manter a chateação para si e longe de mim por algum tempo."

Veja outro exemplo. Certa noite, no início do meu primeiro ano de faculdade na Costa Leste, estava me sentindo especialmente insegura, sozinha, e longe de casa no Colorado. Liguei para minha mãe para dividir a tristeza e o sentimento ruim de que a situação nunca melhoraria. Ela tentou oferecer-me consolo e conselhos, mas eu terminei o telefonema de forma abrupta e desesperada, dizendo que eu daria um jeito de sobreviver, sozinha e triste. Quando desliguei, estava me sentindo bem melhor. Minha colega de quarto apareceu e saímos naquela noite e nos divertimos muito.

Na manhã seguinte, minha mãe ligou para saber como eu estava.

— Você está bem? — perguntou ela com uma voz carregada de fadiga e preocupação.

— Claro, por quê? — retruquei, mas não da forma gentil e delicada que você generosamente pode estar imaginando. Mais tarde, soube pelo meu pai que ela passara boa parte da noite em claro, preocupada comigo.

Exteriorização acontece quando sua filha quer se livrar de um sentimento desconfortável. E não é qualquer um que pode receber seus sentimentos desconfortáveis. Precisa ser alguém que realmente a ame. Exteriorização é uma forma profunda de empatia. Vai além de compartilhar emoções *com ela*, chegando ao ponto de sentir as emoções *por ela*. Quando as adolescentes reclamam, o desconforto é delas. Elas aceitam sua empatia, e podem até permitir que você as ajude a lidar com o que as deixou assim. Quando exteriorizam, elas esperam que você aceite como seu esse sentimento difícil de lidar e impedirão que você o devolva.

É a diferença entre "Mãe, quero que você saiba como essa batata quente que estou segurando queima e ver se você tem uma boa ideia de como posso lidar com ela" e "Mãe, tome aqui essa batata quente, porque não quero mais segurá-la. Fique com ela por um tempo."

Exteriorização é um processo sutil e estranho, que torna possível para sua filha lidar com a adolescência. Adolescentes passam a melhor parte de seu tempo com os amigos, que também estão tentando dominar suas emoções, e, por isso, podem estar incapacitados de oferecer ajuda de verdade. Dito de outra forma, como você vai conseguir que sua amiga pegue sua batata quente, se ela mal consegue dar conta das dela? Quando adolescentes se sentem sobrecarregadas pelas emoções e precisam agir a respeito, elas buscam pais amorosos e começam a repassar as batatas. Sorte da sua filha, não sua. Pais que recebem uma exteriorização em geral não sabem o que os atingiu. Apenas sabem que, como o pai de Samantha, ficaram chateados com o problema da filha, mas não conseguem que ela se disponha a resolvê-lo.

Na maioria das vezes não há muito que fazer sobre a exteriorização. Em alguns momentos, talvez possa identificar quando acontece. E conversar com sua filha a respeito do comportamento dela não evitará que ela o faça. Adolescentes não decidem de forma consciente exteriorizar, então não há como conscientemente evitar. O processo ocorre tão rapidamente para ela quanto para você. Mesmo que você conseguisse fazer sua filha assumir o tempo todo a responsabilidade pelas emoções difíceis que sente, é disso que você gostaria? Sua disposição para assumir as batatas quentes emocionais de sua filha quando necessário será um ato de caridade que não trará reconhecimento, mas vai ajudar sua menina a passar por um dos percursos mais acidentados da trajetória da adolescência. Com a oportunidade de descarregar seu desconforto, muitos adolescentes reunirão seus recursos e trabalharão para consertar os erros ou para descobrir que, com o passar do tempo, os problemas se suavizam. Enquanto o pai de Samantha se preocupava na cozinha com a indiferença da filha pela nota baixa, ela mandou um e-mail para o professor pedindo um horário para rever o teste. Ao repassar minha frustração para minha mãe, pude sair e me divertir com minha colega de quarto. (Se eu fosse adolescente hoje em dia, simplesmente teria mandado uma mensagem de texto cheia de ansiedade, e depois me recusaria a ler a resposta ou atender ao telefone.)

O que acontece com uma emoção exteriorizada? Bom, agora ela é problema seu, e muitos pais se sentem obrigados a agir. O pai de Samantha já tinha mudado os planos para as férias dela. Minha mãe pensou seriamente em jogar uns sanduíches no carro e atravessar as pradarias para resgatar-me do meu sofrimento. Se você sentir que precisa fazer algo radical após um curto, mas doloroso, encontro com sua filha, tenho três palavras para você: não faça nada.

Ao receber Maya, mãe de Camille, para uma consulta no início de novembro, ela contou-me que passara dos limites no fim de semana anterior. O Halloween caiu na sexta-feira à noite, por isso Maya se surpreendeu quando Camille ficou em casa para distribuir doces em vez de sair com as amigas. Na manhã seguinte, Maya perguntou, como quem não quer nada, o que as amigas de Camille tinham feito na noite anterior. Camille respondeu com indiferença: "Quase todo mundo foi à festa de Halloween da Sara." Maya ficou sem ação. Camille e Sara haviam feito as pazes no final do sétimo ano e, sem voltar à antiga amizade, reaproximaram-se o suficiente para passarem o verão juntas com o mesmo grupo grande na piscina pública. Na verdade, Camille e Sara tinham passado um tempo agradável juntas ao trabalharem num projeto em grupo, e Maya assumira, esperançosa, que elas tivessem superado a briga do ano anterior.

Sem explicar por que não fora convidada, Camille mostrou a Maya as fotos da festa que Sara havia postado on-line. Ficou claro que Camille foi uma das poucas garotas do oitavo ano que não compareceram à festa. Ao ver as fotos, Maya sentiu doer a ferida que a machucava desde que Sara contara às amigas sobre Camille fazer xixi enquanto dormia. Machucada e furiosa, Maya ligou por impulso para a mãe de Sara, uma conhecida de longa data, para perguntar por que sua filha não havia sido convidada. A mãe de Sara, ofendida pelo tom de voz de Maya, explicou que Camille havia postado que "Festas de Halloween são para crianças" logo depois de espalharem a notícia de que Sara estava planejando fazer uma. Não foi de surpreender que Sara decidisse ser melhor não convidar Camille.

Ao ligar para a casa de Sara, Maya piorou a situação entre as garotas, e criou uma saia-justa com a mãe de Sara. O impulso de ligar foi estimulado pelo amor e pela vontade de proteger, mas o telefonema foi um erro. Em retrospecto, Maya entendeu que Camille provavelmente estava furiosa consigo mesma por ter criado um novo conflito e sentia-se insegura de como resolvê-lo. A transferência da batata quente de Camille foi sutil, mas eficaz. Se Camille tivesse ido até a mãe em lágrimas e dito: "As coisas estavam melhorando com Sara, e agora fiz uma besteira e não sei como resolver", Maya teria ajudado Camille a encontrar uma solução. Mas ao parecer indiferente enquanto mostrava as fotos para Maya, Camille conseguiu que a mãe tomasse as suas dores.

Então, o que um pai ou uma mãe deve fazer? Quando sua filha exteriorizar seus sentimentos, evite agir de imediato. Você a ama, e de repente tem nas mãos, relutantemente, algum intenso sentimento doloroso do tamanho próprio da adolescência. Nessa hora, você corre o risco de usar uma espingarda para matar uma formiga. Apesar de uma adolescente vivenciar uma briga com a amiga como uma crise internacional, é seu trabalho, como adulta, mostrar que não é. Podemos ajudar muito os adolescentes quando colocamos as emoções sob perspectiva, e não agimos como se nós fôssemos os adolescentes. Nossa reação exagerada apenas confirmará que a situação é muito ruim e ainda irá piorá-la.

Camille resistiu ao pedido de Maya para que falasse por que não fora convidada para a festa. Camille estava sofrendo por causa de seu relacionamento com Sara, mas queria transferir seu desconforto para a mãe. O ideal seria se Maya tivesse me ligado, procurado o marido ou uma amiga de confiança para conversar. Conversar com um adulto confiável sobre o que está acontecendo com a sua adolescente costuma ser a melhor solução para a angústia de receber um sentimento exteriorizado. Ao dividir a situação com alguém que *não está* com uma batata quente emocional nas mãos, a maioria dos pais começa a enxergar a situação mais claramente e recupera a perspectiva adulta do problema.

Se Maya tivesse conversado sobre a situação, ela talvez tivesse percebido que havia algo por trás da história, e que seria melhor não se intrometer ou dar apoio moral a Camille enquanto a filha resolvia a questão com Sara. Algumas vezes não há outro adulto disponível ou o assunto é delicado demais para ser compartilhado. Nesses casos — em que não há riscos para segurança — espere pelo menos um dia antes de tomar uma decisão. Ao esperar, você permite que a batata quente esfrie, dando a oportunidade para que você e sua filha desenvolvam um plano racional. Você ficará surpresa ao constatar muitas vezes que não é preciso nem sequer um plano depois de certo tempo.

Angústia da Nova Amizade

Garotas ficam chateadas por estarem chateadas. Algumas vezes, a garota sabe o que acontece de errado, mas fica confusa com a intensidade do sentimento. Outras vezes, ela está repleta de sentimentos que parecem ter brotado inesperadamente. Por exemplo, uma de minhas amigas recentemente contou que a filha, de catorze anos, foi até ela em pânico dizendo: "Estou chorando, mas não sei por quê!" Quando encontro uma garota que está abalada por um sentimento que não consegue compreender, começo lhe assegurando que saúde mental é como saúde física: pessoas mentalmente saudáveis ficam chateadas, assim como pessoas fisicamente saudáveis ficam doentes. Só nos preocupamos quando a pessoa não consegue se recuperar.

Claro que é exaustivo para você e para sua filha se ela contrai e se recupera de vários males emocionais todas as semanas, mas Anna Freud afirma que "oscilações e extremos opostos" devem ser esperados em adolescentes. Na seção "Quando se Preocupar" no final deste capítulo vamos falar sobre o que você deve fazer se sua filha *não* se recuperar de seus resfriados psicológicos. Mas, na maioria das vezes, as meninas se recuperam e se tranquilizam quando os adultos lhes garantem que as oscilações fazem parte da vida. Melhor ainda, podemos deixar claro para as meninas que seus sentimentos são, na verdade, produtos de um sistema altamente desenvolvido (que, no caso dos adolescentes, não está tão bem sintonizado) que oferece um feedback fundamental de como estão suas vidas e a qualidade das escolhas que estão fazendo. Se encontrar sempre uma determinada amiga deixa sua filha com a sensação de exaustão, talvez seja hora de ela reavaliar o relacionamento. Se sua filha sente certa ansiedade ao perceber que não há adultos na festa e a situação está ficando estranha no porão, queremos que ela conecte-se a esse sentimento e dê a noite por encerrada.

O desconforto psicológico é algo surpreendente. Além de ajudar as adolescentes a tomarem boas decisões, estimula também a maturidade. Uma garota que se sente culpada por ter descumprido uma promessa provavelmente não agirá da mesma forma no futuro. Entender as consequências de um erro nos impede de cometer o mesmo erro de novo. Quando você puder, ajude sua filha a analisar um sentimento complicado como se fosse uma informação muito importante. Se ela prestar atenção, pode aprender com a experiência e sofrer menos no futuro.

Queremos que nossas filhas aprendam a partir de seu desconforto emocional e usem a experiência para direcionar seu crescimento. Mas tente dizer isso a sua filha (ou a si mesma) quando ela está paralisada por causa de uma entrevista de emprego ou soluçando porque não conseguiu uma vaga na universidade. A dor emocional pode ser algo bom, mas temos que considerar que adolescentes, muitas vezes, têm o sentimento certo na dimensão errada. Às vezes, as meninas estão submersas em suas emoções, e ninguém consegue aprender e crescer com a sensação de que vai se afogar.

Se sua filha ficar emocionalmente sobrecarregada, você pode se sentir da mesma maneira. Amamos nossas filhas, odiamos vê-las sofrer, e ficamos tentadas a reagir em proporção semelhante à intensidade do que elas sentem. Como no caso das batatas quentes, você pode ajudar ao ter certeza de que sua resposta está sendo proporcional ao tamanho real do problema. Não conseguir a vaga na universidade é frustrante, mas não é razão para vocês duas acharem que ela "nunca mais será boa em nada". Se sua filha permitir, veja se consegue estimulá-la a verbalizar seus sentimentos.

Por alguma mágica que não consigo explicar totalmente (apesar de toda a minha carreira como clínica se basear nessa mágica), encontrar uma palavra para nomear o sentimento e falar sobre ele com alguém que se importe ajudam muito a reduzir o problema ao seu tamanho real. Tente dizer: "Sei o quanto queria ir para a universidade e o quanto está decepcionada. O resultado dói." Usar palavras específicas para descrever o motivo das lágrimas ("decepcionada" e "dói") ajuda a controlar os sentimentos desconfortáveis. Para essa tática funcionar, a música deve combinar com a letra. Independentemente da exatidão de suas palavras, elas só serão úteis se ditas em um tom que expresse tranquilidade *e* sua total confiança de que sua filha vai se reerguer. Se você estiver claramente chocada ao oferecer consolo verbal, apenas o seu choque ficará nítido na sua voz. Sua descrição serena, cheia de empatia e detalhada do que ela está sentindo, a ajudará a aliviar os sentimentos dolorosos ao assegurar sua filha de que ela não está sozinha. Assim que seus sentimentos se estabilizarem, talvez ela esteja pronta para aprender com eles ou descartá-los. É ela quem decide o que será feito.

Você pode ter a preocupação de que, ao colocar os sentimentos de sua filha em palavras, estará tornando-os ainda mais reais e, por consequência, piores. Mas não é isso o que costuma acontecer. Se quiser piorar as coisas, tente *desmerecer* o que ela está sentindo. Talvez você já tenha feito isso (a maioria dos pais amorosos já o fez) apenas para descobrir que ela se agarrou ainda mais à angústia. A história pode ter sido mais ou menos assim:

— MÃE, não podemos sair da cidade *naquele* final de semana! Será duas semanas antes das provas finais! Eu NUNCA vou conseguir acabar meus trabalhos — diz sua filha.

— Ah, querida, vai ficar tudo bem. Você pode estudar no carro e terá tempo de sobra quando voltarmos — responde você.

— Você está MALUCA?! Parece até que você *não* quer que eu passe!

Quando os sentimentos de uma garota são minimizados, elas costumam aumentar o tom de voz para ter certeza de que elas e suas emoções estão sendo ouvidas. Isso é horrível para você e não ajuda sua filha a sentir-se melhor. Acredite em mim, vocês duas vão se sair melhor se você validar os sentimentos dela. Assim que uma garota acredita que seus pais a entendem, ela naturalmente começa a aceitar o conselho deles ou ir em busca da própria solução. E não tente culpá-la pelo que ela sente. Se você disser que ela não deveria reclamar de uma viagem de final de semana, ela pode se acalmar para agradar-lhe, mas você não a ajudou. Ela provavelmente ainda está chateada, mas agora pode acrescentar os sentimentos de desvalorização e culpa à sua pilha de sofrimento.

Às vezes, sua filha não sentirá vontade de falar sobre o que a está fazendo sofrer, e pode até mesmo rejeitar suas tentativas de acalmar os sentimentos dela ao colocá-los em palavras. Nesses casos, considere usar minha frase favorita: "Há alguma coisa que eu possa fazer que não vá piorar as coisas?" Há beleza nessa frase quando dita em tom solidário. Em poucas palavras, diga à sua filha tudo que ela precisa saber: você entende que a angústia dela é de verdade, você não vai tentar minimizar seus sentimentos nem está assustada com eles, e aceita a própria incapacidade de melhorar a situação. A parte final que causa mudanças. Se sua filha está por um fio, ela precisa ouvir que você acredita que ela fará um pouso tranquilo. Quando uma amiga contou que a filha caiu em prantos, eu sugeri que ela lhe dissesse que chorar traz alívio emocional.

Lágrimas, mesmo as inexplicáveis, não parecem tão desesperadoras se os pais não demonstram preocupação com elas e, em vez disso, mostram o alívio que você sente depois de permitir-se chorar.

Reações Catalisadoras

Quando se trata de lidar com dificuldades emocionais, pesquisas apontam que garotas debatem o assunto enquanto os garotos se distraem.[60] Em outras palavras, garotas costumam controlar seus sentimentos dolorosos falando deles. A vantagem? Ao procurar ajuda de amigos ou de seus pais, garotas entram em contato com um importante apoio social e escolhem uma abordagem inteligente e madura para lidar com estresse. A desvantagem? Falar demais de seus problemas pode se tornar o que os psicólogos chamam de ruminação — atenção direcionada ao problema — e acaba por dar vida própria aos seus sentimentos. Ruminação[61] pode levar à depressão ou à ansiedade, especialmente em garotas adolescentes.

Por outro lado, garotos costumam lidar com os aborrecimentos entretendo-se. Quando estão sofrendo, os meninos se forçam a não pensar a respeito ou desviam a atenção para outra atividade, como tarefas escolares, videogames ou esportes. Isso não é necessariamente bom. Em sua trajetória pela adolescência, os meninos[62] às vezes silenciam seus sentimentos porque, como especialistas em comportamento masculino observaram, eles aprendem a relacionar sentimentos à feminilidade e, em seguida, feminilidade à degradação. Infelizmente, meninos castigam-se — normalmente com piadas sobre a orientação sexual — ao terem uma atitude que possa ser considerada feminina. Enquanto garotas aprendem a dissecar e analisar suas emoções, garotos conquistam o respeito de seus amigos ao parecerem invulneráveis e insensíveis. A vantagem? Garotos têm menor propensão que as garotas de ruminar e transformar sua angústia em depressão ou ansiedade. A desvantagem? Como os psicólogos Dan Kindlon e Michael Thompson[63] apontam, meninos aprendem a substituir todos os outros sentimentos por raiva e têm maior propensão do que as meninas de entrar em conflitos por causa de seu comportamento agressivo.

A distração, quando moderada, pode ser uma excelente estratégia para conter sentimentos dolorosos. Para reforçar, ações como focar em problemas, expressá-los em palavras, e aprender com a angústia podem ser úteis *até certo ponto*, mas muitas garotas seguem discutindo os problemas além desse ponto. Se você perceber que isso está acontecendo, encoraje sua filha a seguir o exemplo dos garotos e se distrair. Adolescentes saudáveis são profundamente preocupadas com seu próprio mundo, especialmente se as coisas não estão bem. Garotas adolescentes esquecem que dar um tempo no problema pode ser parte da solução. Pouco depois de desligar o telefone com a mãe de Sara, Maya lhe enviou um e-mail desculpando-se pelo telefonema e pelo post de Camille sobre festas de Halloween. Maya questionou Camille por ter escrito a mensagem maldosa e quis saber o que estava por trás do recado. Camille contou, aos prantos, que ela se arrependera de imediato, mas tinha esperanças (nada realistas) de que Sara levasse na brincadeira, apesar de Camille saber que a mensagem não era engraçada. Com a ajuda de Maya, Camille enviou uma mensagem de texto para Sara, tarde da noite de sábado, para se desculpar. Na manhã de domingo, ficou evidente que Camille havia dormido pouco porque passara a madrugada checando o celular para ver se Sara responderia. Inexpressiva, Camille checou suas mensagens até o início da tarde, quando Maya a mandou varrer as folhas do jardim. Mesmo sem animação para a tarefa, Camille ficou mais bem-humorada com a atividade física, o ar fresco e a distância do telefone. No final do domingo, Sara respondeu de forma sucinta, aceitando as desculpas de Camille, e na segunda-feira as duas sentaram à mesa para almoçar. Camille contou a Maya que o almoço fora "meio esquisito, mas tranquilo".

Se sua filha não aceitar suas sugestões de como se distrair, tente propor que ela faça uso de suas estratégias de sobrevivência preferidas. Toda garota tem sua maneira favorita de lidar com a angústia emocional, mesmo que não seja de forma consciente. Algumas delas se sentem melhor se forem correr, outras preferem longos banhos. Arrumam o quarto, atiram argolas na entrada da garagem, fazem artesanato, pintam as unhas, escutam músicas que combinam com seu humor, fazem listas, fazem caminhadas, tiram cochilos, cozinham comidas gostosas ou experimentam roupas.

Muitas garotas procuram coisas que amavam quando eram mais novas porque as marcas da infância as conectam com um tempo em que tudo era mais simples e menos emocional. Como sabemos, garotas gostam de refugiar-se no conhecido quando o mundo se torna duro demais. Já adiantadas na adolescência, garotas ainda abraçarão bichinhos de pelúcia, assistirão a filmes infantis ou relerão seus livros infantis favoritos quando estiverem estressadas. Se ela não quiser conversar, veja se sua filha quer assistir a *Os Incríveis* (porque, convenhamos, o que *não pode ser* curado ao assistirmos às cenas de Edna, a criadora dos uniformes de super-heróis?). Se isso não funcionar, veja se ela quer ir com você à academia ou ajudá-la com decorações de feriados. O importante é o seguinte: garotas podem parecer que estão se esquivando do problema ou gravitando em volta dele, quando, na verdade, estão usando técnicas eficientes para se sentirem melhor. Conecte-se à maneira como *sua* filha lida com seus sentimentos — a abordagem será toda dela — e sugira ou apoie as estratégias dela quando for necessário.

Às vezes, você será capaz de antecipar as situações em que se distrair ou oferecer apoio em silêncio pode ser necessário. Se você sabe que a entrevista de emprego talvez não seja boa, considere levar o cachorrinho no carro quando for buscá-la. Ou leve o lanche preferido dela. Pelo bem de vocês duas, lembre-se de que há muitas maneiras de administrar os sentimentos, e apenas algumas delas são verbais. Gestos não verbais são muito eficientes quando feitos de forma natural e não impedem conversas sobre sentimentos mais tarde.

Ruminar não é o único desafio emocional[64] que favorece as garotas. Estudos apontam que garotas, mais do que garotos, experimentam estresse social *compartilhado*. Em outras palavras, quando uma garota fala para a sua amiga a respeito de sua angústia emocional, a amiga provavelmente ficará angustiada também. E o que as garotas fazem quando ficam chateadas? Conversam entre si. Assim, a dor psicológica de uma garota pode catalisar uma resposta poderosa na complexa química de sua turma e disparar uma cadeia de reações. Isso não quer dizer que garotos não se importam com o que acontece a seus amigos; na realidade, garotos parecem menos propensos, em comparação às meninas, a pegar para si o problema de um amigo. É mais provável que eles digam o equivalente a: "Que pena saber que você está tendo dificuldades, amigão. Conte-me quando sair dessa."

Lana, que apresentei no capítulo 2, foi discreta sobre a automutilação de Cassie e não contou para as outras garotas da turma, que teriam igualmente se preocupado com a amiga. Em vez disso, Lana se preocupou com Cassie em particular, perdeu muitas horas de sono durante o processo, e precisou de ajuda para deixar de carregar a responsabilidade do problema da amiga. Quando sua filha tem uma amiga querida que está sofrendo, há uma boa chance de sua filha sofrer junto, mesmo que o problema não seja tão preocupante quanto o de Cassie. Se uma garota não consegue se concentrar nas suas tarefas de casa porque os pais da melhor amiga estão se separando, tente dizer algo como: "Você é uma amiga maravilhosa, e está triste porque Tia está triste. Mas deixar de fazer sua tarefa de casa não vai ajudar sua amiga a se sentir melhor. E se você parasse um pouco de se preocupar, só esta noite, e dormisse num horário razoável? Pela manhã, você pode pensar em maneiras divertidas de distraí-la dos problemas entre os pais dela. Como vocês duas não podem fazer nada para mudar a situação, isso seria algo realmente gentil de fazer."

Postar para Sobreviver

Como psicóloga que começou a trabalhar muito antes de as mídias digitais invadirem nossas vidas, fiquei surpresa com o poder que a tecnologia tem de mexer com a habilidade das garotas de reconhecer e administrar seus sentimentos. Infelizmente, o final da latência (e o motim das emoções) acontecem praticamente ao mesmo tempo que muitos jovens adolescentes começam a acessar regularmente computadores e celulares. Essa coincidência pode prejudicar o desenvolvimento de habilidades que ajudam a controlar os sentimentos, se os adolescentes criarem o hábito de se conectar aos celulares ou computadores ao primeiro sinal de uma emoção. Garotas que ficam on-line em vez de sentarem-se para lidar com seus sentimentos — mesmo que o sentimento seja apenas tédio — não aprendem com o que sentem nem desenvolvem as habilidades necessárias para se sentirem melhor.

É comum receber garotas em meu consultório que procuram apoio da tecnologia quando estão chateadas. O exemplo mais concreto foi o de Brooke, uma garota tempestuosa do oitavo ano, que veio até mim por indicação de uma neurologista. Brooke tinha dores de cabeça por estresse, e a neurologista acreditava que uma psicóloga poderia aliviá-las ao procurar a causa do estresse. Em nossas sessões, Brooke passava muito tempo contando sobre questões de convivência que ela e seus amigos de turma enfrentavam durante o dia na escola e continuavam a debater nas redes sociais à noite. Ela constantemente entrava em conflito com garotos e garotas de seu círculo social e descrevia — com uma surpreendente *tranquilidade* aparente — os insultos criativos que postava para "acertar as contas" por algo ruim que postaram sobre ela. Pelo que pude perceber, as habilidades de Brooke em insultar seus pares proporcionavam-lhe bastante poder social sobre as garotas da turma, mas os garotos não tinham medo de criticá-la por seu comportamento.

No outono de seu nono ano, o namorado de Brooke anunciou o fim do namoro na internet e de forma cruel detalhou suas queixas sobre ela num site que todos os amigos acessavam. Com orgulho, Brooke contou que revidou a provocação postando capturas de telas de mensagens apaixonadas que ele enviara durante o namoro, floreadas, é claro, com comentários especialmente ácidos para ridicularizá-lo.

Como eu costumava tratar e cuidar de adolescentes que eram *alvos* de crueldade social, foi difícil ouvir Brooke falar com prazer de suas habilidades de retaliação e resistir à vontade de dar-lhe um sermão sobre como seu comportamento magoava as pessoas. Mas a minha missão era descobrir a causa das tensões de Brooke, então esforcei-me para lembrar que seu comportamento nocivo era uma evidência de que ela também estava sofrendo.

As angústias de Brooke estavam muito bem escondidas, além da compreensão das pessoas, inclusive dela mesma. No instante em que Brooke sentia dor emocional de qualquer tipo — vergonha, humilhação, rejeição, medo — ela dava o troco. No curto prazo, sua estratégia funcionava. Ela não se sentia mais inferiorizada quando diminuía ainda mais alguém. Ela não tinha mais medo da rejeição quando demonstrava que podia afastar outros com um empurrão mais forte. Claro que existem outras maneiras muito melhores para aliviar a angústia e resolver os problemas, mas sempre há quem administre a própria dor infligindo-a aos outros. Infelizmente, a tecnologia digital deu nova força e potencializou esse desagradável impulso humano.

É preciso fazer um comentário sobre o ato de afastar-se das pessoas. Quando estamos sozinhos e desconectados da tecnologia, podemos refletir sobre nossos sentimentos, desabafar em silêncio com nós mesmos ou escrever em nossos diários, imaginando o que poderíamos dizer ou fazer enquanto avaliamos o impacto de uma ação real. Todos que cresceram sem tecnologia digital lembram-se de ter escrito uma carta que, felizmente, nunca foi enviada ou ter uma queixa que ninguém escutou. Usar um tempo consigo mesmo para expressar e conhecer seus sentimentos coloca a situação em perspectiva, gera autoconhecimento, e nos coloca em contato com recursos internos para lidar com a angústia. Estar socialmente desconectado também nos dá tempo para desenvolver um plano sobre como (e se!) queremos agir para lidar com os sentimentos dolorosos. Em outras palavras, temos tempo de manter nossos pensamentos e sentimentos separados de nossas ações.

Obviamente, a tecnologia digital rouba a possibilidade de isolamento social. Brooke nunca tivera que passar um tempo sozinha com um sentimento desconfortável. Ela nunca precisou refletir sobre o que estava acontecendo internamente ou buscar uma maneira de se sentir melhor. No instante em que Brooke sentia algo desconfortável, ela pegava o celular e transferia o sentimento para outra pessoa. Ela nunca se deu conta de que estava sofrendo. Sabia apenas que *precisava* de seu celular.

Há mais detalhes de como "funcionava" o sistema da Brooke. O alcance instantâneo e amplo da tecnologia digital facilitou para que ela pudesse provocar muitos conflitos de forma rápida. Brooke não tinha que se concentrar em seus sentimentos dolorosos enquanto estava focada nas explosões sociais que criava. No fundo, acredito que Brooke ficou muito magoada quando seu namorado a deixou. Em vez de cuidar da dor que sentiu pelo final do relacionamento, ela focou sua atenção em acompanhar a tempestade que suas mensagens criaram nas redes sociais. O bem construído reflexo de Brooke de agir na ofensiva criou um ciclo destrutivo que se retroalimentava. Quando estava chateada, ela atacava. Quando atacava, sentia-se melhor porque estava no comando, e não no papel de vítima. Na internet, ela podia focar no desenrolar do drama social, não em seus próprios e dolorosos sentimentos. Os ataques de Brooke lhe traziam um alívio momentâneo enquanto ela preparava o cenário para as angústias emocionais (e, infelizmente, dores de cabeça) que viriam em breve. Ela estava maltratando seus colegas, que logo retribuiriam o favor. E quando eles o fizessem, ela os atacaria.

Brooke é um exemplo de como garotas procuram a tecnologia digital para lidar com sentimentos dolorosos, em vez de buscar maneiras de aliviar a própria angústia ou procurar ajuda em relacionamentos reais e generosos. Já vi outras garotas conectarem-se a seus telefones sempre que se sentem solitárias. Em vez de pensar por que se sentem sozinhas ou de planejarem encontros com uma amiga em potencial, elas buscam na internet uma conexão instantânea ou, pelo menos, algo que as distraia de sua solidão. Garotas podem começar a postar quando se sentem esquecidas ou excluídas. Em vez de mergulharem na leitura, elas fazem numerosas postagens para chamar atenção. Ou podem fazer pesquisas em redes sociais quando temem ter feito algo que pode virar fofoca. Em vez de avaliarem a própria ansiedade e o que podem aprender com ela, procuram ansiosamente por evidências de que estão falando sobre elas. Garotas também recorrem à tecnologia digital quando estão empolgadas, como ferramenta para anunciar boas notícias ou objetivos alcançados com esforço. Até nesse caso, o mundo digital pode interferir na capacidade de uma garota de aproveitar bons momentos. Em vez de saborear sua felicidade ou compartilhá-la com os amigos no mundo real e a família, ela pode ficar ansiosamente checando suas postagens para saber se estão sendo "curtidas" ou recebendo bons comentários.

Como já sugeri, postergue o acesso de sua filha às redes sociais o quanto puder. Quanto mais demorar para ela conhecer o viciante efeito de estar digitalmente conectada aos colegas, mais recursos internos ela desenvolverá para administrar sentimentos dolorosos e resolver problemas. Depois, como também já sugeri, defina limites de onde e como ela pode conectar-se às redes sociais. Considere limitar ou banir as atividades digitais (para você e sua filha) quando saírem juntas, durante as refeições, na hora de dormir ou um pouco antes — privilegie momentos em que você possa ter conversas mais profundas com ela a respeito do que ela pensa e em como se sente.

Você também pode limitar o acesso de sua filha à tecnologia digital ao estimular — e, se necessário, exigir — que ela participe de atividades extracurriculares. Enquanto estiver envolvida com esportes, teatro, trabalhos voluntários ou remunerados, ou qualquer uma das espantosas atividades que adolescentes gostam, garotas desenvolvem suas habilidades sociais, e invariavelmente encaram desafios emocionais que precisam administrar. Com acesso limitado ao telefone, elas apreendem a acionar seus recursos internos ou procurar apoio interpessoal. Sem dúvida, há perigos em se manter uma agenda lotada de compromissos. Garotas que correm de uma atividade para outra podem ficar estressadas sem necessidade e, como sabemos, distanciarem-se de suas famílias. Mas garotas com tempo ocioso excessivo[65] são mais propensas a usar mal a tecnologia digital. Como com a maioria das vezes, você vai querer ajudar sua adolescente a encontrar um equilíbrio saudável entre esses dois extremos.

Procure oportunidades de afastar sua filha da tecnologia por longos períodos de tempo. Trabalhos que necessitem dedicação, colônias de férias e viagens em família podem exigir— ou inspirar — longas pausas tecnológicas. Adolescentes podem ficar mais animados com viagens que os deixe desconectados se tiverem permissão de acessar a internet em momentos combinados. Enquanto estão longe de casa, algumas famílias combinam que todos têm permissão de checar o celular ou computador por meia hora durante as manhãs e à noite, sem exceção de horário.

Limitar o tempo em que sua filha acessa as redes sociais — impor limites diários ou por períodos maiores — não fará com que ela construa por si só uma capacidade de gerenciar seus sentimentos e tornar-se uma pessoa autossuficiente na hora de resolver problemas. Mas limitar seu acesso on-line permite que se criem condições para que ela conheça seus próprios sentimentos. Se ela não pode sair em busca de um equipamento digital cada vez que fica chateada, achará outras maneiras — provavelmente melhores — de lidar com o sentimento.

Eu gostaria de poder dizer que consegui ajudar Brooke a sentir sua angústia e avaliar o impulso de acessar a internet. Na verdade, ela relutou em trocar suas conhecidas e surpreendentemente eficazes táticas (e muito custosas) pelo que eu lhe oferecia: a sugestão de que conhecer suas dores emocionais a ajudaria a tomar melhores decisões *e* aliviaria suas dores de cabeça. Para piorar a situação, a mãe de Brooke apoiava o hábito da filha de acessar o mundo digital quando algo dava errado.

Como Virar um Pai Controlador Sem Querer

Não é apenas a interação digital com seus pares que prejudica a capacidade de uma garota de lidar com seus sentimentos mais dolorosos. Às vezes, os pais também têm culpa. Pais controladores são muito criticados e, em geral, com razão. Mas as queixas contra pais controladores costumam ser direcionadas para os resultados — o pai que parece gerenciar o menor detalhe da vida do adolescente — e não levam em consideração os diversos passos que levam a esses resultados. Minha experiência com pais e adolescentes sugere que muitos pais controladores ganham esse título como resultado de uma complexa interação entre pais e *filhos* que dura muitos anos.

No meu consultório, costumo conversar com as novas pacientes adolescentes cerca de duas vezes antes de conhecer seus pais porque, em último caso, meu trabalho é tratar a adolescente. Faz sentido para ela ser a primeira a avaliar se sou uma boa escolha. Ao longo dos anos, criei o hábito de pedir às garotas que compartilhem sua opinião sobre o que seus pais vão dizer quando nos encontrarmos. Garotas quase sempre sabem exatamente o que seus pais vão dizer e, apesar de eu não pedir, explicam também a exata ordem do que será dito. Quando perguntei a Brooke o que sua mãe falaria quando viesse ao consultório, ela supôs que a mãe associaria suas dores de cabeça aos constantes conflitos sociais, e contou, em seguida, como a mãe sentira-se abandonada na infância e esforçara-se para ser uma mãe presente, apesar de seu trabalho demandá-la muito.

Em nosso encontro, Sandra, uma mulher pequena e descolada, de fato disse o que a filha previra, mas acrescentou que estava preocupada com a intensidade como Brooke dependia dela. Sandra explicou que, no sexto ano, quando Brooke ganhou seu primeiro celular, começou a enviar mensagens para a mãe nos intervalos de aula. Nas palavras de Sandra: "Brooke me enviava mensagens arrasada, porque esquecera o livro de matemática ou odiara o que serviram no almoço e estava 'faminta'." Sandra não gostava de ser interrompida no trabalho, mas não resistia à chance de oferecer soluções ou conselhos. Pouco tempo depois, Sandra pegou-se gastando parte de suas noites tentando ajudar Brooke a adivinhar quais desafios enfrentaria no dia seguinte. Mesmo no nono ano, Sandra ainda ajudava a filha a arrumar a mochila todas as noites, estudar para os testes, e pensar numa solução para todos os problemas que podia antecipar.

Com um conhecimento profundo da vida escolar de Brooke e orientação, Sandra parece uma típica mãe controladora. E, enquanto existem adolescentes que resistem à intromissão dos pais controladores, Brooke pertencia a um grande grupo que os convida a participar e depende deles. Em outras palavras, pais controladores são resultado de um processo de mão dupla: a filha pede ajuda ao pai/mãe para lidar com cada problema que surge e o pai/mãe concorda em ajudar. Quanto mais os pais ajudam, menos os filhos se tornam capazes de resolver as próprias questões. Conforme o tempo passa e os desafios se tornam mais complexos, a garota procura ainda mais os pais, que continuam prontos para resolver os problemas, reconhecendo que os desafios estão mais difíceis. Enquanto é fácil deixar sua filha sem almoço no sexto ano, poucos pais sentem-se confortáveis para dizer a sua filha que está prestes a desmoronar que ela resolva por conta própria a inscrição nos exames de admissão da faculdade.

Olhando de fora, a solução para o problema de Brooke e Sandra parece fácil. Sandra deveria cortar o cordão umbilical de Brooke, parar de responder a todas as mensagens, e esperar que a filha lidasse com seus sentimentos e resolvesse seus problemas sozinha. No quadro geral, Sandra está bem ciente de que Brooke depende demais dela, e que faltam à filha habilidades básicas para resolver problemas. Mas, no dia a dia, não consegue resistir à oportunidade de ajudar a filha quando é solicitada, porque ela, como toda mãe amorosa, odeia ver sua filha com dificuldades. E todos nós tentamos ser melhores do que nossos pais. O elemento-chave da situação é que Sandra queria ser melhor, estar mais disponível do que seus pais. Também já vi pais se tornarem controladores pelo medo de perder o vínculo com os filhos adolescentes e aceitam o pedido de ajuda como uma chance de ficarem por perto. Conheci outros que ficam ansiosos por passar muito tempo trabalhando e agradecem a oportunidade de poderem ser digitalmente presentes. Simplificando, a conexão instantânea oferecida pelas mídias digitais pode guiar pais e adolescentes por uma estrada amorosa com um destino infeliz.

Nenhum pai olha para sua filha pequena e pensa: "Como podemos criar uma garota para que ela seja uma jovem mulher emocionalmente incapaz e excessivamente dependente?" Todos querem criar filhas autossuficientes, capazes de resolver seus problemas, então, precisamos entender que a tecnologia digital é uma ameaça real para que esse objetivo seja alcançado. Você pode evitar se tornar um pai controlador ao observar com atenção como sua filha usa a tecnologia para conectar-se a você. Se ela procurá-la para avisar que está atrasada, ótimo. Se enviar uma mensagem porque está chateada com a nota que acabou de receber, cuidado com a forma e a velocidade com que responde. Esperar para dar uma resposta fará com que ela tenha tempo para resolver o problema sem envolvê-la. Você não pode mudar a nota e, se não responder de imediato (ou não responder), ela vai encontrar apoio numa professora ou numa amiga, ou buscar uma maneira de lidar sozinha com a chateação. Se você tem a preocupação de que a falta de resposta seja encarada como uma rejeição cruel, envie uma mensagem que exalte as habilidades para encontrar soluções. Deixe claro que você está perto para apoiá-la, não para resolver os problemas por ela. Algo como: "Que chato. Mas definitivamente você pode dar conta dessa questão. Bjs, mãe."

Dominando as Emoções: Quando se Preocupar

Apesar de ser exaustivo para você e para a sua filha, e, às vezes, para todos num raio de cinco quilômetros, tente não esquecer que está tudo bem se os sentimentos de sua filha andam oscilando. Como sabemos, em geral, adolescentes em desenvolvimento estão tranquilas e racionais num minuto, eufóricas a seguir e inquietas pouco depois. Enquanto os sentimentos de sua filha oscilarem, ela provavelmente estará bem. Você deve se preocupar se ela estiver deprimida ou mal-humorada com frequência, oscilando entre extremos apavorantes, se é dominada pela ansiedade, ou opta por medidas autodestrutivas para lidar com seus sentimentos.

Reconhecendo o Estado de Espírito do Adolescente e Distúrbios de Ansiedade

Adolescentes têm altos e baixos, mas se estão mal dia após dia, algo pode estar errado. Depressão clínica, uma doença psicológica que vai muito além da melancolia, afeta aproximadamente 5% de todos os adolescentes e ocorre com maior frequência entre garotas [66] do que entre garotos. Se sua filha apresenta vários dos sintomas clássicos da depressão clínica — tristeza, desinteresse pela vida, alterações no apetite, no sono ou no nível de atividades, fadiga ou perda de energia, sentimento de culpa ou de baixa autoestima, dificuldade de se concentrar — por muitos dias seguidos, considere levá-la para avaliação de distúrbio de humor. Se sua filha demonstrar sentimentos suicidas, ligue imediatamente para o seu médico; se ela apresentar indícios de que pode se machucar, leve-a a um pronto-socorro.

Infelizmente, não é amplamente conhecido que os sintomas da depressão no adolescente raramente são os mesmos de um adulto. Em vez de sentirem-se tristes e melancólicos, adolescentes depressivos ficam mais irritados com a maioria das pessoas, a maior parte do tempo. Viver com um adolescente que sofre de depressão é como viver com um porco-espinho sensível. Quando os adolescentes estão irritados o tempo todo, é fácil para os adultos os rotularem como um adolescente típico ou simplesmente irritante. Mas isso é um erro, e assim deixamos de identificar muitos casos de depressão adolescente que são altamente tratáveis. Se você fica tenso sempre que tenta interagir com sua filha porque acha que ela estará irritada, considere a possibilidade de algo estar realmente errado.

O distúrbio bipolar[67] — um distúrbio de humor que envolve ambas as fases de euforia e depressão profunda — frequentemente começa durante a adolescência. Adolescentes que apresentam episódios de euforia podem ter períodos em que dormem pouco, falam rápido, e correm de uma atividade para outra, em geral preocupando-se pouco com a própria segurança. Na cultura popular, apesar de a euforia ser comumente associada a uma alegria contagiante e a altos níveis de produtividade, adultos e adolescentes que estão nesse estado têm maior probabilidade de ficarem nervosos ou irritados e alcançar poucos resultados mesmo estando em permanente atividade. Nos últimos anos, tem-se visto um aumento acentuado e controverso de diagnósticos desse tipo de distúrbio em adolescentes. Num lado da discussão, você encontrará médicos que se preocupam que, hoje em dia, estão prolongando de forma negligente uma antiga categoria diagnóstica para incluir o que é de fato apenas comum, se não extremo, nas oscilações de humor do adolescente. No outro lado, você encontrará médicos que acreditam que distúrbios bipolares há muito tempo são mal diagnosticados em adolescentes porque os sintomas de euforia às vezes parecem apenas explosões de impaciência, não a hiperatividade que geralmente vemos em adultos eufóricos.

Existe ainda a ansiedade, um sentimento que pode ser um excelente indicador de que algo está errado, mas apenas quando ocorre dentro de certos contextos e com intensidade suficiente. Como sabemos, a ansiedade pode ser a melhor amiga de uma garota se ajudá-la a entrar em alerta quando se encontra numa situação perigosa. Infelizmente, a ansiedade também pode sair do controle e disparar um alarme ensurdecedor quando não há ameaça real a ser enfrentada, ou mesmo quando a ameaça é pequena, como uma pesquisa sobre um assunto que a garota conhece bem. Garotas com frequência dizem que estão estressadas ou ansiosas, então pode ser fácil ignorar suas preocupações, mas 10% das adolescentes podem sofrer de um distúrbio de ansiedade completo,[68] o que, como no caso da depressão clínica, tem maior probabilidade de afetar garotas do que garotos.

Se você está chocada com o quadro sombrio que estou apresentando sobre humor adolescente e distúrbios de ansiedade, tenho boas notícias para você. Primeiro, você não precisa tentar fazer nenhum tipo de diagnóstico rápido antes de buscar ajuda. Diagnósticos psiquiátricos mudam constantemente e podem ser cada vez mais complexos. Se você está preocupada com algo de errado, peça a um médico de sua confiança para fazer uma avaliação. Uma segunda boa notícia é que existe uma maneira fácil de saber quando algo está errado. Os humores de sua filha merecem atenção[69] se estão interferindo no seu desenvolvimento.

Há alguns anos, atendi uma garota de dezessete anos que sofria de profunda fobia social, a ponto de recusar-se a ir à escola. Ela tinha a certeza de que estava sendo analisada por suas colegas de classe, prontas para ridicularizá-la se ela sujasse a bochecha de maionese enquanto comia o sanduíche ou gaguejasse ao falar em sala de aula. Ela raramente saía de casa, sentia-se tão desconfortável que não escolhia a própria comida quando saía com os pais para jantar, e estava completando o último ano do ensino médio num curso on-line. Nosso foco foi controlar o nível de sua ansiedade. Apesar de ela estar progredindo academicamente, suas emoções fora de controle a impediam de abandonar a infância (seus pais ainda precisavam cuidar dela como se ela ainda fosse muito nova) ou fazer parte de um grupo.

É tarefa de sua filha desenvolver-se nas etapas descritas neste livro, e se seus humores a estão impedindo, ela precisa de ajuda. Se ela não consegue abandonar a infância porque está ansiosamente dependendo de você, preocupe-se. Se ela não consegue fazer novas amizades porque está deprimida demais para procurar as colegas de turma, está na hora de você se preocupar. A mesma regra se aplica às etapas que ainda apresentaremos. É normal que as garotas sejam temperamentais, mas não devem extrapolar os limites a ponto de ofender todos os adultos (capítulo 4), não conseguir planejar o futuro (capítulo 5), não buscar relacionamentos amorosos (capítulo 6), ou não se preocupar consigo mesmas (capítulo 7).

A Solução Autodestrutiva

Alguns adolescentes optam por táticas autodestrutivas na tentativa de dominar sentimentos dolorosos. Beber, usar drogas, desenvolver distúrbios alimentares e praticar automutilação são soluções para a angústia psicológica que se tornam desastrosas no longo prazo, mas, no curto prazo, elas parecem extremamente eficazes ao anestesiar a dor emocional. Adolescentes, como alguns adultos, podem tornar-se dependentes do alívio psicológico quase instantâneo que sentem ao se drogar ou se machucar de outras formas, especialmente se não veem outra saída para alcançar um bem-estar. Confortar-se integralmente com seus amigos, como Cassie fez com Lana, pode trazer alívio no médio prazo, mas virar um problema no longo prazo quando os amigos acabarem se afastando para se proteger.

Se você suspeita de que sua filha utiliza práticas autodestrutivas para lidar com seus sentimentos negativos, existem duas razões para você procurar ajuda profissional imediatamente. O motivo mais óbvio é que esse tipo de comportamento é perigoso e precisa parar. O motivo menos óbvio é que o comportamento autodestrutivo interfere no processo crucial do amadurecimento psicológico, que se desenvolve quando experimentamos e aprendemos com a dor emocional. Como médicos especializados no tratamento do abuso de substâncias dizem: "A pessoa para de amadurecer na idade em que começa a abusar de substâncias." Em minha vida profissional, eu sempre concordei. Pessoas que se habituam a usar escapes autodestrutivos para anestesiar a dor *envelhecerão* com o passar dos anos, mas não *amadurecerão*.

Sua filha não está apenas deixando a infância para trás, fazendo parte de um novo grupo de amigos e tentando aprender a lidar com seus sentimentos intensos — ela também está tentando compreender os adultos com quem precisa conviver todos os dias. Quando garotas se tornam adolescentes, elas param de acreditar em tudo o que dizemos. Elas ainda confiam em alguns adultos, mas nos observam com cuidado e são rápidas em observar nossas falhas. Elas conhecem nossas regras, mas com frequência se sentem obrigadas a experimentar seu próprio caminho. A seguir, vamos analisar como essas e outras forças se manifestam quando adolescentes relacionam-se com adultos e o poder que eles exercem.

QUATRO

Desafiando a Autoridade do Adulto

Você lembra-se da cena em *O Mágico de Oz* em que Toto puxa as cortinas e revela que o grande e poderoso Oz é apenas um homem que mexe freneticamente as alavancas por trás de um pano? Se sua filha interpretar Dorothy e você for o Mágico, entenderá com perfeição por que as garotas, quando se tornam adolescentes, começam a desafiar os adultos, violar as regras e rebelar-se de várias formas. Antes da adolescência, garotas não olham atrás da cortina; elas respeitam os mais velhos e costumam obedecer-lhes. Crianças testam os limites, mas tendem a concordar com os adultos, especialmente se ficamos zangados. Quando a cortina é levantada, as garotas descobrem que não somos Mágicos infalíveis e onipotentes. Na verdade, às vezes, abusamos de nossa autoridade e criamos regras arbitrárias. Uma vez que as meninas desenvolvam essa percepção, não surpreende que elas parem de concordar com pessoas de nível hierárquico elevado e comecem a questionar sua autoridade.

É humilhante perder o poder absoluto de quando se é o Mágico, mas a nova perspectiva de sua filha é de fato algo bom. Descobrir a melhor forma de lidar com a autoridade é uma das etapas de desenvolvimento adolescente. Não queremos criar ovelhas que se acovardem diante de ameaças e façam tudo o que mandar. Quando forem adultas, queremos que nossas filhas saibam como avaliar pessoas com autoridade enquanto fazem escolhas conscientes, inclusive táticas, sobre quando enfrentar uma ordem e quando acatá-la. Este capítulo ajudará você a guiar a súbita predisposição de sua filha para desafiar a autoridade de adultos, mesmo enquanto ela desafia você, suas regras ou a sabedoria da maioria dos adultos.

Olhando por Trás da Cortina

O que faz a cortina levantar? Por que garotas seguem nossas regras numa semana, mas riem delas na semana seguinte? Nossa resposta se baseia em Jean Piaget,[70] figura eminente no campo da psicologia que, no meio da década de 1950, foi o primeiro a descrever a drástica mudança mental que ocorre no final da infância. Em algum momento perto dos onze anos, as garotas deixam de ver o mundo em termos estritamente concretos porque desenvolvem a capacidade do raciocínio abstrato. Antes disso, crianças apenas refletem sobre acontecimentos que elas realmente participaram ou poderiam ter participado. Em outras palavras, se você perguntar a uma criança de dez anos "o que faz com que uma pessoa jogue um celular pela janela de um carro em movimento", ela provavelmente dirá que o telefone está quebrado e perdeu o uso, mas ela provavelmente não consegue imaginar motivos convincentes de *por que* uma pessoa jogaria seu telefone fora. Aos onze anos, no entanto, garotas começam a pensar em termos abstratos. Elas avaliam conceitos teóricos como retaliação, refletem sobre seus próprios pensamentos, e deduzem o que pode motivar as ações de outra pessoa. Uma garota de onze anos pode imaginar uma variedade de explicações plausíveis para que se jogue um telefone pela janela, mesmo que ela nunca tenha sentido vontade de fazer isso. Talvez o telefone tenha sido arremessado para terminar de forma dramática uma discussão frustrante (e estúpida). Ou talvez tenha sido atirado por um pai desesperado querendo provar de forma exagerada algo para seu filho adolescente. A garota pode lhe dizer que não tem como saber a razão, mas pode ainda ser capaz de oferecer uma lista de possíveis motivos.

Qual a relação entre a capacidade de raciocínio abstrato e o desafio da autoridade? Toda. Quando adolescentes começam a raciocinar em termos abstratos, elas dão extraordinários saltos com base em deduções. Nas palavras de uma adolescente muito sagaz de quinze anos: "Descobri que, se eu posso não ser sincera com adultos, eles também podem não ser honestos comigo."

Com a cortina aberta, adolescentes observam adultos de perto, e logo percebem que muito do que decretamos é, na verdade, hipócrita, sem sentido ou apenas egoísta. É claro que algumas de nossas regras fazem todo sentido (e discutiremos como você pode continuar reforçando-as quando seus dias de Mágico chegarem ao fim), mas muitas delas não. Eu me peguei recentemente criando uma regra boba quando a minha filha mais velha pegou uma caneta para escrever um lembrete nas costas da mão. Antes que eu pudesse evitar, falei: "O que você está fazendo? Pegue um papel!" Mas há muito poucas razões para *não* escrever um lembrete nas costas da mão e muitas para fazê-lo. Tive que admitir que, como muitos outros pais, eu constantemente questiono minha própria autoridade ao citar "regras" que são apenas reflexo de minhas preferências.

Como saber se sua filha olhou por trás da cortina? Ah, você vai saber. A primeira dica pode ser quando ela fizer uma crítica mordaz, mas irônica, sobre os adultos e as suas principais crenças. Meu exemplo preferido é o da garota que soltou durante o jantar um "Sabe, Ulisses foi meio babaca". Ela captou uma evidência (o herói de Homero realmente é especialista em trapaças) enquanto escolhe suas palavras para informar que está pronta para discutir literatura clássica em seus termos com adultos. E, se ela ainda não tiver agido dessa forma, usará dois sinais específicos para nos dizer que está questionando nossa autoridade: revirar os olhos e usar um tom atrevido.

Algumas vezes garotas reviram os olhos, mudam o tom de voz e dão outras dicas não verbais para expressar discordância enquanto continuam seguindo as regras. Quando você pedir que ela coloque uma roupa mais apropriada para jantar fora com a família, ela pode revirar os olhos ou emitir um cortante "Está bem!", antes de sair marchando para o quarto para se trocar. Essa cena deve ser familiar porque você já a viu antes, quando ela era apenas uma garotinha.[71] Adolescentes e meninas pequenas têm muito em comum. Já ouvi alguns pais chamarem suas adolescentes de "garotinhas com hormônios" e o ponto de convergência é a necessidade de estabelecer sua independência enquanto continuam se submetendo às regras vigentes. Quando sua filha era pequena, ela se expressva ao recusar, aos gritos, tomar banho, enquanto tirava a roupa e ia para a banheira ao mesmo tempo. Como uma adolescente, ela revira os olhos ou muda o tom de voz enquanto segue suas ordens. Apesar de a resistência dela muito provavelmente irritar você, tente ignorar. Mais do que isso, você pode admirar em silêncio essa impressionante solução de desafiar-enquanto-acata que lhe permite ser uma boa menina enquanto demonstra sua resistência.

Em alguns momentos, quando sua filha revirar os olhos ou mudar o tom de voz, você poderá achar que ela está sendo provocativa e grosseira, mais para hostilizá-la do que resolver o problema. Nessas ocasiões, você pode pedir a ela que expresse de forma mais madura o que não gostou. Você pode dizer: "Não posso impedi-la de revirar os olhos para mim, mas acho isso uma grande falta de educação" ou "Não gostei do seu tom, tente novamente", ou ainda "Estou aberta a negociações, mas não quando você age dessa forma". Sua filha está querendo explicar que discorda de você, o que é direito dela. E é seu direito esperar que ela seja educada enquanto discorda. Como você sabe, leva um certo tempo para garotas se tornarem categóricas. Não perca a oportunidade de convidar sua filha para praticar seu posicionamento com você.

O Fim do "Porque Eu Mandei"

Ao descobrir que os adultos criam regras arbitrárias com frequência, garotas assumem com determinação a gigantesca tarefa de testar todas as regras estabelecidas. Sua filha testará muitas regras em seu próprio tempo. Ela escutará música alta enquanto dirige, assistirá aos filmes que você proibiu, sairá no frio com os cabelos molhados, e descobrirá por conta própria que o mundo não acaba por causa disso. E ela testará muitas regras no tempo dos pais. É realmente cansativo quando sua filha questiona quase tudo o que você diz, mas você deve honrar a recém-descoberta percepção de sua filha tendo uma conversa séria com ela sobre suas regras.

Então, como você reage? Algumas vezes, você defenderá sua posição, mesmo sabendo que sua escolha é uma de muitas perspectivas válidas:

Ir à igreja como uma família é importante para sua mãe e para mim, então esperamos que você nos acompanhe. Quando você morar sozinha, poderá decidir se quer ir à igreja ou não.

Outras vezes, você dará explicações mais extensas do que em momentos anteriores:

O meu problema com seu jeito de deixar o quarto é o seguinte: odeio ver as roupas bonitas, pelas quais pagamos, espalhadas por toda parte. Não sinto vontade de comprar mais coisas para você enquanto peças boas estão jogadas pelo chão.

Em outros momentos, você negociará:

Não quero que você faça mechas no cabelo porque sua avó vai nos visitar no mês que vem e eu não quero que ela fique ouvindo falar disso. Se puder esperar até depois da visita, não me oponho que você faça.

De vez em quando, você aceitará o ponto de vista dela:

Você está certa, eu estou errada. Pode escrever na sua mão. E me devolve a caneta quando terminar.

Quando sua filha questionar sua autoridade, leve o que ela diz a sério e ofereça uma explicação, um acordo ou seu consentimento. Como disse uma adolescente para mim: "Não há nada melhor do que ganhar uma discussão com um adulto." Se sua filha tem alguma razão, reconheça. Se ela está certa e você errada, conceda a ela o mérito de fazê-la mudar de opinião. A melhor maneira de manter o respeito de sua filha é receber bem suas percepções em desenvolvimento. Há muitas formas corretas de conversar com sua filha quando ela questionar sua autoridade. E duas dicas do que você deve *evitar*: não insista em que você ainda é o Mágico, e não desista.

Um exemplo especialmente doloroso do que acontece quando um pai insiste em que ainda é o grande e poderoso Mágico aconteceu em meu consultório particular. Por vários meses, recebi Chloe, uma adolescente autoconfiante e criativa, cujos pais se divorciaram quando a filha tinha doze anos. Quando Chloe fez dezessete anos, seu pai, um homem com um impressionante registro de comportamento insensível, casou-se com uma mulher orgulhosa de sua gastronomia. Chloe, uma vegetariana que gostava de uma incrível variedade de comidas saudáveis, passava as noites de terça-feira e fins de semana alternados com seu pai e madrasta e, em sua primeira visita à casa nova deles, a madrasta de Chloe serviu-lhe frango à caçadora. Chloe concentrou-se silenciosamente em comer seus legumes até que seu pai (e, note que interessante, não sua madrasta) a pressionou para comer o prato principal. Apesar dos protestos de Chloe de que ela não comia carne há mais de um ano, seu pai insistiu em que ela estava sendo mal-educada com a madrasta ao se recusar a comer o que estava servido e ameaçou tirar seu telefone se ela não obedecesse. Chloe não cedeu. Seu pai tirou-lhe o telefone.

Certamente não preciso dizer que tirar o telefone de uma adolescente, especialmente de uma com dezessete anos, é um castigo muito severo. Chloe aguentou firme por duas semanas até que não conseguiu mais ficar sem seu telefone. Ela engoliu alguns poucos pedaços de carne nas noites quando jantava com seu pai, pegou o telefone de volta, e suportou alguns meses até fazer dezoito anos. O acordo do divórcio não exigia que Chloe continuasse com a guarda compartilhada quando se tornasse adulta perante a lei, por isso, depois de seu aniversário, ela fez as malas, saiu da casa de seu pai e passou a ficar em tempo integral com sua mãe. A mãe de Chloe solidarizou-se com a decisão da filha, mesmo preocupada com o dano que o ex-marido provocara no relacionamento com a filha.

Apesar da triste história, fiquei feliz por Chloe ter uma opção. Quando adolescentes estão presos a pais que preferem ostentar seu poder a negociar em questões menores, a situação nem sempre acaba tão bem. Esses pais não só prejudicam seu relacionamento com as filhas, como também podem incitar as garotas a provarem que não serão controladas. Nesses casos, conheci garotas esgueirarem-se para fazer coisas assustadoramente fora do controle. É muito melhor para a sua Dorothy — e seu relacionamento com ela — que você saia de trás da cortina, mesmo que isso abra espaço para uma série de negociações difíceis.

E não desista.

Penso em Veronica, uma garota de quinze anos, encaminhada ao meu consultório particular pelo orientador pedagógico de seu colégio, depois de receber um telefonema desesperado dos pais da menina numa manhã de segunda-feira. Eles contaram ao orientador e depois a mim, que, na noite do sábado anterior, Veronica havia ido a uma festa com alguns adolescentes mais velhos que ofereceram carona para buscá-la em casa e trazê-la depois. Ainda relutantes em deixá-la ir, os pais de Veronica estabeleceram o horário de 22h30 para que ela estivesse em casa, acreditando que ela estaria em segurança até lá. Quando a filha não apareceu às 23 horas, eles começaram a telefonar para o celular dela, mas não conseguiram contato. À meia-noite, Veronica finalmente apareceu. Sem nenhum remorso por estar atrasada, ela explicou num tom petulante que havia "acidentalmente" desligado o celular.

Quando conheci Veronica, uma garota esperta e insatisfeita, e seus pais, compreendi toda a história. Aos treze anos, ela começou a violar pequenas regras. Começou escutando música alta no quarto. Quando seu pai pedia que baixasse o som, ela resmungava, obedecia, e logo aumentava de novo. Pouco depois, seu pai desistiu e pediu ao resto da família para aguentar o barulho. Em seguida, Veronica começou a usar um batom preto de que sua mãe não gostava. A mãe pediu que ela deixasse o batom para o Halloween, ou usasse só nos fins de semana, mas

Veronica o usava todos os dias na escola. Muitas manhãs de confronto depois, sua mãe desistiu da questão, certa de que, mesmo se ela obrigasse a filha a tirá-lo antes de ir para a escola, Veronica passaria de novo no ônibus. Logo, não havia razão para brigar por isso. Em uma de nossas consultas, a mãe de Veronica, uma mulher de fala tranquila e expressão preocupada, contou que quase explodiu quando Veronica entrou no carro com o batom para ir à missa no Domingo de Páscoa. Ela ficou ofendida e magoada (e sabia que a filha havia percebido), mas ficou calada por medo de que o relacionamento com a filha já estivesse muito desgastado e, além disso, ela não queria estragar a manhã da família.

Adolescentes estão ansiosos para desafiar a autoridade dos adultos e com frequência testam os adultos mais próximos. Na minha experiência, adolescentes em geral começam com pequenas atitudes. Eles agem de forma que nos aborreça, mas que não gere consequências negativas e prolongadas. O mau comportamento adolescente reflete sua criatividade, interesses e conhecimento naquilo que provocará seus pais. Garotas deixam pratos na pia quando lhes disseram para lavá-los, escutam música com letras impróprias, leem livros ofensivos, usam roupas esquisitas, negociam um piercing de nariz, decidem se tornar Democratas se seus pais são Republicanos (ou vice-versa), e por aí vai.

Quando as garotas não conseguem causar o atrito com pequenas coisas que estão buscando nos adultos, elas sobem um nível e mudam suas atitudes para uma lista de ações previsíveis que nós *realmente* não queremos que elas coloquem em prática — atitudes que podem fazer diferença mais adiante. Incapaz de fazer com que seus pais criassem caso com a música e o batom, Veronica começa a apostar mais alto e faz algo mais difícil de ignorar.

Por que adolescentes arriscam-se mais quando não encontram resistência nas menores atitudes? Porque adolescentes querem conhecer os limites e saber que serão confrontados se ultrapassarem a barreira. É assustador ser adolescente e ter acesso a atrações tentadoras, mas perigosas; é aterrorizante pensar que ninguém está olhando. Como um de meus colegas de profissão[72] comenta, quando adolescentes como Veronica passam dos limites, eles estão na verdade perguntando "O que essa garota aqui tem que fazer para que os adultos ajam como tal?" Se Veronica tivesse que esconder seu batom ao sair de casa para passá-lo no ônibus, ela talvez se consolasse pela existência de regras, mesmo que as violasse, e teria parado por aí. De fato, pesquisas já estabeleceram há muito tempo[73] que adolescentes com pais extremamente permissivos — não importa se condescendentes, negligentes ou apenas relutantes em agir — são mais suscetíveis a abusar de substâncias e se comportar mal na escola, em comparação com os adolescentes cujos pais determinam e reforçam os limites.

Deparei-me com esse princípio em ação no início da minha prática, quando passei um verão trabalhando na universidade, numa unidade psiquiátrica para adolescentes. Esses adolescentes estavam internados porque eram problemáticos demais para serem tratados fora de um hospital. Muitos deles eram desafiadores e beligerantes — como equipe, passamos muito tempo prevenindo confrontos físicos —, então havia um complexo sistema de pontos, recompensas e castigos criados para controlar e até mesmo melhorar a conduta deles. No início do meu estágio, cometi um erro de iniciante: enquanto supervisionava um grupo de adolescentes que não conhecia bem, ignorei algumas infrações na expectativa de garantir o bom comportamento do grupo ao mostrar que eu era amiga e tranquila. Péssima ideia. Quando não mandei a primeira adolescente tirar os pés de cima da mesa, uma segunda ligou o rádio sem pedir permissão. Uma terceira, então, reclamou da escolha da estação. Pouco depois uma supervisora reparou o que estava acontecendo. Elas não estavam apenas desobedecendo — estavam *assustadas*. Elas buscavam a certeza de que eu manteria a situação sob controle e eu não lhes dei essa certeza. Então as meninas continuaram observando. Não mais uma iniciante, fiquei bem atenta ao primeiro desvio do meu novo grupo de adolescentes. Rápida e de forma pública (mas ainda sendo gentil), marquei o número certo de pontos no placar da adolescente que cometeu uma falta e vi o grupo todo respirar aliviado.

Facilite a situação para você mesma e deixe sua filha mais segura ao enfrentar alguns de seus comportamentos irritantes. O que você terá de confrontar e como será único para você e sua família. Você não precisa criar resistência a cada movimento irritante de sua filha (ter uma adolescente, afinal, pode nos ajudar a desenvolver aceitação e flexibilidade), mas você não deve ignorar todas as pequenas atitudes. Se ela não diminui o som depois que você pede, insista. Se ainda estiver alto, fique parada na porta dela e faça aquela cara que ela odeia até ela abaixar o volume. E, mesmo quando você não tem como controlar o resultado, siga em frente e brigue. Lembre-se de Andy, meu amigo viajador que levou na esportiva as provocações de sua filha Grace. Quando estávamos no ensino médio, Andy usava sua camiseta favorita na escola quase todo dia, apesar de ter sido proibido pela mãe de usá-la fora de casa. Ela estava certa. A camiseta estava tão gasta que Andy podia guardá-la toda no bolso de trás do jeans, o que ele fazia quase sempre ao ir para a escola. Ele trocava a camiseta pela rasgada antes de chegar ao final do quarteirão e seguia seguro sabendo que os adultos não tinham desistido.

Sugeri aos pais de Veronica que brigassem por algumas das pequenas atitudes da filha, mesmo que isso significasse aumentar o atrito em casa. Algumas vezes, Veronica mandava a mãe calar a boca com grosseria, e sua mãe tinha se habituado a ser amável. Com minha ajuda, a mãe de Veronica começou a revidar e a dizer na maior calma possível: "Veja, isso é falta de educação. Não falo com você assim, e você não deve falar comigo assim. Se você está com raiva, vamos conversar sobre isso." Veronica nunca aceitou a sugestão e em geral se retirava bufando, mas também nunca extrapolou esse limite.

Os pais de Veronica adotaram um padrão de conduta desconfortável para evitar o confronto com a filha e seu temperamento explosivo. Pais e filha não estavam se dando bem, por isso recomendei atividades que os reconectassem. Quando Veronica pediu para fazer aulas de teatro num bairro vizinho, eles a inscreveram e aproveitaram o longo trajeto até o ensaio para conversarem sobre seu crescente interesse por teatro. Aos poucos, a forma de Veronica lidar com os pais melhorou por duas razões, na minha opinião: ela ficou tranquila ao saber que eles confrontariam sua malcriação e apoiaram seu interesse por teatro. As duas atitudes aumentaram o crédito na conta que tinham juntos no banco dos relacionamentos. Em outras palavras, quando ela se desentendia com os pais, o que às vezes ainda acontecia, isso agora custava o tempo agradável que passavam juntos.

Talvez o mais importante seja mostrar que Veronica e seus pais estabeleceram novas formas de comunicação. Como psicóloga clínica, eu prefiro sempre o atrito a um impasse. Sua filha terá muitas oportunidades de tomar atitudes espantosas, e você vai querer conversar com ela sobre os riscos que os adolescentes correm. Você não pode ter essas conversas importantes se está afastada.

Contendo o Perigo

Pais de adolescentes precisam viver com a dolorosa verdade de que seus filhos podem e têm comportamentos perigosos — atitudes que vão muito além de usar um batom esquisito ou uma camiseta surrada. Você não está sozinha se perdeu o sono preocupando-se se sua filha pode se machucar se ela e seus amigos decidirem experimentar atitudes arriscadas, como adolescentes às vezes fazem. Muitos pais secretamente desejam poder trancar as filhas até que sejam adultas, ou segui-las por todo final de semana, como se fossem seus guarda-costas (e profundamente indesejados).

Nossos medos em relação à segurança de adolescentes é pertinente. Estatisticamente, pessoas assumem maiores riscos[74] quando são adolescentes do que em qualquer outra fase da vida. Direção perigosa, uso de drogas, sexo sem proteção, todas essas escolhas estão no auge durante a adolescência. Ainda assim, ao contrário do que se acredita,[75] pesquisas *não* confirmam os mitos de que adolescentes passam dos limites porque são muito irracionais, pensam que são invulneráveis ou não podem calcular os riscos.[76] Em vez disso, quando algo ruim acontece a um adolescente, em geral vemos que sua capacidade de tomar uma decisão sábia foi superada por fatores contextuais poderosos. Você lembra-se do experimento com o videogame no capítulo 2, que demonstrou como os jovens motoristas não eram cautelosos próximo dos amigos? É disso que estamos falando aqui. O desejo de um adolescente de conectar-se com seus amigos e ser visto como descolado pode superar sua capacidade de tomar uma boa decisão.

Mas mesmo sob o feitiço da influência social, adolescentes não ignoram completamente a questão das regras. Na minha experiência, eles ainda pensam nelas, mas da maneira errada. Em vez de pensarem em *por que* temos regras, eles se preocupam em não serem pegos ao violá-las. Preciso agradecer a Sasha, uma vivaz graduanda do ensino médio, por me oferecer essa experiência.

Numa tarde de quinta-feira, Sasha, cujos pais haviam me procurado inicialmente porque ela estava faltando às aulas, veio à consulta periódica no meu consultório. Empolgada para compartilhar seus planos para o final de semana, ela deixou a mochila com livros no chão do consultório, jogou-se no sofá e desandou a falar.

— Escute só! Um garoto na escola, que eu conheço mais ou menos, me chamou para dormir no barco de seus pais no final de semana. Do jeito que ele falou, não sei se terá mais alguém lá. Ele disse que sabe onde os pais guardam as chaves do barco, por isso não teremos problemas para entrar. Minha mãe jamais concordaria com isso, por isso vou dizer a ela que estou indo dormir na casa da Julia.

Julia e Sasha são melhores amigas e algumas vezes cúmplices. Ao escutar os planos de Sasha, meu coração disparou e minha mente saiu do modo psicóloga e entrou desesperada no modo "também sou uma mãe!". Tudo que conseguia pensar era "pode esquecer a confidencialidade, querida, vou *mesmo* ligar para sua mãe!".

Preciso comentar que muitos excelentes terapeutas se recusam a trabalhar com adolescentes porque não querem lidar com desafios que surgem quando adolescentes falam de comportamentos de risco na terapia. Como psicólogos, é nosso dever proteger a confidencialidade de nossos pacientes. Mas também é nosso dever manter os adolescentes em segurança, então é necessário violar a confidencialidade se acharmos que um jovem pode estar em risco. Muito do que os adolescentes falam na terapia cai naquela perigosa área nebulosa que necessita de nosso julgamento para decidir se devemos alertar os pais para um comportamento potencialmente perigoso, mesmo que isso signifique prejudicar nossa relação com o paciente adolescente.

Ao me contar essa história, Sasha estava claramente confiando em nossa confidencialidade. Ela deve ter percebido meu desconforto, porque logo acrescentou: "Isso deve funcionar, porque pensei em todos os detalhes. Sim... nos mínimos detalhes." A partir daí, Sasha descreveu o plano que ela e Julia criaram para que a mãe de Sasha não descobrisse onde a filha realmente estava. Enquanto eu escutava, entendi que mínimos detalhes significava ter pensado muito em como garantir que não seria descoberta. O modo mãe se recolheu e voltei a ser psicóloga.

Certa de que toda adolescente tem um lado sábio e maduro (mesmo quando se dá o trabalho de escondê-lo), conversei sobre esse lado de Sasha: "Veja, nós duas sabemos que sua mãe descobrir é a parte *menos* perigosa do que pode acontecer a você neste fim de semana." Por sorte, o lado maduro de Sasha veio à tona e evitou que eu precisasse fazer uma ligação constrangedora para sua mãe (beirando a falta de ética). Ao mostrar que alguns riscos reais deveriam ser levados em consideração, Sasha os listou para nós: ela não conhecia o garoto muito bem; ela estaria sozinha com ele em alguma doca do lago Erie; e, se algo desse errado, ela estaria sozinha etc. Para meu enorme alívio, ela resolveu cancelar os planos.

Quando nossas filhas avaliam os riscos, queremos que levem em consideração os riscos certos. Queremos que deixem de lado a ideia de esconder-se dos adultos, e foquem nos perigos reais que podem enfrentar. Como isso é possível? Para começar, pense com cuidado na resposta quando sua filha lhe contar sobre o comportamento arriscado de seus pares. Por mais assustadoras que sejam essas histórias, considere cada uma delas como uma oportunidade. Saber o que uma colega fez permite que você tenha conversas importantes com sua adolescente — o tipo de conversas que seriam tachadas de sermões nada bem-vindos se você as começasse sem um motivo.

Se ela comenta que uma amiga envia mensagens enquanto dirige, resista a seu impulso de dizer algo do tipo: "Isso é terrível! Se eu fosse a mãe dela, a colocava de castigo indefinidamente." E aproveite a oportunidade para comentar os perigos reais do que ela está lhe dizendo. Considere falar: "Caramba! Você pode ajudá-la a parar com isso? Eu odiaria que sua amiga se machucasse ou morresse, ou ferisse outra pessoa." Se ela conta sobre uma colega de turma que usa o celular para mentir sobre onde está quando liga para casa, você talvez possa dizer: "Espero que ela também se preocupe em estar em segurança e não apenas focada em enganar os pais."

De forma semelhante, aproveite as situações hipotéticas que sua filha oferece. Se ela perguntar "O que você faria se me pegasse fumando?", explique a ela sobre a química altamente viciante da nicotina e da letalidade do câncer de pulmão. Não diga que faria buscas no quarto dela atrás de cigarros ou que a cheiraria toda vez que entrasse pela porta. Pais que ameaçam suas filhas em geral têm uma boa intenção — eles não querem que nada de ruim aconteça com elas e esperam assustá-las para mantê-las na linha. Mas as ameaças dos pais fazem a garota focar sua atenção em evitar a ameaça de curto prazo imposta pelas regras, não no prejuízo no longo prazo que pode ser causado pelos riscos que ela está levando em consideração. É impossível supervisionar os adolescentes o tempo todo e, munidos de celulares, carros e amigas como Julia, adolescentes podem se safar de várias atitudes de risco. Se você montar o jogo "não me deixei flagrá-la fazendo isso", sua filha pode ganhar esse jogo, mesmo perigosamente a sua própria custa.

Saia de trás de sua cortina e explique o porquê de suas regras. O enfoque da conversa sobre comportamento perigoso deve ser riscos que sua filha pode enfrentar, não a punição se for descoberta. Se você fizer essa escolha, saiba que as pesquisas estão a seu favor. Uma extensa área de estudos em psicologia acadêmica[77] demonstra que adolescentes com pais firmes — que são acolhedores, porém enfatizam com seriedade os motivos de suas regras — consistentemente se arriscam menos do que adolescentes filhos de pais *autoritários* que impõem regras e tentam castigar para serem obedecidos. No capítulo 7, discutiremos as atitudes arriscadas que garotas tomam, como falar a respeito com sua filha, e como reagir se ela colocar-se em perigo. Por enquanto, nosso objetivo é encorajar nossas filhas a levar em consideração as atitudes de risco, e não como desafiar a sua autoridade.

Ruptura e Conserto

Saio para almoçar com uma colega com quem tenho intimidade — uma psicóloga que trata adultos e que, como eu, é mãe de duas garotas. Suas filhas têm oito e onze anos. Falamos que a adolescência está se aproximando para sua filha mais velha e ela comenta com apreensão:

— Acho que vamos ficar bem... Temos um bom relacionamento agora, por isso espero que as coisas não se tornem difíceis quando ela entrar na adolescência.

— Bem, vocês *terão* momentos ruins em seu relacionamento, mas o que importa é como você os *resolve*. Nós duas queremos ajudar nossas filhas a construir sua inteligência emocional, e desentender-se de forma saudável com você a ajudará a desenvolver essa inteligência — respondo. Pegamos mais café e debatemos nossa visão sobre *inteligência emocional* e como o tipo certo de conflito pode ajudar nesse desenvolvimento.

Inteligência emocional é um termo muito difundido, mas não há consenso entre psicólogos sobre sua definição. Eu sou a favor da abordagem de Peter Fonagy, diretor do Departamento de Psicologia Clínica, Educacional e da Saúde na University College London e diretor do Centro Anna Freud. Dr. Fonagy e sua equipe de pesquisadores[78] descrevem a inteligência emocional como a capacidade de refletir sobre nossos pensamentos, emoções e ações *e* de estar atentos a estados mentais complexos — desejos, crenças e sentimentos — das pessoas à nossa volta. Utilizamos a inteligência emocional quando imaginamos "O que está acontecendo comigo? Por que estou tão sem paciência hoje?". E nossas filhas estão lançando mão da inteligência emocional quando pensam "O que aconteceu com minha mãe? Fiz alguma coisa que a irritou?". Em outras palavras, é nos enxergar por dentro e por fora ao mesmo tempo.[79] Frequentemente, inteligência emocional é como bom senso; usamos o tempo todo sem nem notar. Quase todos nós viemos preparados para ter inteligência emocional,[80] e alguns mais do que outros. Mas a inteligência emocional também é uma habilidade, e como qualquer outra, pode ser desenvolvida.

Qual a relação entre inteligência emocional e o fato de eu ter dito à amiga psicóloga para seguir em frente e brigar com a filha pré-adolescente? Estudos demonstram que inteligência emocional[81] requer a interação de duas áreas do cérebro das quais já falamos: a porção mais baixa, principal do cérebro (sistema límbico), que processa informação emocional e gera respostas emocionais, e a parte superior e mais externa do cérebro (o córtex), onde está o pensamento lógico.

Quando nos sentimos ameaçados ou nossos sentimentos estão em ebulição, o sistema límbico assume o controle e nos deixa em estados agressivos ou defensivos para que possamos nos autoproteger. Isso é especialmente verdadeiro em adolescentes, cujos cérebros, como sabemos, estão passando por um processo de renovação que atualiza o sistema límbico antes que o sistema racional, mais lógico, entre em total funcionamento.

Adolescentes têm maior propensão a ter reações emocionais mais intensas que se sobrepõem à sua capacidade de fazer uma boa análise. Eles se tornam mais emotivos e menos inteligentes. E o que provavelmente desencadeia esse infeliz estado interior? Brigar com você. Mas há uma boa notícia: buscar a solução para um conflito reequilibra o cérebro de sua filha e desenvolve a inteligência emocional dela.[82]

Vejamos um diálogo imaginário entre um pai e sua filha adolescente.

— Ei, está na hora de você arrumar a mesa do jantar — diz o pai.

— Shii! Esperei o dia todo para assistir ao meu programa preferido.

— Não me interessa. Vá arrumar a mesa. Agora — responde o pai com firmeza.

— Caramba! Será que não tenho o direito de assistir à televisão nesta casa? Que eu saiba, crianças não são mais consideradas propriedade. Se as leis mudaram, alguém devia ter me avisado – responde ela com desprezo.

— Deixe de ser acomodada! Coloque já a mesa ou vai ficar sem o carro no final de semana — retruca ele com irritação.

— Vai à merda! — grita a filha, marchando para seu quarto.

Depois de esfriar a cabeça por vinte minutos, o pai bate na porta do quarto da filha, recebe permissão para entrar e para no batente. Começa a conversar em tom calmo.

— Não gostei do que acabou de acontecer entre nós dois, e quero me desculpar pela minha parte. Não gostei da forma como você agiu, mas sei como seus dias são cansativos e o quanto você gosta daquele programa. Enfim, você precisa encontrar uma maneira melhor de reagir quando eu lhe peço para fazer algo para o qual você ainda não está pronta. Além disso, você não devia ter falado comigo daquela forma e, quando você agir assim, saiba que ficarei irritado. Apesar do que você disse, eu não devia ter lhe chamado de acomodada. Foi cruel e não é verdadeiro. Eu também tive um dia difícil, mas isso é só uma explicação, não uma justificativa. Vamos jantar daqui a pouco. Por favor, desce e arrume a mesa.

Se sua filha revirar os olhos, ficar em silêncio, arrumar a mesa de má vontade, e não disser nada durante a refeição, ainda assim eu classificaria esse diálogo como um magnífico passo para o desenvolvimento da inteligência emocional dela!

Uma pesquisa conduzida pelo Dr. Fonagy e sua equipe mostra que construímos a inteligência emocional dos adolescentes quando conseguimos fazê-los pensar a respeito de seu próprio estado mental e no de outras pessoas. Ao sugerir que a filha teve um dia difícil para explicar a reação explosiva dela, o pai a encorajou a fazer uma autorreflexão que queremos que as garotas desenvolvam ("Enxergarmo-nos pelo lado de fora"). Ao se desculpar pelo mau comportamento, o pai lembrou à filha de como ele reagiu ao tom de desprezo dela e associou suas próprias palavras duras a um dia difícil. Explicar o que se passava pela sua cabeça conforme o conflito se acirrava permitiu que sua filha entendesse o estado mental do pai ("enxergar os outros do lado de fora") e entrasse em contato com um impressionante ensinamento sobre inteligência emocional.

Espere, ainda há mais! Em nosso diálogo imaginário, o pai não apenas desenvolveu a inteligência emocional de sua filha, mas também a ajudou a renovar seu cérebro. Inteligência emocional requer funcionamento integrado do pré-frontal, partes lógicas, com as partes emocionais do sistema límbico. É isso o que acontece quando *pensamos* nos *sentimentos*, sejam eles nossos ou de outra pessoa. Numa simplificação grosseira de como o cérebro funciona, todas as experiências, pensamentos, sentimentos e sensações físicas desencadeiam um impulso nervoso por milhares de neurônios, que formam uma cadeia neural. A repetida prática de refletir sobre os padrões de seu *próprio* estado mental e do estado mental *do outro* irá ajudar sua filha a estimular o córtex frontal, a trabalhar de forma mais ativa e pavimentar seu caminho em direção a uma vida adulta emocionalmente inteligente.

Não espere que sua filha agradeça por seus esforços de conversar a respeito de seus estados mentais. Isso seria estranho. Mas tenha certeza de que, ao longo do tempo, essas conversas ajudarão sua filha a ter curiosidade a respeito de você (e dos outros) e refletir sobre o que gera seus próprios pensamentos, sentimentos e ações. E reverenciar a complexidade de sua filha enquanto você a lembra disso fará com que as linhas de comunicação continuem abertas para quando você mais precisar delas.

Você quer desenvolver a inteligência emocional de sua filha, mas ainda assim se pergunta: "Precisamos brigar? Não podemos construir sua inteligência emocional enquanto temos uma boa relação?"

Na verdade, não.

Quando mantemos uma boa relação, usamos apenas os níveis mais primários da inteligência emocional. Se você e sua filha querem escutar a mesma música, você não precisa pensar em como se sente internamente ("Por que quero *mesmo* escutar essa música? Será que é imaturo dizer que é minha vez de escolher a música?") ou em como sua filha se sente ("Talvez ela tenha tido um dia ruim e se sentirá melhor se escutar uma música que goste."). Apenas quando não estamos em harmonia é que começamos a desenvolver a vasta gama de habilidades que envolvem a inteligência emocional. Quando pensamos em estados mentais que estão *competindo* entre si — quando eu quero o que você não quer, mas eu estou mantendo as duas perspectivas em mente — começamos a nos tornar gênios emocionais.

Você pode concordar com a ideia de ajudar sua filha a desenvolver a inteligência emocional e renovar seu cérebro, mas ainda assim se questionar: "Será que ela precisa brigar *comigo*? Ela não pode conseguir o mesmo resultado brigando com outra pessoa?"

Infelizmente, não.

Precisa ser com você ou outra pessoa emocionalmente inteligente que a conheça bem e a ame. Porque não é a briga que desenvolve a inteligência emocional de sua filha; a mágica acontece ao trilharem uma solução. O acerto entre pai e filha depois da explosão entre eles depende muito da relação única que os une. Para começar, ele usou um tom tranquilo para comunicar que a briga tinha ficado para trás, e que os dois estavam de volta ao espaço seguro e familiar que existia entre eles. Sabemos que inteligência emocional se desenvolve primeiro no contexto de relacionamentos amorosos,[83] quando as pessoas se sentem seguras. É quase impossível refletir sobre o nosso estado mental e muito menos o de outra pessoa quando nos sentimos ameaçados. Em seguida, a solução oferecida pelo pai envolveu seu conhecimento prévio a respeito da filha (ao sugerir que sua irritação teve a ver com o dia cansativo) e o conhecimento prévio da filha em relação ao pai ("você não devia ter falado comigo daquela forma e, quando você agir assim, saiba que ficarei irritado"). Desenvolvemos habilidades da inteligência emocional quando usamos nossas percepções a respeito um do outro com o objetivo de encontrar uma maneira de consertar o que foi rompido. Para conseguir reconstruir um relacionamento que desenvolva sua inteligência emocional, você precisa ter tido uma ruptura com alguém que se importa e compreende a importância de consertar a situação.

Agir assim apenas para ter uma filha contrariada à mesa do jantar parece esforço demais, mas, acredite em mim, vale a pena. Cada relacionamento saudável de sua filha dependerá de sua inteligência emocional. Quando você conecta-se ao estado mental de sua adolescente e a ajuda a conectar-se com você, você envia uma intensa mensagem. Você deixa claro que ela *merece* estar em relacionamentos com pessoas que se interessam pelos pontos de vista dela, possam pensar por conta própria, e anseiam por realizar o difícil, mas muito humilde, trabalho de usar o conflito para aprofundar e aprimorar as relações. Ela pode nunca parar para pensar nos relacionamentos emocionalmente inteligentes que você tenta construir em casa, mas as experiências positivas dela ao seu lado vão encorajá-la a se afastar de quem não a trate com o mesmo respeito.

E se o pai não tivesse buscado uma solução? E se ele permitisse que ela ruminasse sua irritação no quarto enquanto ele remoía a discussão durante o jantar? Ele certamente tinha o direito de estar furioso — ela agiu e disse coisas que passaram dos limites — e poderia ter esperado, e até exigido, um pedido de desculpas. Mas o pai encerrou a conversa com uma humilhação ("Deixe de ser acomodada!"), e nossa última vontade é humilhar nossos filhos. De fato, a capacidade de humilhar uma criança é uma das armas mais perigosas do nosso arsenal enquanto pais. Ao humilhar uma garota, você atinge seu caráter, não suas ações. Você afeta *quem ela é*, não *o que ela fez*. A humilhação tem um efeito intoxicante e duradouro, que não traz nenhum benefício. Sentindo-se humilhada, a adolescente só tem duas opções: ela pode concordar com o pai que a humilha e concluir que é realmente uma pessoa ruim, ou pode preservar sua autoestima intacta ao concluir que o pai é a pessoa ruim. Nos dois casos, alguém sai perdendo.

Adolescentes podem ser reativos, mal-educados, e já sabemos que sua intensidade emocional pode fazer com que adultos ajam de maneira que se arrependam mais tarde. Se você disser algo em que não acredita, se humilhá-la ou lançar mão de seu poder quando estiver em conflito com ela, peça desculpas. É a atitude certa, e o primeiro passo no importante processo de consertar um relacionamento abalado. Ao assumir seus erros, não se preocupe em revelar defeitos seus que sua filha talvez ainda não conhecesse. Ela já sabe que você não é perfeita. Na verdade, ela provavelmente conhece seus defeitos melhor do que ninguém.

Buracos Negros

Todos os pais têm limitações e, ao levantarem a cortina, adolescentes podem enxergá-las com clareza e criar o hábito de dizê-las em voz alta. Isso não quer dizer que você mereça todas as críticas que sua filha faz a você — você não está sendo um bom pai se sua filha concorda com todas as suas decisões —, mas não se apresse em fazê-la parar de criticar seus defeitos. Por mais doloroso que seja, haverá momentos em que ela apontará suas imperfeições e comportamento irracional — o que eu chamo de "buracos negros" — com impressionante precisão.

Alguns pais conhecem suas imperfeições e não se surpreendem quando suas filhas as identificam também. Se você passou anos fazendo terapia para conhecer e compreender suas neuroses, ficará impressionado quando sua filha as despejar em você em três frases pouco elaboradas. Outros pais não toleram a ideia de serem imperfeitos. Eles negam seus defeitos e ficam na defensiva quando suas filhas tentam apontá-los. A maioria de nós está entre esses dois extremos.

Como você vai saber a hora de levar as críticas dela a sério? É provável que sua filha esteja no caminho certo se ela acusa você de algo que já lhe atribuíram antes. Talvez você seja irracional com dinheiro. Talvez você não seja tão confiável quanto deveria, ou talvez você reaja violentamente aos pequenos erros. Ela também pode estar no caminho certo se você magoa-se com as acusações dela. Para a maioria de nós, as críticas que nos incomodam são aquelas com um fundo de verdade.

Nossas filhas têm um bom motivo para apontar nossas limitações: elas querem que sejamos pessoas melhores. Elas só têm dois pais e acabam de perceber que não somos nada perfeitos. Sempre esperançosas, nossas filhas acreditam que nós melhoraremos se elas apontarem nossos defeitos. Sendo assim, críticas construtivas ("Quando você se atrasa para me buscar, fico ansiosa e frustrada") facilitariam ouvir o que elas têm a dizer. Não segure a respiração esperando por elas.

Se você acha que sua filha identificou com precisão limitações reais na sua maneira de educar, considere conversar sobre isso com alguém que conheça você e a ame, talvez seu parceiro, um irmão ou um amigo gentil. Não tenha vergonha de admitir que sua maneira de educar não é perfeita. Essa perfeição não existe e não precisa existir. Ser honesta consigo mesma a respeito de seus defeitos irá melhorar o relacionamento com sua filha e ajudá-la a prosperar em áreas de sua vida que independem de você. Existem muitas vantagens em ter os seus buracos negros.

Digamos que você enfrentou suas limitações. Você se olhou no espelho e disse: "Sabe, ela está certa. Sou menos confiável do que deveria ser. Digo que vou buscá-la às 18 horas e raramente chego antes das 18h20." E agora? Você tem algumas opções. A primeira delas é ver se você consegue mudar. Pessoas crescem e evoluem ao longo da vida — ter uma adolescente perspicaz em casa pode fazer com que você se torne uma pessoa melhor. Diga a sua filha: "Você está certa, eu não sou pontual e isso não é justo com você. Desculpe. Estou tentando mudar." Se não conseguir mudar, assuma suas falhas.

Tenho muitos buracos negros e confesso ter um apego irracional à imagem da minha casa limpa e arrumada. Não precisa estar tão limpa quanto uma sala de cirurgia, mas tenho mesmo (mesmo, mesmo) uma mania de limpeza. Se me deixarem em paz, passo o final de semana inteiro esfregando e organizando a cozinha já arrumada. Minha angústia é anterior à maternidade. Antes do casamento, meu atual marido disse certa vez: "Sua ideia de diversão não parece ser a mesma de outras pessoas." Então, ele sabia onde estava se metendo.

Quando deparo com uma bagunça inesperada – como pegadas de lama seca adentrando a casa — posso perder um pouco a cabeça. Sei que minha reação pode ser de fato desproporcional diante do tamanho do problema, por isso me esforcei para assumir esse buraco negro. Expliquei às minhas filhas que minha reação exagerada não deve ser levada para o pessoal; ela vem dos muitos anos em que eu era filha única e controlava alegremente tudo à minha volta. Chegamos a um acordo de que vou fazer o possível para conter a minha reação irracional, e elas vão ter em mente que a situação pode ficar bem ruim se deixarem a casa bagunçada. E de forma interessante, minhas filhas aprenderam por tentativa e erro que eu não me importo com a sujeira acumulada numa área ladrilhada na entrada da porta dos fundos. Numa demonstração de solidariedade entre irmãs, elas agora se referem àquela área como "Fora do buraco negro da mamãe" (tipo, "Nossa, isso está muito enlameado... deixe fora do buraco negro da mamãe.").

Exige coragem admitir suas próprias limitações, especialmente para um adolescente. Você pode preocupar-se que, se assumir seus buracos negros, estará comprometendo sua autoridade, mas o efeito é geralmente o oposto. Adolescentes costumam ter maior respeito por adultos que admitem aquilo que elas, como adolescentes, podem enxergar com clareza.

Falar sobre seus buracos negros não apenas poupa sua filha da tentativa de mudar sua personalidade totalmente formada, mas ajuda a construir a inteligência emocional dela. Em sua forma mais básica, a inteligência emocional de sua filha vai ajudá-la a considerar estados mentais que competem. Mas quando você a ensina sobre seus buracos negros, você eleva o nível da inteligência emocional de sua filha em vários níveis: você convida-a a pensar nos seus motivos de uma forma ampla, incluindo experiências passadas e relacionamentos. Ao encorajá-la a expandir sua percepção para além do que está ocorrendo naquele instante, você está fazendo com que a inteligência emocional de sua filha eleve-se do nível iniciante ("Por que mamãe perde a cabeça quando deixo uma trilha de lama pela casa?") para o profissional ("Mamãe perde a cabeça porque não precisou dividir seu espaço enquanto crescia, então ela nem sempre consegue lidar bem com isso.").

Assumir suas limitações e ajudar sua filha a não as encarar como pessoais transformam o mundo dela. Apesar de adolescentes serem capazes de reconhecer as falhas de seus pais, seu egocentrismo faz com que julguem nossos buracos negros como ataques "a elas", e acreditam que, apontando nossos defeitos, poderão nos aproximar da possibilidade de ser os pais ideais que desejam. Poucos momentos transmitem maior maturidade do que quando uma jovem reconhece que seus pais têm pontos fortes e limitações que já existiam bem antes de ela nascer e que vão continuar existindo muito depois de ela sair de sua casa. Ao abrir mão do sonho de torná-la uma mãe perfeita, sua filha recupera muita energia que gastava em sentir raiva de você, magoada por você ou tentando mudá-la. E a energia adolescente pode ser aplicada em muitas outras direções importantes: em seus estudos, na construção de amizades saudáveis, no planejamento do futuro, e, é claro, aproveitando os pontos fortes dos pais não tão perfeitos.

Em bons casamentos, parceiros podem ajudar seus filhos a identificar o que levar ou não para o lado pessoal no comportamento do pai ou da mãe. Meu marido contou às nossas filhas que tenho mania de limpeza desde que me conheceu e que deixou de se importar com isso há muitos anos. Dito com cuidado, e levando em consideração o que é melhor para todos, identificar buracos negros pode ter peso em bons divórcios. Nós, que trabalhamos com pais separados, em geral os aconselhamos a evitar falar mal de seus ex-parceiros para as filhas, e ainda é possível para o ex--companheiro ajudar as adolescentes a lidar com os buracos negros dos pais, para que possam ter uma relação melhor com pai e mãe.

Chloe (a vegetariana) e sua mãe vieram a uma consulta juntas para que pudéssemos conversar sobre a insistência do pai da adolescente em querer obrigá-la a comer carne em sua casa. Quando Chloe reclamou das ameaças do pai, sua mãe comentou num tom casual que ele nunca fora bom em negociações. De fato, ela explicou que essa foi uma das razões para o fim do casamento. Prosseguiu dando sugestões de como Chloe poderia se reaproximar do pai quando sentisse vontade e acrescentou que, tirando seus defeitos, ele realmente amava Chloe e que muitas qualidades da filha foram aprendidas com o pai. Se eu tivesse um prêmio para "A Mãe Divorciada do Século" à mão, eu o teria entregado a ela naquele instante.

Por isso, siga em frente, assuma seus buracos negros e ajude sua filha a lidar com os defeitos de seu parceiro (ou ex-parceiro), se puder fazê-lo de uma forma gentil. E, como consolo, entenda que meninas não reservam suas críticas de personalidade só para os pais — elas também enxergam falhas em outros adultos.

Adultos com Defeitos

Quando eu estava no segundo ano do ensino médio, tive um professor de trigonometria terrível. Eu ficava confusa com suas explicações da matéria, seus testes não seguiam o conteúdo proposto, e ele demorava uma eternidade para corrigir e devolver as tarefas de casa. Estava entalada com o Sr. Martin (esse será o nome que lhe daremos) e sempre reclamava dele em casa. Quando minha mãe cansou das minhas queixas, ela me disse algo inesperado, mas muito útil, que me marcou: "Não haverá campo algum no seu histórico escolar para explicar que você não gostava do Sr. Martin. É melhor você encontrar uma maneira de lidar com isso."

Essas situações não são raras. Todas as escolas têm professores incompetentes, desorganizados, insensíveis, provocadores ou mortalmente chatos. Aceite essa realidade. Se você pudesse escolher apenas os professores mais talentosos, atraentes e conscientes para dar aulas na escola de sua filha, ela teria uma incrível experiência educacional, mas se formaria sem as habilidades necessárias para ser bem-sucedida no mundo lá fora. Assim que sua filha terminar o ensino médio, ela precisará saber lidar com chefes desagradáveis, professores de faculdade difíceis, e outras pessoas complicadas em posições de autoridade. Então, quando ela se defrontar com um professor problemático, agarre a oportunidade de ajudá-la a desenvolver estratégias que serão úteis para o resto da vida.

Não hesite em validar os sentimentos de sua filha quando ela reclamar de outro adulto. A não ser que você tenha razões para acreditar no contrário, é provável que ela esteja descrevendo a situação com precisão; adolescentes têm muita capacidade de descrever um adulto de uma maneira que deixaria uma das irmãs Brontë envergonhada. Se sua filha teve a sorte de passar a infância cercada de adultos sensatos, ela pode ficar confusa quando um adulto difícil de lidar cruzar seu caminho pela primeira vez. Não deixe que ela duvide das próprias percepções, enquanto aprenda, com serenidade, que ela precisará aprender a conviver com todo o tipo de pessoas.

De fato, quando garotas queixam-se comigo sobre os adultos em suas vidas, raramente questiono suas avaliações. Se uma garota parece paralisada diante das limitações de seus pais, tento estimular sua inteligência emocional pedindo que ela fale a respeito de seus supostos buracos negros ("Então, o que acha da aparente preferência de seu pai em passar mais tempo no escritório do que à mesa de jantar?"). Ou me solidarizo com seu posicionamento, sem permitir que isso se transforme numa justificativa para suas dificuldades. Certa vez, quando estava sentada com uma adolescente brilhante que não aguentava seus pais e estava indo mal na escola para protestar contra as falhas deles, falei: "Acredito quando você diz que seus pais não sabem o que fazer. Mas então você vai ter que me explicar por que está planejando viver com eles indefinidamente."

Nossa amiga Camille fez uma transição suave para o nono ano. Ela aceitou as muitas oportunidades extracurriculares oferecidas no ensino médio e o fluxo de entrada de novos alunos transferidos de outras escolas. Camille sempre foi boa aluna, por isso Maya se surpreendeu quando viu uma nota baixa em francês no primeiro boletim da filha. Quando Maya perguntou o que estava acontecendo, ela escutou queixas sobre o professor equivalente ao Sr. Martin, no caso, a Sra. Clayton, professora de francês. Pelo que Camille contou, a Sra. Clayton só falava em francês, algumas vezes ridicularizava os alunos, e entregava deveres corrigidos com a nota baseada unicamente na pontualidade de entrega dos trabalhos. Durante o jantar, Camille queixou-se que não deveriam esperar esforços dela se a Sra. Clayton tinha regras ridículas e óbvio desprezo pelos alunos.

Maya contou que andava pensando em tirar Camille da disciplina e transferi-la para o Latim, mas, antes de tomar essa atitude, decidimos tentar ajudar Camille a encontrar uma solução. Enquanto conversávamos, Maya se lembrou de um chefe de visão limitada que teve num de seus primeiros empregos. Na consulta seguinte, ela relatou que a conversa com a filha tinha sido boa. Contara à filha como fora complicado trabalhar para um chefe tão cruel e mesquinho, mas quanto havia sido muito útil sair daquele emprego com uma boa carta de recomendação. A partir disso, Maya ajudou Camille a preparar-se para o desafio de lidar com sua difícil professora. Ela concordou com a filha sobre a política de notas da Sra. Clayton, mas ensinou a Camille como jogar com essas regras estúpidas para conseguir as notas que queria. Quando a filha contou que não conseguia anotar todos os deveres porque a professora falava francês rápido demais, Maya sugeriu que ela comparasse suas anotações com as informações dos colegas para que pudessem discutir o conteúdo das tarefas, com a certeza de que, se debatessem, provavelmente conseguiriam entender os deveres. Mais tarde naquela semana, quando Camille não conseguia entender uma regra gramatical ao estudar para um teste, Maya a ajudou a pesquisar na internet até que encontraram um vídeo que ensinava a questão.

Ao se envolver a fundo com o problema criado pela Sra. Clayton, Maya ofereceu vários ensinamentos importantes à filha: que Camille teria de lidar com chefes problemáticos ao longo da vida, e, por isso, desejar que sua situação na escola fosse diferente seria apenas um desperdício de energia; ela confiava plenamente em Camille para encontrar soluções para os problemas apresentados pela professora; e, talvez o mais importante, que Camille pudesse aprender a lidar com sua situação complicada.

— Sei que a Sra. Clayton a incomoda. Aprender a lidar com ela será bom para você. As pessoas mais bem-sucedidas que conheço fazem bem seu trabalho, para quem quer que seja, sob qualquer condição. Você pode aproveitar este ano com a Sra. Clayton para desenvolver essa habilidade – disse Maya à filha.

Estimular Camille a enfrentar a situação foi um enorme voto de confiança. Na verdade, Maya estava dizendo: "Você não é tão frágil para precisar que as coisas sejam do seu jeito. Confio que você vai dar conta." Se ela tivesse simplesmente transferido Camille para a aula de Latim, teria sinalizado que o problema na aula de francês era incomum e deveria ser evitado. Para piorar, com a troca de turma, Maya teria mandado a mensagem de que Camille não era resiliente o suficiente para lidar com a Sra. Clayton.

É claro que há situações em que os pais devem intervir. Não devemos esperar que adolescentes saibam lidar com pessoas de autoridade que são grosseiramente injustas com alunos, tornando impossível para qualquer um ter um bom desempenho em sala de aula, pois essas pessoas com autoridade hostilizam os alunos ou os maltratam com base em sexo, raça, classe social, religião, cultura, orientação sexual ou identidade de gênero. Se você não tem certeza se deve interferir, comece fazendo o possível para apoiar sua filha enquanto ela tenta lidar com a situação. Se ela não conseguir resolver a difícil questão imposta pelo professor, ou se a situação piorar, entre em contato com a escola e defenda sua filha.

Camille tinha um sentimento claro pela Sra. Clayton, o que era compreensível. Não havia como gostar dela. Mas haverá ocasiões quando sua filha entrar na adolescência — e começar a ter percepções da personalidade dos adultos — em que ela terá sentimentos conflitantes a respeito de adultos de quem gostava muito.

Longe do meu consultório e de volta ao escritório na Laurel School, eu esperava por Carly, uma menina quieta do segundo ano do ensino médio, que solicitara uma consulta. Como de costume, trouxe duas amigas. Garotas que pedem minha ajuda também podem se sentir inseguras com o encontro (porque, como sabemos, elas secretamente se questionam se estão doidas) e com frequência aparecem com amigas.

— Vocês são do serviço de entregas em domicílio ou planejam ficar? — brinquei, acostumada a esse comportamento das meninas.

— Elas podem ficar? — perguntou Carly, depois de olhar com ansiedade para as amigas e virar-se para mim.

— Claro. Se estiver tudo bem para você, está tranquilo para mim — respondi.

As meninas se espremeram para caber. Carly sentou-se na cadeira diante de mim, e eu puxei a bolsa e os livros para que suas amigas pudessem se apertar em meu banco. O uniforme da escola é uma saia escocesa, que as garotas costumam usar com meias soquetes e tênis. Quanto mais garotas sentadas juntas em posições desconfortáveis eu tenho em meu escritório, mais o espaço é dominado por joelhos à mostra.

— Quero conversar com você sobre Maureen, minha treinadora de patinação artística. Treino com ela desde os dez anos e ela é uma das melhores técnicas da cidade. Ela sempre foi muito boa comigo, mas vem dizendo umas coisas que estranhei — Carly começou a dizer.

— Que tipo de coisas? — perguntei.

— Bem, cerca de dois anos atrás eu tive um estirão de crescimento e, desde então, ela faz comentários sobre o meu tamanho. — Deixe-me acrescentar que Carly era uma atleta capaz e em forma, que gostava de patinar, mas não tinha planos de competir depois do ensino médio. Ela prosseguiu. — Não tenho ido bem nas competições ultimamente, mas é porque subi de nível, e as garotas com quem estou competindo são realmente muito boas. Escrevi um e-mail para você depois do treino da semana passada porque Maureen me disse para "preferir água a comida" antes da próxima competição e não sei bem como entender esse comentário.

Solidárias, as amigas de Carly concordaram com a cabeça e olharam para mim, esperando uma resposta.

Essa não foi a primeira vez que ouvi uma treinadora de patinação ou uma professora de balé dizer algo que me fez querer aparecer no rinque ou no estúdio para dar-lhes um sermão sobre os perigos dos distúrbios alimentares. Mas era possível ver que Carly gostava de Maureen, por isso disfarcei minha raiva e me concentrei na realidade.

— Parece que Maureen tem qualidades, mas esse comentário não foi nada apropriado — falei.

As amigas de Carly concordaram.

— É, também achei isso — respondeu Carly.

— Você acha que precisa perder peso?

— Não. Não até ela fazer esse comentário na semana passada. Mas minha mãe é médica e conversei com ela sobre isso. Ela me mostrou um gráfico e ele diz que estou exatamente no peso certo para a minha altura.

— E o que sua mãe achou do comentário de Maureen?

— Ela também não gostou. Mas sabe que eu realmente gosto de trabalhar com Maureen e que não quero uma nova treinadora.

— E o que você pretende fazer?

— Eu não sei. — Carly fez uma breve pausa, encarou as amigas, baixou os olhos para as mãos, mexeu as pernas. — Eu ainda acho que ela é uma boa treinadora, a pessoa certa para mim. Mas me sinto diferente em relação a ela.

— Você gostaria de dizer alguma coisa à Maureen sobre o comentário que ela fez?

— Não, isso provavelmente não daria certo. Mas acho que posso ignorar o que ela disse do meu peso. Acho que isso é problema dela, não meu.

— A decisão é sua, e de fato parece sensata. Vamos fazer o seguinte: se ela disser alguma outra coisa que a incomode, ou se você começar a se preocupar com seu peso, você conta para mim ou para suas amigas?

— Tudo bem, sem problemas.

— Lamento que você tenha conhecido um lado da Maureen que não é tão bacana e fico impressionada que você sinta-se em condições de passar por cima da situação para aproveitar ao máximo o que ela tem a oferecer-lhe como treinadora — continuei. — Adultos são seres humanos, o que significa que não são perfeitos. De qualquer maneira, você terá que aprender a aproveitar o melhor de cada um de nós. E parece que você está indo muito bem.

Carly e suas amigas concordaram, prometeram voltar se necessário, e foram almoçar.

Todos os relacionamentos são ambivalentes. Conhecer bem alguém significa que aproveitamos o que a pessoa tem de melhor, e nos preparamos também para as possíveis frustrações e decepções. Reconhecer seus próprios buracos negros (e talvez do seu parceiro) permite que sua filha entre em contato com esses fatos da vida. Não hesite em compartilhar essa lição com outros adultos. Quando ajudamos as garotas a compreenderem que não somos perfeitos ou que não existem relacionamentos perfeitos, elas começam a assumir uma postura mais madura de lidar com as pessoas, aceitando-as do jeito que são e o mundo como ele é. E, por sua vez, lembre-se de manter suas emoções positivas quando estiver com raiva ou desapontada, isso poderá ser útil porque algumas vezes sua filha fará coisas que não deveria.

Mantendo a Postura

A maioria dos adolescentes passa dos limites com os pais em alguns momentos durante a adolescência, frequentemente com demonstrações abertas de falta de respeito. Se sua filha era uma das garotinhas mais doces do mundo, você vai ficar chocado — e até magoado — na primeira vez em que ela tratá-la mal. É claro, o nível de tensão difere de família para família, já que cada lar tem seu próprio termômetro emocional. Algumas famílias são mais acaloradas — gritaria e xingamentos são usados tanto na raiva quanto na alegria — e outras são tão frias que qualquer interrupção parece uma agressão verbal. Não há certo e errado no termômetro emocional, desde que todos sigam os mesmos parâmetros. Em outras palavras, você não pode insultar sua filha e achar um abuso que ela faça o mesmo com você. Seja qual for o limite de uma comunicação aceitável na sua casa, sua filha muito provavelmente irá ultrapassá-lo.

Quando sua filha não é gentil, você pode reagir de maneiras com que não concorda. Em vez disso, considere adotar a estratégia que aprendi num seriado chamado *Cops*, enquanto mudava de canais de televisão tarde da noite. A cena a que assisti mostrava um policial na viatura explicando para a câmera os três "i" que usava para lidar com criminosos malcomportados. Cinicamente pensei: "Rá! Isso vai ser muito bom." E ele disse: "Basta ser imparcial, inabalável e interessado." Para levar essa brilhante abordagem das ruas cruéis para a sua cozinha, respire fundo e lembre que, não importa o que sua filha acabou de dizer, toda adolescente tem um lado adulto e ponderado com o qual você *pode* conversar. De uma forma honesta e gentil considere dizer: "Posso ver que você está furiosa. Estou disposta a ter uma conversa séria sobre o que a está aborrecendo, assim que você estiver em condições." Talvez você precise repetir a mesma frase num tom neutro se a raiva continuar a incomodá-la. Você descobrirá que é muito *raro* uma adolescente continuar insultando um adulto que insiste em lhe oferecer ajuda de forma educada.

Adolescentes também tomam atitudes que não devem, inclusive aquelas estritamente proibidas. Numa tarde de domingo, recebi uma mensagem urgente de Ben na secretária eletrônica do meu consultório. Ele era o pai de Dara, uma antiga paciente que eu atendera quando ela estava no terceiro ano e sofria de angústia de separação. Quando retornei a ligação, ele atendeu imediatamente e falou depressa.

— Oi, Dra. Damour, obrigado pelo rápido retorno. Acho que você se lembra de Dara. Ela agora está com dezessete anos. Bem, sua avó morreu há alguns dias, então minha esposa e eu estivemos fora por três dias para cuidarmos das coisas dela. Deixamos Dara sozinha e pedimos que ela não levasse ninguém para casa. Cheguei há algumas horas, enquanto minha esposa ainda está cuidando dos assuntos da mãe, e posso ver que Dara deu uma festa. As plantas do jardim estão arruinadas e o tapete do porão fede a cerveja. Dara admitiu ter chamado alguns amigos e que a festa saiu do controle com a chegada de uma turma que ela não conhecia. Ela diz que os mandou embora, avisando que chamaria a polícia. Não sei o que fazer e não quero que minha mulher tenha que lidar com isso porque ela já está cheia de problemas.

Quando adolescentes aprontam, eles não enxergam as consequências no longo prazo, mesmo as perigosas, e os pais podem se perguntar qual reação seria aceitável. Não existe nenhuma solução consagrada, mas há alguns pontos a serem considerados. Já sabemos que você não deve tentar corrigir o comportamento de sua filha com humilhações, e pesquisas sobre práticas disciplinares indicam que gritar com adolescentes[84] piora o problema em vez de resolvê-lo. Na minha experiência, sermões furiosos só servem para aliviar os pais frustrados.

Pelo telefone, sugeri que Ben sentasse com Dara e conversasse sobre as várias consequências negativas que eles, como uma família, felizmente puderam evitar. Ele podia pedir para ela listar esses perigos para ele, se não, ele deveria fazê-lo: alguém podia ter se machucado, a casa podia ter sido danificada, os vizinhos podiam ter chamado a polícia, e, se alguém tivesse se machucado na festa ou depois dela, Ben e sua esposa seriam os culpados. Em outras palavras, é importante que os adultos expliquem que sua autoridade não tem objetivo de demonstrar poder, mas pedimos que os adolescentes sigam as regras pela segurança.

A disciplina deve sempre vir acompanhada da oportunidade de consertar a situação. Ben ligou uns dias depois para contar que ele havia pedido a Dara para comprar grama e replantá-la e alugar um vaporizador na loja de ferramentas para limpar o carpete. Por mérito seu, Ben não cedeu quando ela reclamou do castigo e a fez usar o dinheiro recebido pelo trabalho de baby-sitter para pagar os custos. Oferecer a uma adolescente formas de reparar seu erro é exatamente o contrário de humilhá-la. Se a humilhação diz "Você é má", a reparação diz "Você fez besteira, mas pode consertar as coisas". Queremos que adolescentes aprendam com seus erros, e fiquem de consciência tranquila para que não procurem, de forma inconsciente, outras formas de castigo para contrabalançar o que fizeram.

Um mês depois, Ben e sua esposa, Trudy, foram ao meu consultório. Trudy, visivelmente abatida com a morte da mãe e pelas recentes questões com Dara, explicou com hesitação o que acontecia.

— Dara tem uma amiga que usa piercings e pintou o cabelo de roxo há algumas semanas. Não gostamos muito dessa garota, mas a conhecemos há muito tempo, e ela e Dara são bem próximas. Depois de dormir na casa dessa amiga no final de semana passado, nossa filha voltou para casa com um piercing na orelha e três no supercílio — explicou ela, franzindo o nariz.

— Ficamos muito irritados com ela e achamos que deve ser castigada, mas não sabemos como. Quer dizer, ela tem dezessete anos e não interferimos mais nas suas amizades e em sua aparência — acrescentou Ben.

— Concordo que castigo não faz sentido — comecei a dizer. — O que ela está fazendo não agrada a vocês, mas não é perigoso. Vocês *poderiam* dizer algo como "Estamos preocupados com seus piercings porque, mesmo de forma injusta, adultos irão julgá-la por causa deles. Alguns deixarão de confiar em você e outros não a acharão tão inteligente quanto você é. Não queremos que virem as costas para você ou vê-la perder oportunidades. Não podemos obrigá-la a tirar os piercings, mas estamos aqui para refletir juntos quando não é uma boa ideia desafiar os adultos".

Trudy concordou.

— É, parte do problema é que ela começará a procurar trabalho para as férias já na semana que vem.

— Perfeito. Você pode acrescentar: "Você *realmente* precisa arranjar um trabalho no verão e, quer queira ou não, os empregadores podem não a contratar ou até mesmo pagar menos se o seu visual os desagradar."

Em outras palavras, eles não precisavam ficar no meio das escolhas de Dara e suas naturais consequências, mas poderiam apontá-las e expressar o desejo de não a ver tomando decisões que poderia se arrepender.

Ben e Trudy concordavam a respeito do comportamento de Dara, mas é preciso dizer que não é necessário que os pais estejam completamente alinhados para que suas filhas sejam bem-sucedidas. É complicado quando os pais opõem-se em qualquer momento da paternidade — e vamos falar dessas dificuldades na seção "Quando se Preocupar"—, mas, para um desenvolvimento bom e saudável, adolescentes precisam que seus pais sejam mais internamente coerentes do que concordando com tudo. Em outras palavras, adolescentes (e crianças, nesse caso) precisam que seus pais sejam previsíveis.

Garotas que sabem o que cada um de seus pais vai, em geral, permitir, considerar e recusar com veemência costumam conseguir comportar-se dentro desses limites conhecidos. As meninas sofrem quando as regras mudam constantemente. Por exemplo, um pai estressado e distraído pode permitir que a filha vá a uma festa mais distante num final de semana e ficar chocado por um pedido idêntico na semana seguinte. Nesses casos, em que as garotas não sabem o que esperar, elas desistem ou, o que é mais provável, começam a agir sorrateiramente. Nenhuma dessas opções é boa para as garotas.

Pais costumam conviver com as pequenas diferenças, mas estilos previsíveis, um do outro, mas, quando não conseguem, devem tentar entrar num acordo, cada um a seu tempo. E podem fazer isso enquanto têm o privilégio de ter o companheiro ao seu lado enquanto criam a filha. Criar regras e impô-las, enquanto pai ou mãe solteiros, geram a necessidade de uma coragem fora do comum. É desagradável entrar em conflito com uma adolescente sob qualquer circunstância, tornando-se muito pior se você não tem outro adulto próximo para apoiá-la ou consolá-la. Respeito muito os pais que criam seus filhos sozinhos, e aconselhá-los me traz um imenso sentimento de gratificação.

Se você é um pai ou mãe solteiro, merece todo o apoio possível. Procure amigos confiáveis que se importem com você e sua filha, e que possam estar disponíveis em horários alternativos. Se for possível, considere a possibilidade de marcar consultas regulares com um médico especializado em atender adolescentes e seus pais. Consultar-se com uma psicoterapeuta não significa que você não está fazendo um excelente trabalho como pai ou mãe. Significa que você terá acesso periódico ao tipo de atendimento que todos os pais necessitam e merecem quando os filhos ultrapassam os limites.

Desafiando a Autoridade do Adulto: Quando se Preocupar

Quando tratamos adolescentes que desafiam a autoridade dos adultos, encontramos três cenários preocupantes: quando sua filha nunca enfrenta um adulto da maneira errada, quando ela enfrenta a maioria dos adultos da maneira errada, e quando figuras de autoridade entram em conflito.

Bom Demais para Ser Verdade

Adultos podem gostar de uma adolescente que nunca desafia sua autoridade, mas algo não anda bem nesse caso. Uma adolescente deve enfrentar os adultos em algum momento, e, se não age assim, devemos questionar o porquê. De acordo com o capítulo 1, devemos nos perguntar se os adultos em torno da garota são frágeis demais para suportar o comportamento normal e saudável de uma adolescente quando ela desafia o mundo adulto. O comportamento submisso parece seguro — em especial quando comparado a comportamentos de risco praticados por adolescentes —, mas é um sinal de problemas profundos. Pesquisas já demonstram há muito tempo que garotos,[85] em comparação com as meninas, têm uma tendência maior de expressar sua angústia com comportamentos que irritam os adultos, enquanto garotas têm maior propensão a desenvolver depressão, ansiedade e distúrbios alimentares. Adultos devem ter em mente que garotas deprimidas ou ansiosas (ou ambos) podem ter pouca energia para criar oposição aos adultos porque estão sofrendo em silêncio e ruminando. Se sua filha se encaixa nessa descrição, divida suas observações com um médico ou profissional de saúde mental.

Existem exceções que valem o comentário: meninas cujos pais decidiram enfrentar grandes sacrifícios em nome de suas filhas optando por mudar de país para oferecer-lhes melhores oportunidades ou viver de forma mais simples, para que possam ter opções de escolha. Essa situação pode deixar as meninas numa posição complicada. Embora tenham a rebeldia natural da idade, elas nem sempre se sentem à vontade para se revoltar contra pais tão altruístas. Conheci garotas nessa situação que reprimiram seus impulsos de desafiar os pais e se esforçaram para comportar-se de forma exemplar, sem qualquer traço de rebeldia. Elas têm excelentes notas, são líderes na escola e prestativas em casa. Esse comportamento as beneficia por um tempo, mas ainda prefiro vê-las oferecendo alguma resistência. Felizmente, garotas excepcionalmente maduras com frequência descobrem maneiras seguras de enfraquecer a autoridade de adultos próximos. Elas declaram-se vegetarianas numa família de carnívoros ou insistem em dar a mesada para caridade, quando seus pais gostariam que elas usassem o dinheiro para se divertir. É saudável para as meninas adolescentes encontrarem formas de questionar a autoridade, mesmo que atendam ou excedam os parâmetros dos adultos, e devemos sempre nos preocupar com garotas que nunca desafiam os adultos.

Sempre Desafiando

Adolescentes deveriam se dar bem — na verdade, tirar proveito — com os adultos, e devemos nos preocupar com garotas que estão constantemente desafiando-os. Note que me refiro a "adultos" de maneira geral, porque conheci meninas adolescentes com pais muito problemáticos que mantêm fortes laços com outros adultos. Essas meninas criativas desenvolvem conexões positivas com professores, treinadores e outros mentores para atravessar a adolescência da melhor forma possível, mesmo quando evitam os próprios pais ou precisam suportar relacionamentos abusivos em casa. Mas, se esse não é o caso, e uma garota desafia quase todos os adultos que conhece, é hora de nos preocupar.

O estereótipo da adolescente implacavelmente terrível é destrutivo e incorreto. Nas palavras de Brett Laursen e W. Andrew Collins,[86] psicólogos especialistas em relacionamento de pais e filhos adolescentes: "Discordância é comum, mas enfrentamento sério não." Pesquisas demonstram com frequência que a maioria dos adolescentes tem um bom relacionamento com os pais [87] e outros adultos em boa parte do tempo, e novas pesquisas sugerem que pais com uma visão estereotipada e negativa da adolescência podem, de fato, criar uma profecia que se realiza com os próprios filhos.

Um fascinante estudo de pesquisa longitudinal[88] — daqueles que acompanham a mesma família por muitos anos — avaliou as crenças de pais de alunos do sétimo ano a respeito dos adolescentes em geral e esperou alguns anos para perguntar como aqueles antigos alunos estavam se comportando ao se tornarem estudantes do ensino médio. Alguns pais que participaram da pesquisa tinham uma visão positiva dos adolescentes, enquanto outros os estereotipavam como complicados, obcecados com a aparência e seus amigos, e imunes à autoridade dos adultos. No ensino médio, os alunos cujos pais tinham uma visão negativa da adolescência apresentaram maior propensão a andar com uma turma perigosa e brigar com os pais em comparação aos filhos de pais com boa visão a respeito da adolescência. Em resumo, adolescentes atendem às expectativas e as esquecem também.

Estereótipo negativo é duplamente perigoso quando nos referimos aos adolescentes: pode incitá-los a reagir e pode nos induzir ao erro de achar que a angústia psicológica real de uma garota se trata apenas de um comportamento agressivo. Adolescentes cronicamente mal-educados ou rotineiramente provocativos estão aflitos; eles provavelmente sofrem da depressão que chamamos de porco-espinho, descrita no capítulo 3. Se você reconhece sua filha nessa descrição, divida suas observações com um médico ou o profissional de saúde mental para encontrar uma solução. Adolescentes devem desenvolver relacionamentos positivos com adultos — com seus pais em especial — e uma pesquisa desalentadora[89] mostra que garotas que se afastam de adultos apresentam maior risco de depressão, comportamento sexual precoce, e uso de drogas e álcool. Não aceite o estereótipo de que a adolescência de sua filha será uma inevitável e infinita barreira de tempestades e estresse.[90] Procure apoio para você e ajude sua filha, caso você sinta que existem problemas que podem afetar o relacionamento de vocês.

Adultos que Entram em Conflito

Garotas não deveriam ficar no meio de pais em conflito. Quando pai e mãe não concordam com a maneira de criar suas filhas, é comum um deles se tornar permissivo enquanto o outro tenta opor-se com excessiva rigidez. Essa dinâmica acontece entre pais casados ou separados e costuma piorar com o tempo. Num exemplo perfeito, uma adolescente certa vez me descreveu, da seguinte forma, o que havia acontecido entre seus pais divorciados no final de semana:

— Minha mãe estava furiosa com as minhas notas bimestrais, por isso ela não me deixou sair com as minhas amigas por uma semana. Mas eu estava na casa do meu pai naquele final de semana e ela ligou para avisá-lo do meu castigo. Quando cheguei à casa dele, ele disse que não concordava com o comportamente exagerado da minha mãe, emprestou-me o carro, e deu-me quarenta dólares para que eu pudesse almoçar com minhas amigas. Durante o almoço, encontrei com uma colega de trabalho de minha mãe, que, sei lá por quê, contou para ela que havia me visto com as minhas amigas. Minha mãe ficou realmente furiosa e me deixou de castigo por um mês.

Uma adolescente não deve ter a oportunidade de jogar com os pais e nem se tornar um joguete em momentos de desacordo entre eles. Qualquer adolescente normal teria tirado vantagem da situação, mesmo culpada por estar fazendo algo errado. As adolescentes ficam ainda mais desconfortáveis quando as regras não são claras, e a situação fica ainda mais confusa. Se perceber que você e seu (ex) parceiro estão numa dinâmica de conflito, procure ajuda de uma terceira pessoa, neutra. Juntos, ou por conta própria, procurem um médico ou mediador que possa ajudá-la a chegar a um acordo ou aprender a lidar com as decisões do pai de sua filha. Sua filha precisa de regras coerentes, e não deve ter que tomar o partido de um dos pais. Se existem times na vida familiar, os pais devem participar do mesmo.

Adolescentes saudáveis desafiam a autoridade dos adultos, mas não o tempo todo. Adolescentes não devem ter que se preocupar com as incompatibilidades dos adultos ao redor, desafiar todos os adultos com quem precisam lidar, ou ser encurraladas por pais imprevisíveis ou possessivos. Quando adolescentes gastam toda sua energia para confrontar os adultos, ficam sem recursos para lidar com o que ainda vem pela frente.

CINCO

Planejando o Futuro

A MAIORIA DAS CRIANÇAS E PRÉ-ADOLESCENTES NÃO PENSA MUITO NO FUTURO — E não tem motivos para isso. Aos onze e doze anos, não esperamos que garotas pensem além do resumo que precisam fazer da leitura de um livro ou quem vai convidar para sua festa de aniversário. Mas, no final da adolescência, as garotas devem ter objetivos claros e planejar como alcançá-los. Algumas adolescentes desenvolvem-se nessa etapa do desenvolvimento com muita rapidez. Elas têm uma surpreendente visão do que desejam — e, quem sabe, ainda aos dezesseis ou dezessete anos, escolham um curso profissionalizante em Medicina ainda no ensino médio —, mas são exceções. Em geral, garotas não têm clareza sobre o que desejam para o futuro, ou frequentemente mudam de ideia sobre o que fazer a seguir. Mudar seus interesses não é um problema, desde que nossas filhas sejam jovens adultas acreditando no futuro e com as habilidades necessárias para correr atrás.

Ninguém se preocupa mais com o futuro de sua filha do que você. Você a ama e quer que o caminho dela em direção a uma vida gratificante seja suave. Mas você já deve ter descoberto que, ao tentar ajudá-la a pensar no futuro, ela pode ser indiferente, se não resistente, à sua orientação sensata. Além disso, algumas meninas parecem desinteressar-se do objetivo no momento em que seus pais o apoiam. Por que uma garota não aceitaria um conselho bem-intencionado das pessoas que mais se importam com ela? Por que ela desistiria do sonho de se tornar uma artista, justamente quando seus pais a presenteiam com aulas de pintura? Porque, para a maioria dos adolescentes, a necessidade de ter autonomia atropela todo o resto.

O anseio de ter autonomia — independência e autodeterminação — é muito forte durante a adolescência. Isso é bom, um sinal de desenvolvimento saudável e normal. Mas, no cotidiano da criação de uma adolescente, a garota em busca de autonomia pode tornar-se alguém que se recusa a fazer algo — até algo que ela deve fazer e talvez estivesse *a ponto de* fazer — simplesmente porque um de seus pais lhe sugeriu. Lembro exatamente do instante em que uma adolescente ensinou-me como é poderosa essa ânsia por independência. Durante vários meses, sempre às sextas-feiras, recebia uma adolescente perspicaz e sensata, estudante do último ano do ensino médio, que certo dia chegou particularmente irritada. Quando perguntei o que estava errado, ela explicou.

— Meu dever de casa estava espalhado pela sala e eu tinha tempo de sobra para organizá-lo e guardá-lo antes dessa consulta. Passei a semana toda esperando o momento de começá-lo porque eu estava muito preocupada com ele, mas andava ocupada demais. Cheguei da escola e estava indo para a sala, quando minha mãe mandou que eu tirasse os papéis da mesa. Então começamos a brigar quando expliquei por que não queria tirar os deveres dali. Brigamos durante o tempo todo que planejei para guardá-lo. Agora estou aqui, meus deveres ainda estão bagunçados e fiquei muito irritada com isso.

Ela sorriu ao terminar a história. Era bem engraçado e ela sabia disso. Mesmo assim, em sua luta pela independência, desde o momento em que sua mãe pediu que recolhesse o dever de casa, minha paciente soube que o resultado frustrante seria inevitável. Mesmo tendo planejado fazer exatamente o que sua mãe pediu, ela não conseguiu evitar repudiar o pedido.

A necessidade de que sua filha planeje o futuro dela apresenta um desafio ímpar para você: você quer guiá-la e apoiá-la enquanto ela se desenvolve nessa etapa, mas não quer que sua contribuição a faça agir de forma oposta à sua sugestão. Este capítulo vai ajudá-la a canalizar a pressão de sua filha pela independência e desenvolver planos significativos para o futuro. Vamos começar discutindo como você pode fazer com que os objetivos dela a ajudem a gerenciar o seu comportamento on-line.

Impulsos, Conheçam a Internet

Pais têm motivos para se preocupar com o comportamento de seus filhos adolescentes na internet. Com a tecnologia atual, uma adolescente pode criar, gravar e transmitir amplamente, de forma impulsiva, material que pode prejudicá-la em algum momento no futuro. Qualquer pessoa que conviva com adolescentes sabe que eles usam tecnologia rotineiramente para compartilhar conteúdo que não gostariam, no final das contas, de serem vistos por seus futuros chefes ou pelo setor de admissão da universidade. Por exemplo, a troca de mensagens de cunho sexual (prática de receber e enviar textos e fotos) é surpreendentemente comum entre adolescentes: cerca de 12% a 15% dos adolescentes dizem ter enviado mensagens sexuais, enquanto 15% a 35%, dependendo da pesquisa, dizem ter recebido esse tipo de mensagem. Pesquisas registram de forma consistente[91] que as garotas têm maior probabilidade de receber um pedido (geralmente, sob pressão) para enviar mensagens sexuais, apesar de não estar claro se meninas de fato enviam mais mensagens sexuais do que meninos. É fácil difamar uma adolescente que faz uso do celular para compartilhar sua intimidade, mas, ao fazer isso, nós focamos na direção errada. Adolescentes sempre agiram de forma impulsiva. E mesmo adolescentes com bom comportamento às vezes cometem erros estúpidos. Tecnologia digital permite que adolescentes ajam impulsivamente de maneiras que são imediatas, públicas e permanentes.

Olhemos por outro ângulo. Sou uma estudante do sétimo ano e, se um garoto popular do oitavo ano me pedisse para enviar-lhe uma foto insinuante, eu provavelmente teria considerado a possibilidade. Se decidisse aceitar, teria que procurar a máquina fotográfica da família, certificar-me de que tem filme, tirar a foto, tirar outras fotos para terminar o rolo de filme, pensar no que fazer com as que já estavam no filme, checar se eu tinha dinheiro para comprar novo filme, pagar para revelá-lo, ir até um laboratório de revelação rápida (para ser eficiente, é claro!), esperar pelas fotos, e pensar na forma de entregar a foto para o garoto.

Gosto de imaginar que, em algum momento nesse processo, eu reconsideraria a eficácia do meu plano e concluiria que estava agindo como uma idiota. Os adolescentes de hoje não têm a sorte de contar com muitos obstáculos que tínhamos em nossa adolescência. Eles podem agir sob impulso com facilidade, e ainda criar um conteúdo compartilhável no processo.

Sob essa perspectiva, vemos que a questão não são os impulsos adolescentes, mas o potencial que podem atingir com a tecnologia digital. Garotas adolescentes sempre refletem sobre sua capacidade de chamar atenção, mas nem sempre são capazes de enviar fotos sensuais ou de conectar-se a estranhos na internet quando estão no quarto. Muitos adolescentes têm comportamentos ilegais, como ser menor de idade e beber, mas, no passado, não tinham a possibilidade de postar uma foto de seu comportamento onde quase todo mundo pudesse ver. Ao lembrar-se de sua própria adolescência, a maioria dos adultos agradece por não ter existido forma fácil de registrar todas as besteiras que fizeram.

Amadurecer leva tempo e errar faz parte do processo. Não podemos ignorar a adolescência e, mesmo se pudéssemos, não gostaríamos, porque a vibração desse período serve para alguns propósitos do desenvolvimento. Ainda assim, nosso objetivo deve ser conduzir as garotas à vida adulta sem registros danosos de seu comportamento juvenil para assombrá-las. A melhor maneira de conversar com sua filha sobre comportamento on-line será mostrar sua preocupação em proteger os planos *dela* no longo prazo. Devemos ajudar nossas filhas a compreender as reais consequências de, enquanto adolescentes, deixar conteúdo registrado de forma permanente e imediata.

De forma conveniente, os noticiários estão cheios de histórias de arrependimento pelo envio de e-mails, postagem de fotos e conteúdos que custaram a reputação e os empregos. Assim, você tem muitas opções para discutir o assunto quando sua filha começar a conectar-se ao mundo digital. Para essa conversa, conheça as leis a respeito de troca de mensagens maliciosas no seu estado. A legislação tem mudando com frequência nos Estados Unidos. Vocês duas devem se atualizar sobre as consequências legais de criar, enviar, solicitar ou até receber imagens sensuais de menores de idade.

Na hora certa, explique a sua filha que ela está a ponto de criar um registro de sua adolescência, deixe claro os possíveis danos que a tecnologia digital pode causar, e compartilhe como as gerações anteriores eram sortudas por terem vivido sua adolescência sem tecnologia. Deixe claro que você não espera que ela tenha sempre um bom comportamento na adolescência, mas espera — para o bem dela — que ela não publique na internet comportamentos de que possa se arrepender. Ao conversar dessa forma, você enfatiza o mais importante, ocupando seu papel como aliada dela no esforço de garantir que nenhum impulso indesejável a persiga para sempre.

Além de conversar com sua filha da importância de manter seus impulsos longe da internet, também é necessário estabelecer regras. Quando sua filha ganhar o primeiro computador ou telefone, você pode, como já sugeri, permitir o acesso dela desde que você monitore suas atividades e tenha suas senhas. Se sua filha reclamar, deve lembrá-la de que sua atitude tem o objetivo de reduzir a possibilidade de que ela aja de forma impulsiva on-line. Se ela quiser mais privacidade, mostre que não há problemas se ela quiser falar sozinha ao telefone e que ela terá espaço para se relacionar pessoalmente com os amigos.

Alguns pais acham que é melhor monitorar em segredo. Obviamente, as garotas podem deletar conteúdo impróprio quando sabem que você está monitorando, mas existem duas boas razões para você ser honesta. Primeira, o fato de você monitorá-la serve como um importante freio, além de dar a ela a desculpa perfeita para não se envolver com conteúdo prejudicial ("Pessoal! Parem de postar essa porcaria na minha página. Minha mãe fica de olho no meu perfil!"). Segunda, se você encontrar algum conteúdo problemático, não poderá agir. Não poderá confrontá-la sem expor seu comportamento sorrateiro, além disso, pode temer a necessidade de admitir sua espionagem e perder alguma informação importante no futuro. Conheci muitos pais que lutaram contra esse dilema enquanto suas filhas se complicavam cada vez mais.

Também é possível contar com adolescentes mais velhos e confiáveis dispostos a conversar com sua filha sobre a questão da imagem na internet. Adolescentes costumam ignorar a opinião de adultos sobre tecnologia digital — acham que não entendemos seu mundo tecnológico (e talvez estejam certos) e que as ameaças que apontamos ("Alguém disposto a contratá-la pode checar seu comportamento on-line") fazem parte de um futuro distante ainda sem significado para eles. Mas jovens adolescentes levam muito a sério a opinião de adolescentes mais velhos a quem respeitam. Alunos do sétimo ano sonham com os estudantes do ensino médio, que podem usar sua influência para ajudar nas atividades on-line de sua filha. Se você tem contato com primos, vizinhos ou babás de confiança, peça que conversem com sua filha sobre arrependimentos on-line e suas experientes regras para usar tecnologia.

Conforme sua filha cresce, vocês precisarão renegociar a frequência e a forma com que você irá monitorá-la. Sua atitude dependerá muito de como ela se comportou até o momento. Existem poucas frases banais em psicologia — seres humanos são complexos demais para serem descritos numa frase — mas aqui vai uma delas: a melhor forma de prever um comportamento futuro é sempre, *sempre*, olhar o comportamento passado. Se quer saber o que uma pessoa vai fazer, observe como ela já se comportou. Se sua filha fez bom uso da tecnologia e praticamente não precisou de monitoramento, você provavelmente estará segura em deixá-la entrar no final da adolescência com supervisão mínima e, provavelmente, dar apenas um aviso simples de que vai rever suas novas regras mais flexíveis de monitoramento se souber de algum comportamento reprovável na internet. Se sua filha costuma expor-se no impulso, mantenha uma vigilância mais severa ou recrute a ajuda de um parente mais jovem de confiança ou um jovem adulto com comportamento responsável na internet.

A Estrada para o Futuro: Quem Dirige?

A vida escolar de sua filha é o ponto mais importante para seu futuro e, de acordo com quase todas as formas de medição disponíveis, as meninas, em geral, têm um bom histórico acadêmico. Elas tiram notas melhores que os garotos,[92] têm menor probabilidade de repetir de ano ou abandonar os estudos quando comparadas aos meninos, superam os resultados dos garotos em leitura e escrita, são tão boas em matemática quanto eles, são mais propensas a entrar na faculdade após o fim do ensino médio, estão em maior número nas universidades, e têm maior probabilidade que os meninos de se graduarem.

O melhor desempenho acadêmico das garotas parece ser resultado de uma combinação entre criação e a própria natureza. A coordenação motora fina desenvolve-se mais rapidamente em garotas do que em garotos, sendo a área responsável pelas habilidades de leitura e escrita, permitindo que as meninas usem lápis e canetas e articulem palavras. Meninas pequenas brincam juntas, conversam, inventam histórias, favorecendo outras atividades que fazem uso intenso das habilidades verbais. Além disso, as áreas cerebrais associadas ao autocontrole se desenvolvem mais rapidamente nas garotas[93] do que nos garotos, fazendo com que seja mais fácil para elas concentrarem-se e serem alfabetizadas logo cedo. De fato, muitas garotas iniciam suas carreiras acadêmicas como estudantes atentas, persistentes e aplicadas, continuando assim sempre. Apesar de todas essas boas notícias, a maioria das garotas apresenta algum tipo de dificuldade escolar ao longo de sua trajetória. E, quando uma adolescente encontra algum obstáculo acadêmico, os pais nem sempre sabem exatamente como ajudá-la a superá-lo.

Trina, uma menina visivelmente raivosa que frequentava o ensino médio, e sua mãe, Michelle, sentaram juntas no sofá do consultório em nosso primeiro encontro. Trina se recusou a falar. Ela foi obrigada a estar ali e, para ser honesta, eu não esperava a presença dela. Ao marcar o horário pelo telefone, Michelle explicou que precisava de orientação sobre as tarefas de casa de Trina e, por isso, fiquei surpresa ao entrar na sala de espera e deparar com a filha sentada diante da mãe, uma mulher vestida de forma casual, com uma enorme bolsa gasta no colo. De pé na porta do consultório, acenei para Michelle antes de virar-me e cumprimentar Trina.

— Olá — falei, demonstrando minha surpresa por vê-la ali. — Sou a Dra. Damour. Você deve ser Trina.

Ela arqueou uma sobrancelha, mordeu os lábios, e lançou-me um olhar irônico quase dizendo "Não brinca, Sherlock".

— É — respondeu ela.

— Você vai participar da minha reunião com sua mãe? — perguntei, querendo deixar claro que não estava tomando partido na briga entre ela e a mãe. Eu ofereci a ela a opção de participar ou não da reunião, mas sua mãe fez questão. Trina olhou para a mãe, depois para mim, pareceu refletir e rosnou uma resposta positiva. Ela levantou-se e nos seguiu até meu consultório.

Muitos médicos talentosos não querem participar de brigas entre pais e filhos e, por isso, optam por não trabalhar com adolescentes. A vantagem de trabalhar com adultos é que eles vêm porque querem, e pagam por isso. Quem trabalha com adolescentes precisa se desdobrar para encontrar horários adequados para todos, ciente do fato de que os desejos do nosso paciente (o adolescente) podem não ser os mesmos de quem paga pelo trabalho (os pais). Como os demais especialistas experientes que trabalham com adolescentes, desenvolvi uma conduta para a complicada situação de me alinhar com os interesses do adolescente e nada mais. Naquele dia, optei por *não* insistir que a adolescente entrasse no meu escritório. Mas geralmente permito que o pai ou a mãe peçam à filha que participe, enquanto deixo claro minha expectativa de que o encontro seja útil para os envolvidos.

Acomodadas no meu consultório, Michelle começou a falar, demonstrando seu desespero.

— Como mencionei ao telefone, Trina era uma boa aluna até o ano passado, quando começou o ensino médio e entrou para uma turma que não quer saber de estudar. Ela foi bem ano passado, mas nada excelente. Este ano, no primeiro semestre, suas notas em matemática foram dois oitos, dois seis e um quatro. E ela é uma garota bem inteligente. Para ajudá-la, eu a obriguei a fazer os deveres na cozinha, onde eu podia ficar de olho nela, enquanto preparava o jantar e respondia a meus e-mails. Mas isso não funcionou, então comecei a checar se os deveres estavam sendo feitos da maneira correta, antes de ela levá-los para a escola. Fiquei ao lado para ter certeza de que ela os guardaria na divisória certa do fichário e se lembrasse de entregá-los aos professores. Liguei para você assim que recebi um telefonema do orientador da turma. Aparentemente, Trina parou de entregar os deveres e corre o risco de repetir em duas matérias.

Quando penso em adolescentes e seus trabalhos escolares, lembro-me do delicioso filme *A princesa prometida*[94] e a citação de Vizzini: "Você cometeu um erro clássico. O exemplo mais famoso é o de nunca se meter numa guerra terrestre na Ásia." Michelle caiu numa armadilha traiçoeira: nunca brigue pelo poder com uma adolescente numa área em que ela domina. Quando se trata de deveres de casa, os adolescentes dominam tudo e você nada. Se sua filha assumir a responsabilidade pelos deveres, é provável que tudo funcione bem. Se ela resolver que não vai fazer, os pais não têm poder para forçá-la. É ela quem manda, a não ser que ela tenha um diagnóstico que a impeça de ter bom aproveitamento escolar, como distúrbios de aprendizagem ou déficit de atenção. Assim, ela pode requisitar ou aceitar sua ajuda, ou apoio de pessoas que se preocupam com o que é melhor para ela. Mas, como Michelle descobriu, se uma adolescente não quer ir bem na escola, ela tem esse poder.

Por que uma adolescente se autossabotaria? Trina estava claramente aborrecida com os esforços de Michelle em ajudá-la com os deveres, mas por que não consegue enxergar que seu sucesso acadêmico beneficiaria *seus* planos para o futuro? Infelizmente, alguns adolescentes não têm maturidade necessária para enxergar a situação dessa forma, especialmente se acreditam que bons resultados escolares podem comprometer sua luta pela independência. Os esforços de Michelle para melhorar as notas de Trina instigaram a filha a provar que a mãe não detinha o poder. Trina estava disposta a prejudicar sua própria média para provar seu ponto. Uma atitude nada madura, mas definitivamente uma atitude que alguns adolescentes tomam.

Trina parecia sombria durante a entrevista e alternava o olhar inexpressivo entre mim e a janela, às minhas costas. Depois que Michelle explicou o motivo da reunião, perguntei a Trina se queria acrescentar algo. Não me surpreendi ao receber apenas um "não" seco. Estava claro que elas reproduziam na minha frente a mesma dinâmica que as tinha levado até ali. Michelle podia forçar a filha a fazer os deveres, mas não podia obrigá-la a entregá-los. Michelle podia arrastar Trina para a terapia, mas não podia forçá-la a falar.

Independência. Na marra.

Adotei um tom pragmático (porque adolescentes não suportam papo de "terapeuta") e dei minha opinião.

— Está claro que vocês chegaram a um impasse. Michelle, você não consegue pensar numa forma de fazer sua filha melhorar na escola. E você, Trina, não quer ser controlada por sua mãe. Acho que podemos encontrar uma solução, mas não sei se faz sentido Trina estar aqui conosco. Trina, se algum dia você achar que eu posso ajudá-la, estarei aqui. Ficarei feliz de recebê-la sozinha ou com seus amigos. Michelle, eu me pergunto se você e seu marido gostariam de me encontrar para pensarmos numa solução para esse impasse. Você quer o melhor para Trina, mas sua escolha agora não está funcionando.

Trina ficou visivelmente aliviada por ser dispensada das reuniões seguintes e Michelle aceitou meu convite para voltar com o marido para que pudéssemos pensar num jeito de usar o desejo de independência da filha para encorajá-la a ser boa aluna.

Alcançando a Aprovação

Em minha primeira reunião com Michelle e o marido, não demorei muito para perceber que eles não queriam pressionar a filha e não se importavam se ela iria para uma faculdade renomada. Eles estavam apenas preocupados que, aos quinze anos, ela estivesse começando a afastar possibilidades que talvez pudessem fazer falta aos dezoito anos. Sem saber o que mais fazer, Michelle tentara microgerenciar os deveres de Trina.

Atualmente, eu só tenho tempo de dar aulas a estudantes de pós-graduação, mas, antes de ter duas filhas, também dava aulas de psicologia em faculdades. Minhas turmas eram enormes (lotadas com mais de quatrocentos alunos em um auditório na Universidade de Michigan), então, sempre estive em contato com novos tipos de mau comportamento na graduação: o aluno que faltava aulas por três semanas e queria saber como tirar nota para passar, o que plagiou um trabalho, mas se arrependeu, e assim por diante. Na sala de professores do departamento de psicologia, meus colegas e eu conversávamos sobre como lidar com esses casos, e, quando a conversa se alongava, alguém sempre a encerrava com essas seis palavras sábias: "Pessoas fazem escolhas, escolhas têm consequências." Os pais de Trina entendiam isso e precisavam de ajuda para fazê-la entender também.

Para Trina, havia uma grande distância entre suas escolhas no presente (fazer ou não os deveres) e as consequências no futuro (ao escolher as faculdades) para que ela precisasse se preocupar agora. Além disso, Michelle havia começado inadvertidamente uma briga de poder, e Trina achou que ser independente significava abandonar os deveres escolares. Os pais de Trina e eu precisávamos diminuir a distância entre as escolhas diárias da adolescente e as consequências de seus atos. Michelle precisaria abandonar seu papel de supervisora de trabalhos escolares. Tínhamos que usar o desejo de independência de Trina a seu favor, e não combatê-la.

Como esperado, Trina tirou notas baixas na metade do semestre. Nós nos reunimos para traçar um plano e seus pais conversaram com ela.

— Odiamos vê-la afastar opções que você pode querer ter no final do ensino médio. Você ainda terá novos interesses. E há algo mais. Sabemos que você quer ir a festas e shows com os amigos, mas isso traz riscos que exigem maturidade e discernimento. Você não está demonstrando ter nenhum nem outro na escola, então não seríamos bons pais se a deixássemos se expor a situações de risco sem saber se você tem o discernimento para lidar bem com elas. Mostre-nos essa maturidade na escola, e a deixaremos exercitá-la quando sair com seus amigos.

Trabalhamos com cuidado na linguagem que os pais de Trina usariam para abordá-la, compreendendo que a forma de falar era mais importante do que as palavras. Para que nosso plano fosse certeiro, treinei Michelle e o marido a usarem um tom que indicasse esperança, não hostilidade, que demonstrasse conforto com o fato de Trina deter o poder quando se tratava de seus deveres de casa. Eles precisavam expressar que *queriam* que ela pudesse sair com os amigos, mas dependeria só dela.

Trina deixou claro o quanto achara a ideia ridícula. Mesmo assim, seus pais seguiram em frente e lhe proibiram qualquer programa que envolvesse risco, até receberem suas notas no final do semestre. Sem querer deixá-la em prisão domiciliar, eles permitiram que amigas viessem dormir e que ela fosse à casa de amigas quando os pais estivessem em casa. Eles também pediram que a filha estimasse as notas que poderia tirar caso se dedicasse até o final do semestre. Ela calculou que poderia tirar oito na maioria das matérias, mas duvidava de que conseguisse tirar mais do que seis em matemática. Seus pais aceitaram sua estimativa e, se ela precisasse de reforço escolar, poderia pedir. Se tirasse as notas a que se propôs, poderia voltar a frequentar festas e shows no segundo semestre. Os privilégios seriam revogados se as notas do novo semestre fossem abaixo da estimativa.

Consideramos outras consequências para as notas baixas de Trina, como suspender a mesada ou aumentar suas tarefas em casa. Mas muitas adolescentes escolheriam pobreza e lavar roupa a fazer os deveres de casa, e poucas sacrificariam sua independência. Associar as notas de Trina à sua vida social fazia sentido porque ela precisaria demonstrar maturidade para que seus pais se sentissem seguros em deixá-la ampliar sua vida social. As notas de Trina fornecem uma medida objetiva, mesmo que imperfeita, de sua habilidade para agir com responsabilidade. Quando a filha reagiu, estimulei seus pais a mostrarem, de forma impassível, que o plano deles retratava a realidade da vida para além da casa onde moravam. Quando as pessoas são irresponsáveis (não trabalham bem ou deixam de pagar as multas por excesso de velocidade), elas perdem seus privilégios (autonomia profissional, o direito de dirigir). Nosso plano não era uma trama diabólica para persegui-la. Em pequena escala, era uma versão de como o mundo funciona.

Seguimos em frente no estilo dois passos à frente, um para trás. Trina teve melhor desempenho escolar entre outubro e dezembro e readquiriu seus privilégios, tropeçou em fevereiro e teve notas abaixo da média em março. Ficou furiosa quando os pais cortaram suas atividades sociais até receberem as notas de junho. Eles deixaram claro que não estavam satisfeitos ou contrariados com o retrocesso, lembrando a ela que dependia dela como passar as próximas férias. Trina tentou discutir com Michelle, dizendo que os pais das amigas as deixavam ir a festas e shows apesar das notas, mas Michelle simpaticamente respondeu, brincando, que os pais das amigas não as amavam tanto quanto ela e o marido amavam a filha. A mãe lembrou-lhe que eles apenas queriam o melhor para ela.

Os pais de Trina fizeram um excelente trabalho ao manterem a neutralidade diante do conflito da filha. Com calma, mostraram que suas regras serviam para mantê-la em segurança e com as opções possíveis para o futuro. Na privacidade do meu consultório, ficavam inquietos, mas, diante da filha, fingiam indiferença. Para mantê-los firmes (enquanto eu *também* me preocupava com o resultado negativo do plano), compartilhei minha experiência de que garotas relutantes costumam melhorar no mesmo ritmo que a primavera chega em lugares frios. A temperatura não sobe um ou dois graus todos os dias enquanto saímos do frio tenebroso e entramos na maravilhosa primavera. Em vez disso, a relação entre dias gelados e dias suportáveis muda aos poucos. Impreterivelmente, em março e abril, temos pelo menos uma grande nevasca, mas não voltamos para janeiro só por isso. Encorajei Michelle e o marido a seguirem o plano, enxergarem a queda nas notas de Trina como uma infeliz nevasca, e a trabalhar com a suposição de que a primavera dela chegaria em algum momento.

Os pais de Trina precisaram lidar com uma primavera acadêmica inconstante, mas, no final do ano letivo, a filha tirou as notas prometidas, e foi recompensada com um verão divertido. Mais tarde, Michelle contou o que conversou com a filha, depois que Trina agradeceu pela carona até um show: "Não me agradeça, você fez por merecer. Estou contente que consiga realizar o que deseja." Trina estava no comando para mudar a direção de sua vida.

Se sua adolescente perder-se na trajetória acadêmica (posso estar usando demais essa metáfora), comece descartando a possibilidade de que as dificuldades de sua filha, ao contrário de Trina, estão fora do controle dela. Às vezes, as meninas têm distúrbios de aprendizagem ou déficit de atenção que não são diagnosticados até a adolescência porque os sintomas são muito brandos ou porque as estratégias da adolescente para lidar com suas limitações são correspondentes aos deveres de casa das séries anteriores. Suspeite que sua filha tenha distúrbios de aprendizagem se o desempenho acadêmico não condizer com a dedicação escolar dela, se as notas variam muito de uma matéria para outra, ou se a professora relata que há lacunas em seu aprendizado.

Algumas garotas com distúrbios de aprendizagem ou déficit de atenção não diagnosticados podem aparentar um mau comportamento porque se sentem desencorajadas e lutam pela motivação. Mas a frustação que sentem é compreensível. A maioria de nós gostaria de desistir se nossas notas não refletissem todo nosso esforço, e também quando a escola parece ser tão mais fácil para os outros. Caso a escola de sua filha considere a possibilidade de ela ter distúrbios de aprendizagem ou déficit de atenção, trabalhe com o coordenador ou o psicólogo da escola para fazer uma avaliação que exclua a possibilidade ou que a diagnostique.

Você não precisa esperar que as dificuldades de sua filha sejam identificadas na escola para solicitar uma avaliação. Existem várias razões pelas quais as escolas podem não conversar com os pais sobre as dificuldades causadas por distúrbios de aprendizagem ou déficit de atenção: às vezes, professores se preocupam se os pais ficarão magoados ou ofendidos com suas observações; a escola pode relutar em assumir os custos associados à avaliação e ao apoio de que o aluno precisa; ou podem não ter os recursos necessários para coletar e compartilhar um feedback específico, rápido e útil a respeito de cada estudante. Em alguns casos, a garota tem desempenho adequado, ou até mesmo bom, durante o horário escolar, mas, em casa, seus pais sabem exatamente o quanto ela se sente sobrecarregada e confusa durante as aulas ou quantas horas sofridas gasta para fazer os deveres de casa.

Caso suspeite que sua filha é portadora de distúrbios de aprendizagem ou déficit de atenção (ou se alguém na sua família já foi diagnosticado e os padrões de comportamento de sua filha assemelham-se), converse sobre suas preocupações com a professora, ou, se for mais confortável para você, peça ajuda ao pediatra ou médico da família. Se uma avaliação profissional apontar um diagnóstico positivo, você receberá toda as informações mais relevantes sobre as necessidades acadêmicas de sua filha. Se o diagnóstico for negativo, você terá recebido uma avaliação objetiva do perfil intelectual de sua filha e o que esperar dela.

E se você não acha que ela tenha distúrbios de aprendizagem ou déficit de atenção, mas ainda assim está preocupada com as notas dela? Avalie se você está exagerando nas expectativas. Alguns pais academicamente bem-sucedidos costumam assumir que seus filhos se destacarão também. Mas genética é complicada, e muitos estudantes estão na "média". Sua filha assume a responsabilidade pelas tarefas escolares, esforça-se o necessário, e encara a escola de forma positiva? Em caso afirmativo, ela pode estar tirando as notas merecidas. Se você duvida da sua capacidade de realizar uma avaliação imparcial de sua filha (quem consegue ser imparcial quando se trata dos filhos?), peça aos professores dela que avaliem seu desempenho acadêmico. Peça com clareza uma avaliação honesta e explique seu desejo de certificar-se se suas expectativas são justas e realistas. Educadores conhecem mais sobre os alunos e seu desempenho escolar do que outras pessoas. A maioria dos professores quer o melhor para seus alunos e, se você solicitar, eles fornecerão uma avaliação detalhada dos esforços e das habilidades de sua filha.

Se os diagnósticos de distúrbio de aprendizagem ou déficit de atenção foram excluídos, se você ajustou suas expectativas, e *ainda* está preocupada com o baixo rendimento escolar de sua filha, pode ter chegado a hora de conversar com ela sobre suas preocupações. Explique as consequências de notas tão baixas no longo prazo, e, se não funcionar, você — assim como os pais de Trina — pode precisar encontrar formas de capitalizar o desejo de independência de sua filha para ajudá-la a sentir-se motivada com a escola.

Preocupada com os Testes

Garotas que se planejam com antecedência sentem, em alguns momentos, que seu futuro depende de cada teste ou prova que fazem. Não surpreende que possam se sentir muito ansiosas às vésperas de um teste, mesmo que costumem ser boas alunas em sala de aula, tenham bom desempenho nos deveres de casa e notas boas. As garotas, mais do que garotos, sentem-se ameaçadas quando avaliadas.[95] Pesquisas mostram que as meninas sentem mais ansiedade antes de um teste do que garotos e esse sentimento afeta mais suas notas. A ansiedade influi na forma como as garotas se sentem (nervosas), o que pensam ("Vou me dar mal na prova!"), e seu estado físico (coração disparado, mãos suadas, boca seca). Nessas condições, a mente de uma garota se esvazia porque sua memória de curto prazo se desliga e deixa de buscar e aplicar informações conhecidas antes da prova. A partir desse momento, garotas costumam ter algumas reações: elas desistem e começam a chutar as respostas ou gastam energia em *excesso* na prova, e reveem sem parar todas as respostas e as trocam. Em ambos os casos, as notas caem.

Apesar de não ser um diagnóstico reconhecido, garotas falam com frequência a respeito da ansiedade às vésperas de um teste como quem fala da cor dos olhos — como se fosse um acessório de fábrica que não pode ser modificado. Mas psicólogos entendem muito bem de ansiedade, e sabemos muitas maneiras de ajudar um estudante a controlá-la. Se sua filha tem ansiedade a cada teste, a primeira atitude é tratar o sentimento dela como *normal*, porque o desconforto de nossa cultura diante da angústia psicológica (e outros sentimentos dolorosos) faz com que a ansiedade seja tratada desnecessariamente como algo negativo. Enquanto ansiedade em excesso pode ser incapacitante, algum nível de ansiedade pode ser útil para nos deixar alerta. Pesquisas mostram que um nível moderado de ansiedade[96] dá vigor a pessoas que se submetem a provas (atletas, atores e outros profissionais) e contribui para serem bem-sucedidos. O resultado só será impactado se a ansiedade for muito intensa. Ajude sua filha a entender que é normal sentir *alguma* ansiedade antes de um teste, porque meninas com o objetivo de ser plenamente calmas costumam perder a estabilidade ao primeiro sinal de pressão. Não demora para que se sintam tomadas pela ansiedade e desesperançosas.

Muito comumente, garotas experimentam ansiedade diante de um teste simplesmente porque não estudaram. Se sua filha está ansiosa e você sabe que ela não se preparou de forma adequada, diga com gentileza: "É claro que você está nervosa para a prova... Você não se preparou. É como aparecer na noite de estreia sem saber qual papel vai interpretar ou sem ter participado dos ensaios. Quando você estuda, sua ansiedade diminui."

Até meninas que estudam podem chegar despreparadas a uma prova porque, de forma surpreendente, muitos alunos estudam revendo suas anotações, sublinhando trechos ou relendo o conteúdo. Rever as anotações de conteúdo é um primeiro passo nos estudos, mas *apenas* o primeiro passo. Pesquisas apontam que sublinhar[97] e reler são estratégias ineficazes para estudar. Para voltar à analogia do teatro, rever o conteúdo é equivalente a aprender suas falas — você não pode ter uma peça quando os atores não sabem suas falas —, mas decorá-las não faz com que o ator esteja pronto para a apresentação. Em seguida, o ator precisa praticar as falas como se estivesse encenando — por isso os ensaios. Para quem vai fazer uma prova, isso significa aplicar seus conhecimentos em condições semelhantes às enfrentadas durante os testes, ou seja, praticar as perguntas em casa, ou também escrever e responder provas simuladas. Alguns alunos que conheço pesquisam na internet exemplos de testes com o mesmo conteúdo que estão estudando e costumam encontrar provas parecidas com as que farão. Quando garotas fazem provas simuladas, elas aprendem melhor o conteúdo, de acordo com pesquisas,[98] e obtêm melhores resultados do que alunos que estudam usando técnicas mais passivas.

Outra causa para ansiedade antes de uma prova é acreditar que o teste mede muito mais do que de fato avalia. Algumas garotas fazem provas acreditando que suas notas refletem sua inteligência, a probabilidade de serem bem-sucedidas na carreira ou merecimento de estarem vivas. Tive uma paciente adolescente que encarava cada teste como uma chance de competir com o irmão mais velho, um garoto popular no colégio. Ela temia que suas notas comprovassem que ela não estava à altura dele. Não surpreendeu que se sentisse ansiosa durante as provas e tirasse notas mais baixas do que deveria.

Garotas nem sempre se dão conta de que estão nervosas para uma prova, e uma pesquisa impressionante sobre o fenômeno de ameaça de estereótipo mostrou[99] que alunos estereotipados (exemplo, "Os afro-americanos não são tão inteligentes quanto os brancos", "Meninas vão mal em matemática") tendem a ter um desempenho pior em testes, com medo de que o estereótipo seja confirmado. Em outras palavras, uma garota pode tirar uma nota muito ruim numa prova de matemática exatamente porque está preocupada com o fato de que um desempenho ruim irá comprovar o equívoco de que garotas não são boas em matemática. Curiosamente, pesquisas sugerem que as garotas *mais* ansiosas para negar o estereótipo[100]— porque têm orgulho de sua condição feminina — têm maior probabilidade de sofrer os efeitos do medo de serem estereotipadas. Adolescentes que se sentem obrigadas a defender seu gênero com base em suas notas de matemática tendem a supervalorizar as provas. Como esperado, ficam muito ansiosas e o desempenho é prejudicado.

Para estudar o fenômeno descrito acima, pesquisadores sutilmente mencionam os estereótipos aos estudantes e analisam os resultados. Num estudo, uma equipe de psicólogos formou dois grupos com estudantes universitários; ambos com homens e mulheres com excelente histórico em matemática (todos tinham tirado, pelo menos, 8 em cálculo e tiveram resultado acima de 85% nas provas admissionais de matemática). Os dois grupos receberam a mesma prova difícil de matemática e havia apenas uma diferença entre eles. Antes do início da prova, o primeiro grupo recebeu a informação de que esse teste mostrou, no passado, resultados diferentes baseados em gênero, enquanto o segundo grupo foi informado de que o gênero não influenciara nos resultados anteriores. Ao mencionarem as diferenças de nota baseadas em gênero, os pesquisadores não disseram que os homens tiveram resultados melhores do que as mulheres. Eis o que descobriram: no primeiro grupo, os homens tiveram um desempenho superior às mulheres; no segundo grupo, homens e mulheres tiveram desempenho semelhante. A rápida menção à questão do gênero[101] associado à matemática foi suficiente para disparar o gatilho do medo de ser estereotipado e reduzir o desempenho de mulheres excelentes em matemática.

De forma surpreendente, a pesquisa sobre ameaça dos estereótipos mostra que o fenômeno acontece de forma inconsciente no candidato. A menina não percebe que sua ansiedade vem do peso de carregar seu gênero feminino (e, para algumas garotas, carregar o estereótipo negativo da raça ou etnia). Ela só sabe que está nervosa e naturalmente associa o nervosismo à prova. Ela pensa: "Droga, estou suando. Essas perguntas devem ser muito difíceis" ou "Não estou tão preparada como imaginei!".

Ajude sua filha a combater a ameaça dos estereótipos e controlar a ansiedade às vésperas de uma prova, colocando sob perspectiva suas crenças do que está sendo avaliado em cada teste. Lembre a sua adolescente que uma prova só examina seu conhecimento do conteúdo naquele dia de avaliação. Não reflete seu valor como garota, filha ou pessoa. Nem mesmo mede seu comprometimento com a matéria da prova. Se ela teme que o teste definirá seu futuro, encoraje sua filha a focar em cada item da avaliação, esquecer todo o resto, e perguntar-se: "Quais conhecimentos me ajudarão a responder esta questão?"

Adultos sabem estimular garotas a serem gentis, mas nem sempre as ajudam a saber lidar de forma positiva com a irritação ou a agressividade. Se não conseguimos ajudá-las a canalizar o que os psicólogos chamam de "agressividade saudável", nós as impedimos de se defender, e atrapalhamos a probabilidade de terem um bom desempenho nos testes, porque a agressividade saudável é o combustível para a capacidade de competir e demonstrar as habilidades adquiridas com esforço.

Infelizmente, a descrição popular de meninas agressivas invariavelmente mostra aquelas que são especialistas em agressividade *nociva*, fazendo jus ao título de "garotas malvadas". Não encontramos com facilidade exemplos de meninas fortes, mas gentis[102] (com a importante exceção da personagem Mulan, da Disney, ou Katniss Everdeen de *Jogos vorazes*), o que contribui para que as meninas creiam que devam se manter longe de todo tipo de agressividade. Algumas meninas temem as provas porque sentem-se desconfortáveis em usar o sentimento agressivo que estimula as pessoas a serem bem-sucedidas em situações de competitividade. Na mesma linha, muitos treinadores de times femininos reclamam que as meninas se preocupam muito em magoar suas adversárias ao roubar a bola, derrubá-las ou confrontá-las no campo ou na água.

Caso suspeite que sua filha tem se esforçado muito para ser "muito boazinha", tente ajudá-la a encontrar sua guerreira interior no momento de fazer o teste. Você pode estimulá-la dizendo "mostre quem manda" e "arrase com aquelas questões". Quando ela tiver bom desempenho na prova, deve parabenizá-la pela persistência e a encoraje a lutar pelo que vale a pena. Se vocês assistem juntas a partidas esportivas, comente como uma atleta pode ser gentil e humilde fora do campo e ainda assim disputar a vitória durante o jogo. Com o apoio adequado, garotas podem aprender sobre a firmeza necessária para competir ou fazer provas, e serem amorosas o restante do tempo.

Técnicas de relaxamento são uma última e excelente opção para ajudar as garotas a administrarem sua ansiedade antes da prova. Com a ajuda de um profissional especializado ou, de forma mais conveniente, pesquisando na internet, sua filha pode aprender técnicas como a respiração diafragmática, relaxamento progressivo e visualização. Deve praticar sua técnica de relaxamento preferida em casa, em momentos de pouca ansiedade, antes que o sentimento se intensifique. Quando sua filha encontrar uma técnica confiável para relaxar, ela será capaz de parar por trinta segundos e controlar a ansiedade quando for necessário.

A ansiedade antes de uma prova acontece quando o estresse ataca de forma prejudicial. Por outro lado, a procrastinação — nosso próximo tema — acontece quando falta uma tensão positiva que estimula a menina a dar o seu melhor. Se sua filha gosta de procrastinar, você pode se ver na posição desagradável e insustentável de preocupar-se mais do que ela com as responsabilidades que são dela.

Planejando a Semana Seguinte

Existem muitas adolescentes que se dedicam à escola, mas não conseguem associar suas tarefas de hoje com as notas da próxima semana. Meninas devem sonhar grande com seu futuro, mas devem usar também planejamento gradual para traçar os objetivos mais imediatos. Adultos, pessoas com perspectiva e experiência em associar escolhas diárias com resultados no curto e longo prazos, podem entrar em conflito com garotas que ainda nem sequer descobriram como organizar os trabalhos escolares.

Se você entrevistasse muitos pais e perguntasse o pior hábito escolar de suas filhas, a queixa mais recorrente seria a procrastinação. Às vezes, os motivos delas podem ser os mesmos dos adultos; às vezes, por outras razões. Algumas adolescentes, como muitos adultos, têm dificuldades de adiar a satisfação e preferem fazer o que é divertido — e não tão divertido assim — antes de sentar e trabalhar naquilo que não querem. Algumas adolescentes (e adultos) têm a sensação de que ficam muito produtivos no último minuto, quando o medo de perder o prazo que se aproxima supera o desejo de evitar as responsabilidades. Algumas adolescentes procrastinam porque de fato não gostam do tempo em que precisarão se dedicar às tarefas. Apesar do motivo que leva sua filha a procrastinar, seu trabalho será garantir que ela veja o problema como dela, não seu.

Maya e eu reduzimos a frequência de sessões quando Camille entrou no ensino médio. No final do nono ano, o relacionamento entre Maya e Camille estava mais tranquilo, os problemas de vida social no ensino fundamental amenizaram, e Camille se dedicava aos amigos, ao crescente interesse nas aulas de ciência, e seu lugar na banda da escola. Não vi Maya novamente até o final do segundo ano, quando ela marcou um horário para conversar sobre uma noite difícil que tivera na semana anterior.

Maya explicou que Camille tinha o hábito de deixar tudo para a última hora, e, apesar de normalmente tirar boas notas, ficava sempre muito estressada. Sabendo que Camille tinha um trabalho grande para entregar em breve, Maya sugeriu que a filha começasse com bastante antecedência, o que foi recebido com muita resistência. Como esperado,

Camille precisou virar a noite na véspera da entrega. Em pânico, ela ficou irritada durante o jantar, chorou diante da certeza de que precisaria passar a noite acordada, e insistiu para que Maya lhe fizesse companhia o máximo de tempo enquanto fazia o trabalho. Relutante, Maya concordou em ficar acordada por muito tempo — bebendo café e adiantando suas próprias tarefas enquanto Camille seguia digitando. Descontente (e exausta) com a situação, Maya queria conversar com a filha sobre seu hábito de proscratinar antes que ela fosse para a universidade, mas não sabia como abordar o assunto.

Quando adolescentes estão em conflito consigo mesmas, elas muitas vezes buscam entrar em conflito com os pais. Procrastinadores tendem a se dividir em dois tipos. Parte dessas pessoas gostaria de usufruir as vantagens de completar o trabalho com tempo de folga, e parte delas prefere assistir a reprises. Em vez de travar uma incômoda batalha interior, adolescentes, inconscientemente, buscam brigar com os pais. Em outras palavras, Camille se atrasou e deixou para a mãe a tarefa de obrigá-la a começar o trabalho. Adolescentes não acham particularmente bom brigar com os pais, mas geralmente preferem agir assim a refletirem sobre seus erros. Esta dinâmica não se aplica apenas a deveres de casa — é um tema recorrente entre pais e adolescentes. Você sabe que foi arrastado para dentro dos conflitos internos de sua filha quando está na posição de mandá-la fazer uma tarefa que ela sabe que precisa, como estar saudável antes de começar a temporada de basquete ou retornar uma ligação do chefe.

Pessoas só mudam quando estão desconfortáveis, e é muito desconfortável para Camille não estar em paz consigo mesma. Para ajudar Camille a deixar de procrastinar, sugeri que Maya parasse de lembrá-la sobre seus deveres de casa. Como esperado, pouco depois disso, ela deixou um trabalho para a última hora e esperou o apoio de Maya durante a noite. Maya contou que dissera à filha: "Uma pena você ter se colocado nesta situação. Terei um dia cansativo amanhã, por isso vou dormir. Talvez da próxima vez você comece com mais antecedência." A resposta de Maya pode ter sido dura, mas pude perceber que ela a disse de uma maneira amorosa. Na verdade, Maya ficou péssima por deixar Camille sozinha, mas sabia que ficar acordada enviaria à filha a mensagem errada, de que também era responsável por ajudar Camille com o problema que a menina criara sozinha. Várias semanas mais tarde, Maya ligou para contar que Camille decidira entrar num grupo de estudos depois das aulas para fazer as tarefas de casa. Ao precisar lidar com seu desconforto, ela pensou numa solução inteligente que felizmente não envolvia Maya.

Algumas garotas lidam bem ao procrastinar os deveres escolares e não se importam em trabalhar sob pressão. Se esse for o caso na sua família, talvez você precise ver sua filha chateada com seu próprio hábito para falar a respeito. Se sua filha está chateada com as notas, ou se as notas não são o previamente combinado entre vocês, se está cansada de ficar acordada até muito tarde para terminar um trabalho, ou se ela deixar de sair porque deixou algum trabalho para a última hora, você talvez possa lhe dizer: "Não preciso dizer que este problema estaria resolvido se você tivesse começado mais cedo. Da próxima vez, você talvez queira fazer as coisas de maneira diferente."

É claro que as garotas procrastinam outras tarefas, além do colégio. Elas adiam o recolhimento do lixo, enrolam enquanto deveriam procurar trabalhos de verão, ou não enviam a documentação necessária para receber o pagamento de trabalhos que já fizeram. Se a procrastinação de sua filha causa impactos apenas na vida dela, dê um passo atrás e deixe que ela lide com as consequências naturais. Se o hábito dela for um problema para você, aja de acordo. Deixe claro que você não a levará na casa da amiga se você precisar tirar o lixo. Dê um prazo para que ela encontre um emprego de verão de que goste, ou você irá procurar para ela algum da *sua* escolha se o prazo passar. Procrastinação não é divertido para ninguém, mas acontece com frequência entre adolescentes e muitos conseguem superar, especialmente os que puderem sofrer as consequências de seus atos.

Procrastinação não é o único desafio que garotas enfrentam para dar conta das tarefas diárias. Elas podem ter dificuldade de lidar com prazos, perder as tarefas de casa, ou estudar de forma ineficiente. Infelizmente, escolas que dão aos pais fácil acesso ao cronograma de tarefas de cada uma de suas filhas abriram caminho para que as meninas recrutem os pais para ajudá-las em responsabilidades que deveriam ser apenas delas mesmas. Boletins digitais foram um presente para pais de meninas que têm dificuldade de administrar suas tarefas (um jeito resumido de dizer que elas não têm capacidade de planejar, organizar e criar estratégias) e não conseguem aprender com seus percalços acadêmicos. Mas, de modo geral, monitorar as tarefas diárias de sua filha pode interferir na habilidade dela de planejar-se para o futuro.

Garotas capazes de aprender com pequenos erros terão maior capacidade de evitar grandes erros. Não gostamos de ver nossas adolescentes errarem, mas ajudá-las com pequenas tarefas e nunca dar espaço a elas as impedem de crescer. Pais com o hábito de monitorar de perto as tarefas de casa podem involuntariamente se envolver em conflitos que deveriam ser restritos entre os dois lados de sua filha, o irresponsável *versus* o lado que deseja melhorar. Se sua filha está chateada com as notas, pense em dizer: "Sabemos que você está chateada com as notas. E você sabe que não está sendo responsável com as tarefas escolares. Ficaremos contentes em ajudá-la, se quiser ou procurar apoio na escola, mas temos certeza de que você será capaz de descobrir uma forma diferente de agir para alcançar as notas que deseja." Se você está chateada, mas sua filha não, considere limitar a liberdade dela de acordo com sua responsabilidade com os trabalhos escolares, como os pais da Trina fizeram. Talvez sejam necessários alguns períodos ou semestres para que a situação se resolva e ela comece a aprender a planejar-se para o futuro, mesmo que o futuro seja apenas alguns dias adiante.

Lidando com a Frustração

A chegada da adolescência coincide com novas maneiras de ser reconhecido e classificado. Adultos comparam os adolescentes entre si de diversas formas. Alguns adolescentes vão para a faculdade, outros ganham prêmios acadêmicos, alguns vão para turmas especiais e apenas um ou dois são escolhidos para a peça no colégio. Adolescentes costumam fazer planos ambiciosos, até mesmo grandiosos, para o futuro e podem se magoar muito quando não conseguem alcançar seus objetivos ou ficam aquém de seus pares.

Garotas, mais do que garotos, podem se desestabilizar[103] quando se frustram porque, de acordo com pesquisas, as meninas explicam o fracasso de forma diferente dos meninos, especialmente em áreas tradicionalmente masculinas, como a matemática. Quando um garoto tira uma nota ruim, não é escolhido para o papel principal na peça do colégio, ou depara com outro obstáculo, ele costuma atribuir o insucesso a causas externas ou fatores temporários. Ele dirá que "era um teste idiota", "o professor de teatro não gosta de mim", ou "não estudei o suficiente". Certas ou erradas, as justificativas de um garoto o ajudam a se sentir ainda no páreo. Já as garotas costumam tratar o fracasso como um fato pessoal e permanente: ela não é boa e não pode ser diferente. Ao sentir-se frustrada, uma garota pode dizer que não é boa o suficiente, apesar das muitas evidências contrárias. É comum encontrar meninas que tiram dez nos primeiros cinco testes de física, mas dizem ser péssimas alunas em ciências ao tirarem oito no teste seguinte. O pior de tudo é que a forma como elas encaram o fracasso as deixa menos competitivas. Se uma garota considerar-se fraca numa matéria, não importa se ela for inteligente ou talentosa, ela provavelmente deixará de investir em suas habilidades e prejudicará suas chances de ser bem-sucedida.

Ajudar adolescentes a lidar com a frustração é um problema antigo e amplamente debatido na inovadora pesquisa da psicóloga Carol Dweck. A doutora identifica dois tipos de pessoas:[104] aquelas com a mente aberta para o crescimento, que acreditam ser possível ampliar seus talentos com esforço; e aquelas com a mente fechada, que não acreditam ser possível desenvolver melhor suas habilidades. Seu estudo demonstra que o primeiro grupo tem melhores resultados que as pessoas do segundo. Garotas que lidam bem com crescimento *aceitam* desafios porque sabem que o esforço desenvolverá suas habilidades, *agradecem* as críticas de professores e treinadores, porque ficam cientes de onde precisam concentrar seus esforços, e *inspiram-se* em colegas talentosos. Por outro lado, garotas com dificuldade de lidar com crescimento *temem* desafios pelo medo de já terem chegado ao limite de suas habilidades, sentem-se *ameaçadas* pelos feedbacks porque recebem informações positivas ou negativas sobre comportamentos que consideram imutáveis, e sentem-se *humilhadas* por colegas talentosos.

Quando sua filha volta para casa chorando porque tirou uma nota ruim, perdeu a vaga no time da universidade ou não foi escolhida para o papel principal da peça, você sente necessidade de oferecer um consolo bem-intencionado, mas que não a ajudará a crescer. Você talvez diga: "Está tudo bem, querida, nunca fui boa em matemática também" (sem querer, reforça que não é possível desenvolver habilidades matemáticas). Ou ainda: "Talvez o treinador não tenha percebido como você é realmente talentosa". Ou: "Eles *a* escolheram para o papel principal? Bem, querida, eu acho que *você* é uma atriz bem melhor do que ela!" No final das contas, esse tipo de discurso não funciona. Quando dizemos a nossas filhas como elas são especiais, ou como são boas em *outras* tarefas, sugerimos que sucesso depende da sorte, não de esforço. No curto prazo, pode fazer bem à autoestima dela. Mas, no longo prazo, ela ficará com a sensação de que foi vítima indefesa das circunstâncias, não alguém que pode usar sua força de vontade para fazer as coisas acontecerem.

Como podemos oferecer um consolo que a ajude a crescer? Comemorando o esforço em vez de focar no resultado. Por exemplo:

— Você vem desenvolvendo sua habilidade como pianista há muito tempo e irá melhorar com a prática. É muito ruim perder um concurso, mas você sabe o que precisa fazer para ser melhor.

Ou:

— Lembro como fiquei sem reação quando entrei para o time da faculdade, certa de que era uma boa jogadora de futebol. Mas eu não estava no mesmo nível das demais jogadoras do time e elas eram muito mais experientes do que eu. Fiquei melhor ao perceber que sempre haverá jogadoras melhores e que o meu trabalho era tentar aprender com elas."

Frases ditas amorosamente farão grande diferença para que sua filha possa se sentir melhor. Não fale de seu fracasso quando ela deparar com colegas mais talentosos; ajude-a a focar em ser a melhor que *ela* puder ser, não em ser a melhor *de todas*. Diga (e fale com confiança): "Estou muito feliz que você não seja a líder da turma. É mais fácil crescer quando se está cercada por colegas que a inspiram e a motivam."

Garotas muito inteligentes ou consideradas talentosas correm grande risco de parar de desenvolver suas habilidades. Quando explicamos que a inteligência as faz ser bem-sucedidas, garotas podem achar que a necessidade de se esforçar significa que elas não são tão talentosas. Não sou contra quem diz a garotas o quanto elas são inteligentes, mas contrabalance os elogios à inteligência dela com a admiração pelo esforço que ela teve. Se sua filha for bem-sucedida sem se esforçar, pense em dizer: "Você está indo bem sem precisar de nenhum esforço, mas estou ansiosa pelo dia em que você precisará se dedicar muito para compreender algum conteúdo. É assim que se aprende de verdade."

Se sua filha já for mais velha e finalmente falhar ao deparar com alguma tarefa, ainda há tempo para que ela aprenda a necessidade de se esforçar para crescer. Muitas meninas convivem bem com os primeiros anos da escola e do ensino médio e só encaram seu primeiro desafio na adolescência. Sem saber o que houve, elas podem desistir, inventar justificativas, ou reclamar que ficaram "burras" de repente. Se for o caso de sua filha, mostre como é difícil mudar de postura quando nunca foi necessário se esforçar, mas mostre que muitas de suas colegas já desenvolveram um sentimento de determinação, e ela também pode fazê-lo.

Apesar de ter celebrado a inteligência de sua filha no passado, você precisa ensinar-lhe que apenas talento não é suficiente. Todos conhecemos pessoas talentosas e preguiçosas que não são bem-sucedidas, enquanto existem outras perseverantes, mas menos talentosas, que foram longe. De fato, uma impressionante pesquisa[105] recente sobre *garra* mostra que a busca constante por objetivos de longo prazo contribui para o sucesso, sendo mais importante do que apenas a inteligência. Explicando de outra forma, você pode dizer a sua filha que não faz sentido ser uma Ferrari, se ela não parar para abastecer. Um Ford Taurus na estrada vai ultrapassar a lenta Ferrari a qualquer momento.

O trabalho da Dra. Dweck modificou minha forma de enxergar a criação de filhos. Comecei a ler as pesquisas dela quando minha filha mais velha tinha quatro anos e mudei de postura no mesmo momento. É raro que a psicologia acadêmica apresente uma ideia tão elegante, inovadora e prática, e o conceito de estar aberto ao crescimento de fato mostra ser possível melhorar a confiança e as notas, além de estimular as meninas a aceitarem desafios. Percebi o quanto meu estilo de criação havia sido influenciado quando minha filha chegou em casa do maternal e disse: "Mamãe, quero contar sobre algo muito legal que uma menina da minha turma construiu, mas não quero que você me diga que eu poderia construir igual se eu me esforçasse muito." De fato, ela havia compreendido a mensagem que eu me esforcei tanto para ensinar-lhe.

Planejando o Futuro: Quando se Preocupar

Existem muitas formas eficientes de uma garota olhar para o futuro. Algumas delas traçam cuidadosamente os planos de longo prazo. Outras não sabem ao certo o que querem fazer ao terminar o colégio, mas estão abertas a novos interesses que possam surgir. Outras ainda não se preocupam com o futuro e, de repente, se veem obcecadas por algum objetivo que vale a pena. Na verdade, gosto muito do trabalho com adolescentes porque eles mudam de ideia com muita rapidez. Sempre vejo garotas que se arrastam numa semana, mas ligam os motores na semana seguinte. Como Anna Freud[106] observou: "A inconstância dos jovens é frequente. Na caligrafia, maneira de falar, pentear-se ou vestir-se, e em todos os hábitos eles apresentam maior adaptabilidade do que em qualquer outra época de suas vidas." O fato de adolescentes se transformarem numa velocidade impressionante fez com que um de meus colegas de trabalho[107] brincasse: "Recebemos crédito demais por nosso trabalho com adolescentes." Então, como saber que está na hora de se preocupar? Quando percebemos que uma garota está tão preocupada em planejar seu futuro que não se diverte mais, ou se ela está tão indiferente a isso que começa a fechar portas.

Muito Planejamento, Nenhuma Diversão

Ao planejarem o futuro, algumas garotas podem transformar suas vidas e as de seus pais num inferno. Elas se comprometem com dezenas de atividades extracurriculares que não gostam para conseguirem entrar na faculdade de seus sonhos, treinam mais do que seus técnicos recomendam, ou estudam bem mais do que o necessário. Ficam arrasadas com qualquer nota abaixo de nove e ficarão até tarde estudando, mesmo que seus pais peçam a elas para descansar e dormir.

Pais de garotas atarefadas demais em geral sentem como se não soubessem o que está acontecendo. Tipicamente, eles estimulam o sucesso, mas raramente são pessoas que impõem um ritmo pesado de atividades a suas filhas. Em algum momento de sua vida, a filha decidiu colocar em prática todas as lições bem-intencionadas ensinadas pelos adultos, como ser persistente, cuidadosa, ambiciosa, e correr atrás de forma exagerada e pouco saudável. Existem meninos assim também, mas isso é mais comum entre meninas. Pesquisas mostram que garotas têm maior propensão do que garotos a enxergarem a escola como muito estressante[108] (enquanto apresentam melhores resultados acadêmicos em comparação aos meninos) e são mais suscetíveis à depressão se tiverem problemas acadêmicos.

Quando a dedicação de uma garota a seus planos futuros começa a ganhar uma assustadora vida própria, os pais podem não saber como convencer sua filha a adotar padrões mais humanos para a vida. As meninas costumam ficar surpresas quando os adultos pedem que elas diminuam o ritmo, porque sentem que estão apenas fazendo o que esperam delas e *fazer demais* deve ser admirado, não criticado. Em alguns momentos, garotas reclamam que seus esforços não estão sendo reconhecidos como deveriam, ou que os adultos mudaram suas expectativas nesse meio-tempo.

Se estou descrevendo sua filha, ela talvez aceite a sugestão de diminuir o ritmo se você exprime seu conselho como pensando no futuro dela. Reconheça os esforços (e resultados) dela e como ela está fazendo o possível para ampliar suas opções no futuro. Depois, pense em dizer: "Entendemos que é um momento crítico e que não é a hora de relaxar.

Do jeito que está se empenhando agora, tudo certamente será mais fácil adiante. Antes de terminar o ensino médio, você reencontrará o equilíbrio na sua vida." Dito dessa forma, muitas garotas podem lidar com a ideia de que a intensidade em que vivem não será para sempre.

Até garotas que não são atarefadas demais podem se sobrecarregar estudando de forma ineficiente. Fazem cem cartões de fichamento quando vinte seriam suficientes. Quando bastariam dois simulados, optam por fazer cinco. Garotas que se especializam em estudar demais costumam relutar em mudar táticas que funcionam, mas podem ser receptivas a sugestões que foquem no seu futuro sucesso acadêmico. Talvez você possa dizer: "Você tem estudado de um jeito que funciona para você. O próximo passo será se tornar mais eficiente na forma de estudar. Logo você agirá como os alunos mais espertos: descobrir como fazer menos e continuar tirando as mesmas notas." Garotas que estudam demais e têm rendimento acima da média muitas vezes perdem de vista a possibilidade de que estudar de forma mais eficiente não necessariamente significa estudar muito.

Se os planos que sua filha faz a afastam das alegrias de viver, duram além do tempo razoável, ou se tornam completamente irracionais, considere procurar ajuda profissional. Faça sua menina entender que a estratégia que ela adotou tem funcionado até agora, já que ela é muito bem-sucedida, mas demonstre preocupação por ela não estar se divertindo com nada mais. Tente sugerir como ela pode se divertir e veja se ela consegue se planejar para colocar em prática. Se sua filha não se permite relaxar, diga que ela merece se divertir, e que você gostaria de levá-la para conversar com alguém para descobrir por que ela não consegue. Procure ajuda de seu pediatra ou de outra pessoa confiável especializada em saúde mental.

Sem Planos à Vista

Numa outra situação, você deve se preocupar se sua filha demonstrar pouco entusiasmo em alcançar qualquer objetivo. De vez em quando, recebo adolescentes com esse comportamento no meu consultório. Geralmente são bem agradáveis, mas não têm nenhum plano pessoal. Não levam os estudos a sério porque não têm a menor ideia do que farão depois da graduação. Não se importam de ficar de castigo por notas baixas porque não anseiam estar com amigos nos fins de semana e ficam satisfeitos de assistir a filmes em casa. Não têm a força de vontade nem a energia de seguir adiante tão características dos adolescentes.

Adolescentes sem entusiamo são diferentes dos adolescentes com planos que desagradam aos pais. Uma garota que sonha em ser baterista de punk rock pode irritar os pais, mas eles podem usar isso a seu favor. Por exemplo, os pais podem se oferecer para comprar alguns instrumentos ou emprestar a garagem para os ensaios da banda sob a condição de ela tirar boas notas. Os sonhos de uma garota não precisam agradar a seus pais e durarem para sempre. Na verdade, adolescentes estão sempre mudando de planos, mas os novos objetivos costumam nascer com base nos antigos. Resumindo, todo adolescente precisa ter sonhos.

Fique preocupada se sua filha não tiver objetivos (nem aqueles que você desaprova) ou estiver fechando possíveis portas por simplesmente não pensar no futuro. Muitos adolescentes sem sonhos acabam descobrindo o que querem quando crescem um pouco. Seu objetivo deve ser ajudar sua filha a desenvolver interesses próprios e evitar que ela restrinja suas opções para o futuro enquanto amadurece. Mantenha a mente aberta sobre o que é um sonho razoável, e estimule — ou, se necessário, *exija* — que sua filha experimente coisas que possam despertar seu interesse. Alguns pais insistem em que suas filhas arrumem um emprego ou trabalhem como voluntárias, mas são flexíveis quanto ao tipo de emprego ou voluntariado. Outros pedem que elas escolham o que fazer nas férias de verão, deixando claro que ficar à toa em casa não é uma opção.

Você pode mostrar à sua filha que, se ela tiver notas altas, terá mais opções de escolha no futuro. Converse com profissionais de onde ela estuda, e veja qual a opinião deles para a falta de motivação dela ou peça sugestões de como estimulá-la. Mesmo os adolescentes mais apáticos têm alguma motivação — talvez dinheiro, possibilidade de ter um carro ou videogame. Sei que estou exigindo pouco aqui, mas situações complicadas exigem medidas desesperadas. O dano causado por repetir de ano é muito maior do que pagar um adolescente apático para tirar boas notas. Garotas podem se recuperar muito rápido quando querem, mas é mais fácil para elas quando ainda não se prejudicaram no colégio.

Em geral, adolescentes em desenvolvimento buscam independência, planejam seu próximo passo, e irritam os adultos com a persistente busca de realização dos seus desejos. Se sua filha está inerte, procure um médico para avaliar distúrbios de humor ou dependência química. De fato, se fizéssemos uma abordagem nada científica e perguntássemos a um grupo de médicos experientes sobre o caso de uma adolescente constantemente sem objetivos, afirmo que eles diriam que ela tem depressão, problema com drogas ou ambos, até que se prove o contrário. Não hesite em procurar ajuda se sua filha não demonstrar indícios de que tem planos para o futuro. Apatia intratável é rara em adolescentes e precisa ser levada muito a sério.

É fácil aceitar que nossas filhas deveriam estar se planejando para o futuro. *Queremos* que elas se preparem para os próximos passos. Contraponha isso a quando elas começam a ter interesses românticos — etapa do desenvolvimento que veremos a seguir. A maioria de nós fica dividida, se não muito infeliz, quando nossas filhas começam a se interessar por romance. Nós nos lembramos de nossas intensas paixões adolescentes, ficamos preocupados com tudo o que pode dar errado, e sabemos que a alegria de estar apaixonada vem associada à dor de serem magoadas. Quando pensamos na vida amorosa de nossas filhas, ficamos ainda mais protetores, mesmo sabendo que elas não se importam nem um pouco com nossa opinião. No próximo capítulo, falaremos sobre a vida amorosa das garotas de hoje em dia, o que esperar, e talvez até como guiar o crescimento de sua filha durante essa etapa.

SEIS

Entrando no Mundo do Romance

ATÉ AQUI, ABORDAMOS AS ETAPAS DE DESENVOLVIMENTO DURANTE AS QUAIS, ENquanto pais, podemos confiar no que observamos (por exemplo, nossas filhas com os amigos) e eventuais evidências objetivas (como boletim de notas) para saber como elas estão. Mas quando elas começam a ter interesses românticos, em geral não temos ideia do que está acontecendo com nossas filhas. Garotas podem ser extremamente fechadas sobre sua vida sentimental e não conversar a respeito com a família e até mesmo com amigas. Pais que tentam participar da vida amorosa de suas filhas em geral captam apenas ruídos. Sendo assim, este capítulo vai ajudá-la a tirar o máximo de proveito das poucas oportunidades de guiar sua filha pelo complexo mundo que vai além do "apenas amigos". Irei familiarizá-la com o que garotas me contam — por não ser mãe delas — sobre o cenário dos relacionamentos adolescentes.

Essa fase tem uma característica única: tudo muda *rápido*. Pensando novamente na tarefa de dominar os sentimentos, não é incomum as meninas começarem a despejá-los nos pais por volta dos doze anos e continuarem a fazer isso, de vez em quando, até o final da adolescência. Sobre a vida amorosa das garotas, as meninas de doze anos e as de dezoito têm muito pouco em comum. Nos Estados Unidos, 3% das garotas[109] têm sua primeira relação sexual aos treze anos, mas esse número pula para 28% no primeiro ano do ensino médio, 42% no segundo ano, 54% no terceiro ano e 63% no último ano. Este capítulo apresentará a rápida evolução da vida amorosa das meninas, e em geral como é demonstrada fisicamente. Começaremos falando das primeiras paixões; em seguida, veremos como as garotas começam a se relacionar com os parceiros de maneira bem adulta.

Neste capítulo, vamos apresentar uma abordagem radical, mas que não deveria ser considerada assim. Vamos tratar a entrada de sua filha no mundo romântico visando ajudá-la a se concentrar *no que ela deseja*. As psicólogas e inteligentes pensadoras feministas Michelle Fine,[110] da City University of New York, e Sara McClelland, da Universidade de Michigan, mostraram que, quando adultos conversam com garotas sobre relacionamentos amorosos, quase sempre apontam prioritariamente os riscos. Claro que existem perigos reais quando as meninas começam relacionamentos amorosos. Elas podem se magoar, ser maltratadas, e, quando se tornam sexualmente ativas, precisam se proteger de uma gravidez indesejada e de doenças sexualmente transmissíveis. Mas os riscos associados à vida romântica — emocionais, físicos, ou ambos— são apenas uma parte do quadro geral, e mergulharemos profundamente neste tópico no capítulo 7, "Cuidando de Si Mesma".

Apesar dos seus sentimentos quando sua filha inicia a vida amorosa, você deve concordar que, ao entrar nessa etapa do desenvolvimento, ela deverá saber quais são as próprias expectativas, como seguir em frente ao sentir-se pronta, e como deixar claro o que ela *não* quer. Boa parte deste capítulo aborda os tipos de romance, outra, foca na dinâmica específica dos relacionamentos românticos e físicos entre meninas e meninos, e uma seção analisa a experiência de meninas que se identificam como lésbicas, gays, bissexuais, transgênero ou *queer* (LGBTQ).

Vamos começar com uma pergunta importante que não é feita com a frequência necessária: Por que as garotas começam a se apaixonar?

Um Sonho Adiado

É engraçado agora, mas na época não foi. Durante um jantar, quando eu estava no sexto ano, comentei casualmente com meus pais que estava ficando com um amigo de turma bem fofo que se chamava Mike. Eles ficaram em choque. Os dois ainda não haviam pensado em conversar comigo sobre relacionamentos amorosos e, se perguntassem a eles, jamais aprovariam que eu saísse com um menino durante o sexto ano. Meus pais eram (e ainda são) muito tranquilos e por isso me surpreendi quando o que considerei uma notícia boba pareceu cair como uma bomba no meio da mesa de jantar. Ficaram eretos, franziram a testa, e me encheram de perguntas: O que significa "ficar"? Eles deveriam ligar para os pais de Mike? O que fazíamos quando estávamos juntos? Outras crianças (isto é, delinquentes) também estavam ficando?

Eu não sabia por que ficaram tão desesperados ou o que eu estava fazendo de errado. No meu entendimento, estava um pouco atrasada, já que muitas amigas já saíam com garotos desde o quinto ano. Assim como no caso de outros amigos que ficavam, eu e Mike basicamente recebemos da turma o status de casal, nada além disso. E também pelos bilhetes que trocávamos às vezes. Nós nos beijamos uma vez, mas só porque alunos do sétimo ano nos desafiaram. Foi apenas isso. Passei o resto do jantar tentando convencer meus pais de que o "relacionamento" com Mike não era importante e que eles não precisavam telefonar para os pais dele.

A situação melhorou no dia seguinte, quando eles ligaram para a professora, confirmando que "ficar" com alguém não era um grande problema. Era uma maneira de se diferenciar socialmente, uma atualização de status. E que tudo se resumia a fofocar sobre quem ficava com quem, ou quem queria estar ou não com alguém. A Srta. Ticer lhes assegurou que a maioria dos casais raramente se falava e alguns conversavam pela primeira vez quando terminavam. Quer dizer, quando não pediam aos colegas para terminarem por eles. (Se estiver por aí, Srta. Ticer, aceite, com mais de trinta anos de juros e correção monetária, meus sinceros agradecimentos por ter lidado com meus bem-intencionados pais.)

No jantar seguinte, meus pais contaram sobre o telefonema à professora, confirmaram que eu estava certa na explicação sobre o que era "ficar", e discursaram sobre a minha futura vida amorosa. Aceitariam que eu "ficasse" com um menino, mas sem envolvimento físico. E para namorar (seja lá o que isso significasse), eu teria que esperar até o ensino médio, e voltaríamos a falar sobre isso. Eles devem ter dito mais, mas eu estava distraída com meus próprios pensamentos: "Voltar a falar nisso? Em que universo eles vivem para achar que *um dia* eu tocarei nesse assunto de novo depois da noite passada?"

Pais se surpreendem quando suas filhas do quinto e do sexto ano comentam que estão gostando ou saindo com alguém. Porém, mais de vinte anos de pesquisa[111] mostram que, durante esses anos escolares, conversas sobre quem gosta de quem começam a dominar os papos na mesa de almoço durante o intervalo das aulas. Essas conversas precoces em geral giram em torno de compartilhar fofocas quentes com as amigas em vez de conversar com os meninos que são mencionados. De fato, as psicólogas Jennifer Connolly e Adele Goldberg,[112] da Universidade de York, mostram como é irônico o fato de que começar a gostar de meninos muda a interação entre as meninas muito antes de impactar a forma como meninas e meninos se relacionam.

Quando garotos e garotas se relacionam, o encontro em geral começa quando ele a convida dizendo "Que tal sair?" ou "Vamos ficar?", e a garota aceita. Quase sempre cabe ao menino convidar, e ele em geral o faz quando já se certificou de que não será rejeitado. É mais provável que faça o convite por mensagem de texto do que pessoalmente. Quando está saindo, o casal às vezes troca mensagens, senta perto na escola quando pode, e sai com a mesma turma.

Reavaliando a situação, sei que meus pais não conseguiam entender por que eu tinha um namorado, especialmente ao descobrirem o quanto o relacionamento era insignificante. E para deixá-los ainda mais confusos, meus brinquedos de infância ainda se amontoavam no porão, e minhas amigas e eu ainda fazíamos pulseirinhas da amizade quando dormíamos juntas. Na visão deles, meu interesse pelos garotos era prematuro; imaginar-me com um namorado era como me ver indo para a faculdade aos onze anos. Já na minha visão — e na da maioria das adolescentes — romance já fazia parte de nossas vidas.

Apesar de poucos se lembrarem dessa fase, a maioria das crianças entre três e quatro anos percebe que relacionamentos amorosos são conexões muito especiais e que elas não têm nada do tipo. Até cerca de três anos de idade, as crianças se enxergam como o elo entre todos os relacionamentos que consideram importantes. Cada bebê tem um relacionamento com a mãe e com o pai, é claro (imaginando que tenhamos uma família tradicional aqui). Por volta dos quatro anos de idade, ela percebe que os pais mantêm uma relação exclusiva entre si, um envolvimento que a exclui. Para avaliar o impacto emocional dessa descoberta, imagine que você tem doze anos e acaba de saber que sua melhor amiga da escola e a sua melhor amiga da colônia de férias se encontram quase todo final de semana e não a convidam. Nossa!

Crianças pré-escolares geralmente reagem a essa chocante descoberta tentando se inserir no relacionamento entre os pais. Uma garotinha pode ficar surpresa, ou até mesmo ofendida, quando uma babá chega numa noite de sábado, e tenta sair para passear com os pais (ou, melhor ainda, no lugar de um deles). Algumas garotas imploram por um animal de estimação, para que possam ter sua própria relação exclusiva, deixando de se sentir excluídas. E, para a surpresa de muitos pais, não é incomum que desenvolvam pequenas paixões. Professoras de pré-escola podem contar como são muitas vezes pressionadas a oficiar casamentos de mentirinha na hora do recreio.

No fim das contas, as garotinhas se acostumam com a ideia *de qual* é seu lugar na família e aceitam dois fatos: que ser namorada ou esposa de alguém é diferente — e, em alguns aspectos, mais importante — do que ser amiga; que precisam esperar muitos anos para saborear o sentimento especial ao se ter um relacionamento amoroso. Então, enquanto eu e minhas amigas do sexto ano, em nossa opinião, estávamos finalmente fazendo parte do mundo romântico pelo qual tanto ansiamos, meus pais achavam que eu estava correndo em direção a um perigoso território adulto. Eles podem ter visualizado uma imagem desanimadora de um garoto de onze anos um pouco tolo, me convidando para um drinque, enquanto eu estava apenas tentando dizer que meu sonho estava finalmente se tornando realidade e eu tinha alguém especial na minha vida. Os sentimentos complexos e a atração sexual que os adultos associam ao romance não tinham nada a ver com o meu "relacionamento" com Mike. Como a maioria das garotas da minha idade, estava animada simplesmente por ser um casal.

Se sua filha ainda não disse que ela ou as amigas estão interessadas em romance, prepare-se para o fato de que esse dia vai chegar antes do que você espera. Se ela comentar que colegas de turma estão namorando, saindo juntos ou conversando — ou qualquer outro termo que a turma dela use para designar relacionamentos que vão além da amizade — não surte ou interrompa as linhas de comunicação como meus pais fizeram. Controle sua reação e se imagine como uma antropóloga estudando rituais românticos de uma cultura estrangeira. Você nunca terá melhor oportunidade de fazer uma pesquisa antropológica do que quando sua filha falar sobre as práticas românticas de sua turma. Com o tempo, prestando máxima atenção às dicas que ela está dando sobre o quanto você pode perguntar, aproveite o quanto puder. Seja neutra, pergunte o que significam os termos usados para descrever relacionamentos, como funcionam, o que os casais fazem ou deixam de fazer, e como é o envolvimento físico. Meus pais teriam uma primeira reação diferente — e eu não teria *ainda* esse desconforto ao me lembrar daquele jantar — se eles tivessem perguntado mais sobre o significado de eu estar ficando com o Mike.

Enquanto você faz sua pesquisa, busque oportunidades para entender como sua filha encara o romance, de uma forma como nós adultos raramente pensamos: o que ela *quer*? É mais fácil começar quando o interesse romântico está no início, quando os riscos são os menores possíveis, e, em especial, quando você pode conversar de garotas em geral, não particularmente de sua filha. Sem ser invasiva, pergunte: "Como uma garota faz para que um garoto saiba que ela quer sair com ele?" ou "O que acontece quando ela é convidada para sair por alguém de quem ela não gosta?" ou ainda "E uma garota quer fazer uma coisa e as amigas ou o namorado querem fazer algo diferente?". Aceite quando ela der de ombros e revirar de olhos, considerando tais gestos como respostas aceitáveis. Não se trata da resposta, mas que ela reflita sobre as perguntas.

Um Encontro Promovido numa Reunião de Marketing

Algumas meninas estão mergulhadas em pensamentos e sentimentos românticos, mas ainda não querem experimentar as expectativas sentimentais e físicas que vêm com o namoro. Outras gostam de colegas de turma que não sabem que elas existem, e há ainda as que procuram por carinho e charme em garotos diferentes dos que elas conhecem, ou não se sentem atraídas pelos meninos que estão disponíveis. Não podemos dizer que meninos adolescentes, enquanto grupo, não são atraentes. Mas muitas meninas descobrem que os meninos de sua turma ainda demonstram pouco interesse em garotas, focando o interesse em algumas poucas meninas, ou são muito imaturos para valer a pena. Em resumo, existem muitas maneiras de uma adolescente que sabe o que quer hesitar ou sentir-se frustrada quando se trata de sair em busca de romance.

O jovem pop star entra em cena.

Pais podem ficar estarrecidos com a intensidade dos sentimentos que suas filhas nutrem por astros da música ou do cinema. As adolescentes costumam criar uma relação profunda com os ídolos e empregam uma quantidade impressionante de tempo, energia, e até dinheiro para segui-los. Ela pode achar que o astro é sua verdadeira e inatingível alma gêmea. Mas seu romance não é um encontro divino, mas um relacionamento criado numa reunião de marketing. Produtores da indústria da música, da televisão e do cinema[113] sabem, há muito tempo, exatamente o que querem muitas adolescentes romanticamente frustradas e ainda não preparadas para a sexualidade adulta, e são recompensados com bilhões de dólares por estarem antenados com os desejos românticos delas.

O nome do pop star ou da banda muda de ano para ano, mas o produto permanece o mesmo. Os jovens astros são sempre atraentes, mas sem os traços da virilidade masculina que podem amedrontar algumas meninas. Seus criadores gastam tempo depilando o peitoral deles e arrumando seus penteados. Na verdade, muitos deles parecem lindas garotas.

Quando um jovem astro da música viaja em grupo, a banda costuma ter uma escalação básica, com um bad boy não-muito-perigoso, um membro com alguma diferença racial (mas nada extremo), o brincalhão, o atleta e o romântico. A escalação "diversificada" permite que as meninas se sintam com voz ativa na escolha de seu objeto de amor e não se importam que as amigas gostem da mesma banda, felizes por não precisarem dividir o amor pelo mesmo astro. O visual da banda é cuidadosamente montado e os meninos sobem ao palco para apresentar um produto — as letras das músicas. Ouça qualquer música de uma banda e você perceberá (e ficará assustada) como os produtores musicais de meia-idade sabem exatamente o que as adolescentes querem escutar: você é linda, você é especial, você me deixa de joelhos bambos, eu teria sorte de ficar com você. Gostaria que você fosse minha namorada, e, caso isso acontecesse, só desejaria segurar sua mão e talvez beijá-la.

Nem todas as adolescentes se apaixonam por pop stars, mas a máquina do marketing por trás dos astros consegue dialogar com muitas garotas que já se sentem prontas (ou quase) para o romance. O cativante astro oferece às adolescentes uma conexão intensa, sob controle, pura, que os conecta até que as meninas se sintam preparadas para compartilhar seus sentimentos românticos com garotos que realmente conhecem. Algumas garotas afastam-se dos pop stars e começam a se interessar por garotos de seu meio social na metade da adolescência. Outras não têm pressa de trocar a comunicação pré-construída, ingênua e transparente com um astro pelos sinais contraditórios que podem estar recebendo dos meninos com quem convivem.

Se sua filha está direcionando sua energia romântica para um astro fabricado pela indústria, sinta-se com sorte. Apesar de ser estranho ver sua filha (uma menina até então racional) criar planos mirabolantes para comprar ingressos e conseguir carona para um show a quilômetros de distância, aproveite a certeza de que o "romance" dela não a levará a um doloroso término ou a uma gravidez indesejada. Continue negociando de forma incisiva o que você permitirá ou não (nova decoração do quarto com pôsteres etc.), sabendo que sua filha está sob influência de uma poderosa máquina comercial e que, em algum momento, irá superar essa fase. Esse dia chegará quando ela estiver pronta para colocar em prática seus desejos românticos com alguém com quem ela realmente conviva. Guarde suas preocupações até lá.

Olhando a Longo Prazo

Enquanto as meninas amadurecem durante essa etapa de desenvolvimento, são bombardeadas com mensagens a respeito de sua vida amorosa e sexual. Essas mensagens em geral vêm de fontes que não se preocupam com o que as garotas realmente querem. Estranhamente, a máquina de comunicação por trás dos jovens astros pode estar entre as poucas vozes que falam sobre o que as meninas *realmente* querem.. O resto das fontes que ditam o que as garotas deveriam querer, como deveriam se vestir e como são vistas pelos outros inclui os veículos de massa, a indústria da moda e, às vezes, adultos conhecidos que falam bobagens (Exemplo: "Nossa, como ela é bonita. Você precisará deixá-la presa!"). Vamos analisar esses mensageiros e como adultos amorosos podem agir para aplacar o impacto dessas fontes na vida de uma garota.

Alguns dos melhores profissionais[114] da minha área estudam a vida romântica e sexual de garotas, e todos concordam que as meninas podem facilmente esquecer seus próprios interesses românticos porque nossa cultura dita regras enlouquecidas para elas. Por meio de revistas, músicas, vídeos e conteúdo on-line, os veículos de massa dizem que as meninas devem ser sensuais, mas não vulgares; que ser moralista é ruim, mas ter desejos sexuais também não é bom; ter encontros românticos ou sexuais com garotos torna a garota descolada, mas também a expõe a acusações de ser carente, ambiciosa, burra ou todas as alternativas anteriores. Garotas ficam tão impactadas por imagens distorcidas da sexualidade feminina que nem sequer conseguem começar a refletir sobre o que desejam.

Já é muito ruim que nossa cultura imponha padrões confusos para garotas. Pior ainda é que essas mensagens, em especial as que objetificam sexualmente as meninas, influenciam como elas agem e pensam, além de afetar sua saúde física e mental. Estudos apontam que quanto mais as garotas consumirem conteúdo sexista e sexualizado,[115] maior a probabilidade de desenvolver visões estereotipadas a respeito de homens e mulheres, como acreditar que mulheres manipulam homens para enganá-los. Além disso, em comparação com garotas que questionam radicalismos,[116] meninas que aceitam as mensagens sexistas da grande mídia têm menor propensão a investir em cuidados para evitar gravidez ou doenças sexualmente transmissíveis, e apresentam maior probabilidade de sofrer distúrbios alimentares, baixa autoestima e depressão.

Uma importante pesquisa foi bem-sucedida em demonstrar que a objetificação da mulher pode afetar a clareza de pensamento de uma menina. Uma equipe de psicólogos da Universidade de Michigan[117] recrutou alunos universitários para participar de uma pesquisa supostamente sobre sentimentos e comportamento do consumidor. Quando os participantes chegaram ao laboratório foram encaminhados para cabines de vestiário individuais com espelhos do piso ao teto. Metade dos vestiários continha roupas de banho (maiôs para mulheres e shorts para homens) e a outra metade dos provadores disponibilizava suéteres de diversos tamanhos. Depois de vestir a roupa designada, cada participante recebia ordem de continuar na cabine por quinze minutos antes de preencher um questionário em que informaria sua intenção de comprar ou não a roupa que vestia. Enquanto aguardavam, para ajudar os pesquisadores a usar o tempo de forma eficiente, eles eram solicitados a fazer um teste de matemática "para um experimento do departamento de educação".

Como você já deve ter adivinhado, os psicólogos não estavam ajudando colegas de outro departamento. Eles estavam medindo se fazer o teste de matemática usando trajes de banho afetaria a performance das mulheres. Confirmando as suposições dos pesquisadores, as mulheres de maiô tiveram notas mais baixas no teste do que as de suéter. Curiosamente, os homens não foram afetados pelo que vestiam. A equipe que conduziu o experimento demonstrou com consistência que, quando jovens mulheres são colocadas em situações em que se sentem inseguras com seus corpos, elas perdem foco e capacidade intelectual. Se é tão fácil interferir na concentração de uma jovem universitária sentada sozinha em um ambiente espelhado, podemos apenas imaginar com quais distrações as meninas precisam lidar enquanto recebem no dia a dia inúmeros convites para se enxergar com base em ideais de beleza irreais.

Existem excelentes livros sobre como a mídia sexualizada influencia as garotas, e eu os recomendo a você (vários títulos sugeridos estão na seção de Fontes Recomendadas). De maneira geral, essas leituras incentivam pais e outros adultos amorosos a conversarem com as adolescentes sobre como nossa cultura enxerga e faz a representação de garotas e mulheres. Quando tiver oportunidade de conversar, ajude sua filha a entender a frequência com que os desejos de uma *menina* são ignorados pelos grandes veículos e a estimule a desenvolver uma visão crítica e questionadora do que estimula a produção de conteúdo da mídia sexista.

Enquanto estiver com sua filha e surgir a oportunidade, mostre um anúncio vulgar e pergunte: "Para quem é esta roupa? Você acha que a garota realmente *quer* usar isso? Ou acha que ela está usando porque outras pessoas querem?" Enquanto escutam música, você pode comentar: "Ah, entendi. Ele está cantando sobre o que ele quer, mas será que ela quer a mesma coisa que ele?" Quando se tratar de criar uma questionadora saudável, aproveite-se do interesse crescente de sua filha em desafiar a autoridade dos adultos. Comente como os adultos lucraram com a imagem sexualizada de adolescentes e jovens mulheres. Fique à vontade para dizer: "Alguém está enriquecendo ao colocar essa garota linda de biquíni em cima do carro. E pode acreditar que não é ela."

Aproveite se tiver a chance de ter uma conversa mais aberta sobre as consequências de usar imagens de garotas sensuais para vender produtos, mas sua filha não precisa participar de um longo estudo sobre veículos de comunicação para você mostrar seu ponto de vista. Uma de minhas abordagens preferidas sobre o assunto é a de Marybeth Hicks,[118] que pede a seus filhos que parem de consumir conteúdo sexualizado com a seguinte frase: "Pessoas estão ganhando dinheiro à custa dessa garota. Não me sinto à vontade de ver este vídeo, porque me sinto participando de sua exploração."

As mensagens culturais sobre romance e sexualidade que os adolescentes recebem são muito mais distorcidas hoje em dia pelo fácil acesso à pornografia on-line. Muito além do que os adultos imaginam, a pornografia atualmente molda o comportamento que muitos adolescentes consideram "normal" sobre sedução e conduta sexual. Não é novidade que eles procuram ou são expostos à pornografia, ainda que as estatísticas mostrem que garotos[119] consomem mais conteúdo pornográfico do que as garotas. A novidade é a ampla disponibilidade de conteúdo sexualmente explícito.[120] Realmente *explícito*.

Pouco antes de dar uma palestra sobre sexualidade adolescente para pais de alunos do ensino médio num colégio, uma amiga, mãe de um aluno daquela escola, me enviou um e-mail com um link e a seguinte mensagem: "Acho que vai ser útil você ver o que os garotos do primeiro ano do ensino médio andam assistindo." Acessei o site pornográfico, mas não estava nada preparada para o que vi. Se você não está familiarizada com o conteúdo on-line gratuito, permita-me informá-la de que as imagens são amplamente mais ilustrativas, violentas ou bizarras do que possa imaginar. Se você imaginou erotismo de bom gosto, enganou-se por completo. Como grande parte dos psicólogos, estou familiarizada com uma vasta gama de opções que mostram a sexualidade humana, e, além disso, considero-me com uma mente bem aberta graças ao intenso convívio com jovens. Mas o que vi naquele dia era tão grosseiro e exagerado que me imaginei distribuindo exemplares de *Playboy* para garotos de treze anos, enquanto dizia: "Aqui! É para você. Mas, para o seu bem e das garotas que ainda vai conhecer, prometa que jamais assistirá ao que está disponível on-line!"

Mas os meninos *de fato* procuram esse tipo de conteúdo, e o que assistem influencia seu comportamento sexual. Estudos mostraram que, aos cartoze anos,[121] dois terços dos garotos e um terço das garotas confirmam que assistiram a conteúdo sexualmente explícito no último ano. Como as pesquisas envolvendo acesso digital e portabilidade costumam estar defasadas, podemos considerar esses números abaixo da realidade. Além disso, estudos mostram que adolescentes,[122] em especial garotos que assistem a conteúdo pornográfico em excesso, sentem-se excitados e fantasiam com o que assistem, desejando reproduzir na vida real o que viram. Em outras palavras, adolescentes podem achar que sexo pornográfico é normal e querem encenar o que assistiram.[123] Na verdade, meninos e meninas expostos à pornografia antes dos catorze anos demonstraram maior inclinação a praticar sexo oral ou transar antes dos dezesseis anos.

Mesmo que sua filha não se interesse por pornografia, o panorama romântico e sexual à sua volta na sétima série já foi modificado por meninos que consomem esse tipo de conteúdo (como eu disse, tudo muda muito rápido durante essa etapa). Constantemente ouço meninas dizendo que meninos estão ávidos por receber favores sexuais ou fotos sensuais, estando ou não em relacionamentos. Já sabemos que a tecnologia digital facilita que adolescentes ajam por impulso e enviem fotos que não deveriam, mas muitos adultos não fazem ideia da pressão que as garotas sofrem para participar dessa prática.

Pedidos para receber fotos explícitas costumam ser enviados por mensagens de texto. A prática costuma se limitar a um grupo de meninos da escola e, em geral, começa por volta da sétima série, chega ao ápice na oitava série, e diminui de ritmo no nono ano. Garotos que enviam esse tipo de mensagem, pedindo repetidamente imagens de nudez,[124] sexo oral ou penetração, não acham seu comportamento inapropriado. Garotas que se recusam a enviar fotos costumam receber novos pedidos e, se continuarem negando, serão tachadas de "chatas", "puritanas", "putas" ou pior. Entendo se você ficar chocada. Todas as vezes que meninas me contam sobre isso, apenas penso: "Como chegamos a esse ponto?"

Garotas nessa situação encontram-se sob intensa pressão e num terrível dilema. Sua recusa pode motivar retaliações ou assédio, além de sua exclusão. Se topar, ela pode se tornar popular entre os garotos, mas ficar com a reputação abalada, indo contra seus próprios desejos românticos e sexuais. Mas para os garotos significa: "Se der cara ou coroa, eu ganho." Garotos que importunam garotas em geral fazem parte de um grupo de meninos que competem para provar sua masculinidade uns para os outros. Quando a garota cede, o garoto fica com um registro digital ou até mesmo uma foto para compartilhar com os amigos. Se a garota recusa, o menino insiste, sentindo-se capaz de ensinar aos outros como praticar seu machismo agressivo.

Se você ainda continua a leitura — ou se voltou depois de procurar um ambiente sem tecnologia, apenas para garotas onde sua filha possa ficar — saiba que existem muitas maneiras de ajudar sua filha se ela sofrer pressão digital para realizar favores sexuais. Primeiro, encontre uma oportunidade para falar: "Disseram que alguns garotos acham certo enviar repetidamente mensagens para uma garota, querendo fotos com nudez ou fazendo pedidos sexuais. Está claro que esse comportamento é *totalmente* inaceitável. Eles não devem agir assim de jeito algum, e muito menos insistir se a garota já disse não." Sua filha pode retrucar: "Eu sei que isso é errado!", mas você disse o que era necessário. Assédio digital e expectativa de receber rapidamente uma resposta se tornaram comuns em alguns grupos, e garotas que se sentem desconfortáveis às vezes se perguntam se não estão conseguindo se encaixar. Sua filha ficará feliz de saber que não é ela quem está agindo de forma inapropriada.

A Bússola Interior

Certa tarde, uma garota do nono ano do ensino médio veio ao meu consultório particular com uma situação difícil para conversarmos na sessão. O garoto do primeiro ano com quem ela estava saindo há semanas a estava pressionando para que ele pudesse masturbá-la, e ela não sabia exatamente como lidar com a situação. De nossas conversas anteriores, eu sabia que ela estava feliz por estarem saindo, não queria que ele a achasse moralista, não queria acabar o namoro, nem perder o status social que ganhou com o relacionamento. A garota continuou expondo seu dilema. O rapaz vinha pedindo por mensagem de texto, nunca pessoalmente, e ainda não havia tentado tocá-la enquanto estavam juntos, mas continuava insistindo por mensagem. Para provar que seu pedido "não era nada demais", ele enviara uma lista com nomes de garotos que já haviam feito o mesmo com outras garotas. Quando ela acabou de descrever a situação e expôs seu questionamento, perguntei da maneira mais calma possível: "Bom, e você quer que ele coloque os dedos na sua vagina?" Ela me olhou com estranheza e negou de forma veemente. Continuei: "Você parece saber *o que* quer, só que está difícil levar isso em consideração."

Na confusão de mensagens sobre o que elas deveriam querer e como se comportar, esperamos que as meninas encontrem sua bússola interior. Nossas filhas devem ter o direito de decidir a respeito de suas vidas romântica e sexual, e escolher o que desejam ou não. Ao agirem assim, devem se sentir capazes de expressar seus desejos para os parceiros.

Algumas têm facilidade de entrar em contato com sua bússola interior. Lembro-me de uma estudante do ensino médio que não se sentia pronta para beijar o namorado e agradeceu o apoio de sua mãe ao ouvir que não havia nada de errado nesta relutância. Lembro-me também de uma garota do último ano do ensino médio que transava com um amigo de longa data. A maioria das garotas precisa de tempo para descobrir o que querem, e isso nem sempre é fácil. Quando se trata de romance, surge em cena a diferenciação que já fizemos entre pensar, sentir e agir. Algumas garotas gostam de imaginar sobre comportamento romântico e sexual — podem imaginar-se sentadas do lado de sua paixão ou fazendo sexo — mas sem necessariamente pôr isso em prática. Outras experimentam primeiro e questionam depois. Com o fato consumado, refletem e descobrem o que acham certo nos encontros românticos ou físicos.

Qual o papel dos pais na complexa e velada missão de ajudar a garota a descobrir sua bússola interior? Você tem três missões: fazer com que sua filha saiba que ela *tem* uma bússola interior, ajudá-la a buscar o que quer, e se certificar de que ela sabe expressar o que não quer.

Em relação à primeira missão — fazer com que ela saiba que tem uma bússola interior –, busque maneiras de fazê-la entender que você quer que ela *aproveite* sua vida amorosa. Caso sua filha queira conversar sobre relacionamentos, deixe que ela guie o papo. Caso contrário, escolha o momento, faça comentários breves e bom uso das oportunidades que surgirem. Depois de assistir a um filme que transmite alguma das mensagens confusas que enviamos para as meninas sobre o lugar que ocupam no mundo romântico, você talvez possa dizer: "Por esse filme, parece que os caras decidem tudo, mas espero que *você* saiba que seus desejos num relacionamento são importantes. As pessoas que valem a pena sabem disso também." Caso ela comente sobre uma garota que terminou com um garoto, sinta-se à vontade para mostrar-se surpresa e comentar sem julgamentos: "Fico imaginando se *ela* sentiu-se bem com isso." Comentários assim podem afastar sua filha, mas não deixe de fazê-los. Nossa cultura não se importa que nossas meninas se conheçam bem, então alguém precisa incentivá-las a conectarem-se com os próprios desejos.

Trabalhar na segunda missão — ajudá-la a buscar o que quer — se sobrepõe à tarefa de ensinar sua filha a ser assertiva. Queremos garotas que saibam se defender enquanto respeitam os direitos dos amigos *e* dos parceiros românticos e sexuais. Se ela confidenciar que gosta de um amigo de longa data, pergunte se ela não gostaria de dizer isso a ele. Ao longo dos anos, muitas vezes aconselhei garotas nesta situação. Eu dizia: "Se você quiser ser mais que meu amigo, eu gosto da ideia. Se não quiser, ficarei satisfeita em ser apenas sua amiga."

Apesar de ter feito essa sugestão inúmeras vezes, duvido que alguma garota a tenha seguido, mas insisto porque quero que as garotas saibam que podem *pedir* o que desejam. Se sua filha não compartilha sua intimidade com você, mas conta sobre uma amiga que quer beijar o namorado, mas está esperando que ele dê o primeiro passo, você talvez possa perguntar por que a amiga se sente impedida de expressar seu desejo.

Em relação à terceira missão — certificar-se de que ela sabe expressar o que não quer — dê sua opinião quando houver oportunidade. Talvez você possa dizer algo como: "Talvez você não saiba, mas vou dizer mesmo assim. Se alguém pedir que você faça algo que não quer, segurar sua mão ou fazer sexo, lembre-se sempre de que tem o direito de dizer não. Por exemplo, 'Isso não é algo que eu queira fazer'. Você nunca deve ter que repetir isso nem deve se sentir mal por dizê-lo."

Enquanto aconselha sua filha sobre a vida amorosa dela, você pode sentir necessidade de incentivá-la a criar regras básicas para qualquer encontro romântico ou sexual. Na teoria, o conselho pode parecer bom, mas não espere que ela o siga. Poucas adolescentes diriam: "Olha, você pode colocar a mão embaixo da minha blusa, tocar meu sutiã, mas não abaixo do umbigo. Agora vem cá!" As vontades de uma garota dependem muito do momento e do contexto, e às vezes elas só descobrem o que *não* querem quando experimentam. Você pode dizer: "Você descobrirá o que gosta e quer com o tempo, mas saiba que não precisa repetir algo só porque fez uma vez. Qualquer um que mereça estar com você respeitará seu pedido."

Quando adultos conversam com meninas sobre consentimento em relacionamentos, tendem a focar o diálogo no direito de a menina afastar os avanços indesejados do menino. Mas muitas garotas pressionam os parceiros a experimentar o que eles não querem, por isso precisamos mostrar esse outro lado. Com frequência, converso com grupos de garotas sobre tomar decisões num relacionamento amoroso. Sobre a importância de meninas conhecerem seus desejos e respeitarem o que os parceiros querem, normalmente digo: "É importante saber o que quer e prestar atenção no seu parceiro. E se não concordarem no que desejam, a pessoa que não quiser avançar decide. Sem pressão e sem perguntas."

Às vezes, elas precisam ser lembradas de ser gentis ao recusar um convite para sair. Garotos são tão frágeis quanto garotas quando se trata de relacionamentos. Mas nossa cultura não oferece muitas oportunidades a eles, pois "homens de verdade" não demonstram isso. Garotas podem acreditar na atitude agressiva de um garoto e esquecer que ele também é um ser humano frágil. Uma garota incrível que conheço entrou em pânico ao receber um convite enquanto falava ao telefone. Ficou surpresa com a própria reação e certamente magoou o garoto ao desligar na cara dele. É claro que sua filha pode recusar um convite, mas talvez você precise ensiná-la a ser educada. Incentive-a a responder (provavelmente por mensagem) mais ou menos assim: "Agradeço o convite, mas não gostaria de ultrapassar nossa amizade agora." É uma boa maneira de começar.

Garotas que conhecem sua bússola interior e as levam em consideração são as que desenvolvem relacionamentos mais saudáveis. Se namoram, é alguém de quem gostam e as trata com respeito, e são as garotas que têm maior probabilidade de se sentirem sexualmente satisfeitas. Uma adolescente que escuta sua bússola interior pode ficar num relacionamento mais longo — apesar de isso ser raro atualmente — ou aproveitar relacionamentos curtos mais saudáveis. Seja como for, ela estará iniciando sua vida amorosa da melhor maneira.

Namoro por Posição Social

Ter relacionamentos românticos com garotos — emocional, físico ou ambos – muda o status social da garota. Até namoros rápidos podem chamar muita atenção e confirmar publicamente o sucesso dela ao afastar-se da infância. Você não precisa necessariamente se preocupar se sua filha receber aprovação social por seguir seus desejos românticos. Mas quando a mudança de posição social for a principal motivação de uma garota para envolver-se amorosamente, a situação pode ficar complicada.

Há alguns anos, tive uma paciente chamada Beth, uma garota esperta de olhos questionadores e um sorriso cativante. Ela me procurou quando estava no primeiro ano do ensino médio, por conta de uma forte ansiedade que não a deixava dormir. Falava abertamente sobre suas preocupações — escola, amigos, futuro — e, depois de algum tempo, a insônia melhorou. Comentamos então sobre seu relacionamento com Kevin, um salva-vidas que trabalhava na piscina pública e ela conhecera no verão. Pela descrição de Beth, ele era distante, bonito, e pertencia a uma turma popular de alunos mais velhos. Beth estava animada com o relacionamento e, por consequência, com os hábitos dele de beber muito, fumar maconha e o novo status que alcançara na escola.

Entrando no Mundo do Romance

No final do verão, Beth não estava mais feliz com a situação. Apesar de adolescentes não abordarem muito sua vida sexual na terapia, Beth e eu já tínhamos intimidade e ela disse:

— Lidar com Kevin não é tão bom assim. Começamos a sair durante o verão quando ele me enviava mensagens de madrugada para encontrá-lo nas festas e levá-lo para casa quando já estava alucinado demais para dirigir. Durante o trajeto, encostávamos o carro para que eu pudesse chupá-lo. Não me incomodo de fazer isso, mas me sentiria melhor se passássemos mais tempo juntos quando ele não está bêbado. Ou se ele demonstrasse interesse em me agradar também. Ou se não me pedisse para ir buscá-lo quando não pode mais dirigir. Duas semanas atrás, ele começou a me pressionar para transar, agora que já estamos juntos há vários meses. Ele diz que todos fazem isso.

"Não sei se ele continuará saindo comigo se eu disser não, enquanto muitas outras garotas transariam com ele. Eu ficaria bem se terminasse... mas é complicado. Conversei com algumas amigas da escola sobre Kevin querer transar, e elas sabem que saio de nossas festas para ficar com ele e levá-lo em casa. Semana passada, vi sem querer uma mensagem de texto num grupo. Algumas garotas que eram muito amigas estão me chamando de 'puta' do Kevin pelas costas."

Relatos do fim[125] das diferenças entre os gêneros, enquanto homens são enaltecidos e mulheres julgadas por seu comportamento sexual, são bem irreais. As adolescentes hoje abandonaram o papel exageradamente caricato da sexualidade feminina (como Rizzo e Sandy de *Grease — Nos tempos da brilhantina*), mas tampouco chegamos ao ponto em que meninas são admiradas pela quantidade de conquistas amorosas. Pesquisas mostram que garotas sexualmente ativas [126] ou que saem com múltiplos parceiros ainda são chamadas de "vadias" e termos similares por seus pares. Apesar das tentativas linguísticas de usar o termo "prostituto", meninos com várias parcerias sexuais ainda são socialmente valorizados.

Infelizmente, o relacionamento de Beth com Kevin e a turma popular custou-lhe a reputação com seus pares. As meninas da sua turma sabiam que o relacionamento era basicamente sexual e Kevin ditava as regras, então assumiram a função de policiar o comportamento "de vadia" da amiga. Vejo isso o tempo todo — casos em que a reputação de uma garota melhora ou piora quando ela se envolve sexualmente com um ou mais rapazes. Enquanto ela se torna socialmente mais atraente (é convidada para festas de meninos ou chamada de popular), é malvista pelas meninas, que a invejam e querem puni-la por isso.

Sem levar em consideração as diferenças de como o comportamento sexual é visto entre os gêneros, não queremos a situação de Beth para nossas filhas. Ela gostaria de ter também uma relação romântica com Kevin, mas, sem apoio ou segurança, não acreditava no seu direito de dizer o que queria e o que *não* queria. De fato, pesquisas indicam[127] que garotas fazem mais sexo oral do que garotos porque querem manter seu relacionamento ou por pressão. Além disso, fazem sexo oral nos parceiros muito antes de receberem. Estudos também mostram que, em comparação aos meninos, elas costumam se sentir usadas depois de fazer sexo oral,[128] apesar de explicarem que a prática permite que façam parte de uma turma popular sem precisar fazer sexo com penetração. Outras pesquisas sugerem[129] que garotas optam por sexo oral, em vez de vaginal, na expectativa de evitar uma gravidez indesejada e doenças sexualmente transmissíveis além de, quem sabe, não colocarem sua reputação em risco.

Quando chegar a hora de conversar com uma garota sobre namorar para manter uma posição social — quando a vida amorosa ou sexual de uma menina muda seu status — adultos podem se sentir divididos entre apagar incêndios ou provocá-los. Por um lado, não queremos reforçar os padrões sexistas ao conscientizar as meninas (mas não os meninos) sobre sua reputação. Por outro, queremos conduzir nossas filhas para longe de escolhas que as deixem dependentes, como Beth, num namoro insatisfatório, só para manter sua rede de relacionamentos. Como muitos adultos têm dificuldade de expressar sua opinião sobre o assunto, não surpreende que tenhamos dúvidas de como aconselhar nossas filhas. As adolescentes podem avaliar a situação de forma muito superficial. Às vezes, criticam meninas que se tornam sexualmente ativas e às vezes sentem que os relacionamentos delas não devem ser questionados. Na realidade, as forças que entram em cena quando a vida sexual de uma menina muda sua posição social são extremamente complexas. O melhor que podemos fazer por elas é convidá-las a pensar muito a respeito.

Já sabemos que adolescentes desenvolvem uma visão crítica a respeito dos adultos. Trago novidades: elas também começam a enxergar tudo de forma diferente. Podem questionar explicações concretas que aceitavam quando eram mais novas ("Garotas que saem com muitos caras são vadias") e começar a considerar como fatores abstratos (pressões culturais e vontade de fazer parte) podem complicar aquelas crenças tão simplistas. É aí que você entra. Se sua filha julga de forma negativa uma amiga como Beth, diga: "Entendo que você e suas colegas não aprovem o comportamento dela, mas por que você não enxerga os garotos da mesma forma?" ou "Talvez ela saiba o que as pessoas falam sobre ela. Se ela quisesse mudar, vocês dariam uma segunda chance a ela?" ou "Talvez o relacionamento não tenha sido assim no começo. Às vezes vejo adultos presos a relacionamentos que não querem mais e entendo como isso poderia acontecer a uma garota inteligente como Beth."

O que os pais dela poderiam fazer se ficassem preocupados com seu relacionamento com Kevin? Talvez pudessem dizer algo como: "Parece que ele só a procura nos finais de semana. Se é isso o que você quer e está feliz assim, tudo bem. Se quer algo mais, sente-se à vontade com ele para pedir?" ou "Você não tem saído muito com suas amigas. Está lidando bem com isso?" Se o assunto for delicado demais para uma conversa franca, eles podem esperar o momento certo e dizer: "Às vezes algumas garotas perdem de vista o que querem porque são boas demais em prestar atenção nas necessidades dos outros. Não há problemas em abrir mão de algumas coisas pelo relacionamento desde que você ache que vale a pena."

Ter uma adolescente em casa pode levar a uma discussão profunda sobre política ou filosofia, como os estereótipos da mulher, ou quais sacrifícios alguém deve fazer ou não por um relacionamento. Desista de achar que terá todas as respostas, porque isso não acontecerá. Como disse a sábia mãe de três adolescentes:[130] "As melhores conversas que tive com meus filhos sempre começaram com a seguinte frase: 'Caramba! Que coisa mais difícil. Nem sei o que dizer. O que *você* acha?'"

Ser Gay: A Difamação e a Realidade

A partir do sétimo ano, pelo menos, adolescentes começam a se chamar de "gay" — termo que tratam como um potente insulto. Em comparação a meninas, é mais comum entre garotos implicarem com colegas usando esse termo, mas elas também usam as palavras "gay" e "lésbica". O uso de gíria homofóbica ocorre em quase todas as comunidades e escolas, sem importar se as famílias daquela região têm mente mais aberta ou receptiva. De fato, adolescentes que têm parentes queridos ou amigos muito próximos à família que são homossexuais não percebem a contradição de seu comportamento ao chamar colegas por esses termos.

É surpreendente perceber que os adolescentes ainda usam apelidos homofóbicos quando a sociedade está tentando ser inclusiva e igualitária. Existem várias razões (indefensáveis) para adolescentes continuarem usando "gay" como insulto. Como sabemos, eles se esforçam muito para fazer parte de uma turma e, às vezes, ganham posição dentro do grupo ao apontarem os que fazem parte de outro grupo. Qualquer um pode chamar o outro de gay, e isso instantaneamente reforça a posição social do acusador em seu grupo.[131] Adolescentes têm maior probabilidade de chamar um amigo de gay se o colega for diferente — mesmo que só um pouco — dos estereótipos culturais do que é considerado masculino e feminino. De fato, a dolorosa e restrita definição de como um homem deve comportar-se os deixa na obrigação de policiar uns aos outros. Dito isso, adolescentes são capazes de tornar qualquer comportamento um motivo para fazer um insulto homofóbico, desde a maneira como um menino fecha a mochila ou a menina usa suas meias.

Adolescentes que lutam com a própria orientação sexual às vezes podem chamar os colegas de gay. Psicólogos sabem há muito tempo que pessoas costumam projetar seus sentimentos desconfortáveis em outras pessoas: "*Eu* não sinto atração pelas garotas da minha turma, mas acho que *ela* sente." O processo de transferência acontece de forma inconsciente nas situações em que queremos nos livrar do desconforto causado por certos sentimentos. Adolescentes que sentem desejo sexual por colegas do mesmo sexo nem sempre conseguem aceitar — ou admitir para si mesmos — a possibilidade de estarem atraídos por aquela pessoa. Eles chamam os outros de gay e, ao projetarem o sentimento de forma hostil, asseguram-se (e talvez a seus colegas) de sua heterossexualidade. Pesquisas apontam que pessoas[132] desconfortáveis com a atração sexual que sentem por pessoas de mesmo sexo costumam ser aquelas com *maior probabilidade* de apresentar comportamento homofóbico.

Garotas LGBTQ geralmente escondem sua orientação sexual ou de identidade de gênero durante a adolescência (ou mais), e às vezes até mais tarde, o que é compreensível, já que adolescentes usam constantemente insultos homofóbicos. Os que têm questões de identidade sexual podem precisar de tempo para entrar em contato com seus sentimentos e descobrir o que querem. Diferentemente de seus pares heterossexuais, eles não podem debater abertamente suas dúvidas, especialmente se vivem em comunidades que estigmatizam ou atacam pessoas LGBTQ.

Vários fatores vão influenciar a decisão de uma menina em compartilhar com os pais sua orientação sexual. Algumas pesquisas constatam, sem nenhuma surpresa, que adolescentes LGBTQ[133] costumam se assumir para pais quando recebem apoio em suas escolhas e têm menor probabilidade de conversar com pais dominadores. Paradoxalmente, alguns estudos mostram que adolescentes com laços familiares mais fortes[134] relutam mais em se assumir para os pais por medo de decepcioná-los ou ameaçar a proximidade da relação. Em outras palavras, adolescentes têm a maior probabilidade de se assumirem para os pais quando os ganhos superam as perdas. A mesma pesquisa mostra que adolescentes com acesso a recursos de apoio fora do círculo familiar — como organizações LGBTQ, um ambiente escolar acolhedor ou pares que os aceitem— sentem-se mais seguros de enfrentar problemas ao se assumirem para os pais.

Os adultos precisam se envolver na história quando existem duas questões importantes em jogo. A primeira delas é quando adolescentes usam termos como "gay" e "lésbica" como insulto, e a segunda é a possibilidade de sua filha se identificar como LGBTQ. Vamos abordar as questões em separado, mas elas claramente se sobrepõem. Quando conversar com sua filha que não é correto que ela e os amigos usem vocabulário homofóbico, você está claramente sinalizando seu desejo de apoiar e proteger os membros da comunidade LGBTQ. Se ela se identifica com esse grupo, ficará feliz em ouvir sua mensagem e isso a deixará mais à vontade de se assumir para os pais.

Se sua filha contar que os amigos usam "gay" ou "lésbica" como insulto, ou se você tiver razões para acreditar que ela usa tais termos para atacar pessoas, você deve deixar claro que se trata de bullying. No capítulo 2, vimos que bullying é quando uma pessoa[135] é sistematicamente exposta a agressões por um ou mais colegas e tem dificuldades de se defender. Com tal definição em mente, não fica claro que os termos "gay" e "lésbica" constituam bullying— garotos em geral usam estes termos uns com os outros. Ainda assim, essa linguagem faz parte de um cenário de constante agressão homofóbica que envolve crimes violentos. É papel dos adultos mostrar aos adolescentes como insultos e violência se relacionam.

O que fazer quando você acha que sua filha é LGBTQ ou decide se assumir para você? Adolescentes costumam temer as consequências de abrir sua orientação sexual ou identidade de gênero para os pais. Se sua filha se assumir para você, ou você desconfiar de que ela gostaria de fazê-lo, faça o possível para ela se sentir apoiada e bem recebida, independentemente de quem ela amar ou de como ela se identifica. Uma pesquisa com adolescentes LGBTQ demonstra que fazer parte de um grupo estigmatizado torna a vida de um adolescente mais estressante. Metade dos adolescentes LGBTQ[136] num estudo se preocupava com as consequências de sua orientação sexual na vida, e dois terços já haviam considerado o suicídio. Estudos identificam abuso de álcool e drogas[137] entre adolescentes que sentem dificuldade de pertencer a uma minoria sexual. A pesquisa ainda relata que a aceitação dos pais[138] diminui o estresse, o uso de drogas, a depressão e as tendências suicidas, enquanto fortalece a autoestima.

Sem dúvida, é muito delicado para os pais quando a filha expressa sua identificação LGBTQ. De forma semelhante, uma garota que se abre com os pais teme ser rejeitada. Adolescentes em geral conversam primeiro com os amigos e depois com os pais (ou apenas esperam que eles descubram, depois de ter lidado com a reação de outras pessoas).

Num final de tarde de quarta-feira, recebi Ted e Melissa, pais de Paige, em meu consultório. Ted ligou para marcar uma consulta quando leu uma longa troca de mensagens em um grupo no celular da filha, uma estudante do segundo ano do ensino médio, em que ela falava abertamente para amigas como era ser lésbica. Sentados em meu sofá, eles demonstraram surpresa: não sabiam que Paige era gay e como reagir diante da naturalidade dela ao contar para as amigas da escola.

— Não nos entenda mal – disse Ted, dando de ombros e estendendo as mãos grandes. — Não nos importamos que seja gay... Quer dizer, é difícil, mas nós sempre a apoiaremos.

— O que nos incomoda — complementou Melissa – é que ela parece não perceber que não é grande coisa sair contando para todo mundo. Só tem quinze anos, então, como pode ter tanta certeza? Eu *acho* que amigas dela encaram com naturalidade, o que talvez seja bom. Mas não sabemos para quem ela contou e Paige não sabe que descobrimos; a gente não sabe para quem ela saiu contando, e ela não sabe que nós sabemos.

— Por que não conta a ela que leu as mensagens? — perguntei com curiosidade. Melissa continuou.

— Ela sabe que vemos as mensagens. Que temos direito de checar a comunicação dela. Mas não estávamos procurando. Paige deixou o celular na bancada e uma nova mensagem chegou quando Ted estava perto. E lemos toda a conversa.

— Não sabemos exatamente o que dizer. — Ted suspirou. — Queremos que ela saiba que estamos juntos, mas, para ser sincero, nos perguntamos se ela mudaria de ideia em algum momento.

Melissa concordou com a cabeça e voltou a falar.

— No último verão, ela gostou muito de um menino que mora na nossa rua, então não sabemos o que pensar.

— Pensaram no que *podem* dizer a ela? — perguntei.

Agitada, Melissa colocou o cabelo para trás da orelha.

— Pensamos em dizer que lemos as mensagens, que a amamos e não nos importamos de quem ela gosta. Apenas queremos que ela tenha bons relacionamentos — disse Melissa. Ted concordou e ela prosseguiu. — Queríamos saber se podemos dizer que talvez mais tarde ela resolva mudar, mas que isso não importa, porque estamos ao lado dela.

— A primeira parte parece boa, mas imagino se dizer que ela pode mudar de ideia não invalida o que vocês falaram antes. Mesmo que ela sinta-se diferente no futuro, seu interesse atual em garotas ainda continuará parte do desenvolvimento de sua identidade sexual. E se perguntassem qual termo ela gostaria que vocês usassem para descrever a orientação sexual dela e deixassem claro que ela pode sempre conversar com vocês sobre outra forma de lidar com a escolha dela, enquanto Paige descobre do que gostaria?

Melissa e Ted se entreolharam e depois olharam para mim.

— Vamos pensar a respeito — disse Ted.

— E quanto à preocupação de vocês sobre as garotas para quem ela já contou?

— Essa é a parte complicada — disse Melissa. — Não queremos criticar, mas não sabemos se ela tem noção de que talvez não queira expor isso para o mundo. E tem algo mais. Ela tem uma melhor amiga chamada Monica, que sempre vai lá para casa, e as duas se trancam no quarto de Paige por horas. Não sabemos se devemos conversar a respeito com Paige.

Pensei por um minuto antes de responder.

— Acho que vocês precisarão ter muitas conversas. Por que não começam dizendo que vão apoiá-la, mas não sabem se todos agirão da mesma forma?

— Podemos tentar. Mas o que fazer quando Monica for lá para casa? — perguntou Ted.

— Acho que devem conversar com Paige a respeito. — respondi. — Como acham que reagirá quando tocarem no assunto?

— Vai ficar furiosa — disse Melissa de imediato.

— Certo, talvez você possa dizer algo como: "Estamos tentando entender a situação e não queremos magoá-la. Até onde sabemos, você e Monica são apenas amigas, mas não gostaríamos que você ficasse trancada com um amigo em seu quarto, então não sabemos bem o que fazer quando Monica vier aqui."

— Posso lhe garantir que Paige dirá que estamos invadindo sua privacidade se dissermos que ela não pode ficar trancada no quarto com Monica — completou Ted.

Concordei.

— É justo. E não acredito que consigam resolver isso tão cedo. Só porque vocês apoiam as escolhas amorosas de Paige, não quer dizer que todas as regras se invalidam. Vocês podem pedir que sugira uma maneira de agir daqui pra frente que permita privacidade sem tornar sua casa um local de encontros. É claro que ela terá amizades platônicas com algumas garotas, mas vocês ainda têm o direito de ter algumas regras bem definidas.

Expliquei para Ted e Melissa que, na minha experiência, adolescentes *realmente* querem que adultos se comportem como adultos quando se trata da vida amorosa dos filhos, mesmo quando reclamam das regras que criamos. No meu consultório, ouço as garotas dizerem como se sentem inseguras com pais que permitem a presença de meninos para passar a noite. Uma delas especialmente bem articulada usou a expressão "fui servida aos lobos" quando seus pais saíram por horas sabendo que ela e o namorado estavam trancados no quarto dela. Adolescentes têm muitos lugares para ficar juntos. Sua filha pode se sentir mais à vontade (e você também) se você não permitir que mantenha uma vida sexual em casa, não importa a orientação sexual dela.

Nossa consulta chegou ao final e ficou claro que Ted e Melissa ainda precisariam ter muitas conversas com a filha. Resolveram dar o passo inicial com vários fios condutores em mente: apoiariam Paige no que ela realmente quisesse para si; o objetivo principal era que Paige tivesse bons relacionamentos saudáveis, protegida de reações homofóbicas; e que definiriam com ela regras para a vida amorosa e social dela enquanto ela morasse com eles.

Se sua filha se assumir para você, você deve filtrar sua reação com base nos seus sentimentos e no quanto conhece sua filha. Muitos pais reagem como Ted e Melissa. Estão dispostos a aceitar, mas sentem-se surpresos e cheios de questões sobre o que aconteceu. Outros passam anos imaginando qual a orientação sexual ou identidade de gênero de sua filha antes de ela se assumir, e talvez se sintam aliviados e até contentes quando ela deixa de esconder um segredo.

Alguns pais acham que só podem aceitar sua filha se ela for heterossexual. Visto que nossas filhas nos conhecem tão bem quanto nós mesmos (às vezes melhor), alguns pais que não estão preparados para lidar com a identidade LGBTQ de suas filhas podem descobrir a respeito só quando elas já são adultas. Em último caso, eles podem precisar de ajuda para conciliar seu posicionamento com o amor que sentem por suas filhas.

Garotas podem questionar a própria orientação sexual, identidade de gênero ou ambas. Identidade de gênero (o *quanto* uma menina se sente feminina ou masculina) não está ligada à orientação sexual (por quem ela se sente atraída), apesar de frequente e erroneamente serem associadas. Dito em outras palavras, garotas que assumem uma identidade masculina podem se sentir atraídas apenas por garotos, garotas, ou os dois. Ao estabelecer uma separação entre esses dois fatos, você deve focar no ponto principal: *identidade*.

A cultura atual, em especial nos grupos de jovens, aceita formas mais fluidas de expressar identidade de gênero em comparação ao rígido padrão homem/mulher de nossa época. Homens que são atletas têm sido vistos prendendo seus cachos com faixas, acessórios até então considerados femininos. E, embora as meninas tenham gozado de maior liberdade de gênero em comparação aos meninos ("fortonas" são legais; "afeminados" não), você deve ter percebido que a moça que prepara seu café na cafeteria tem encontrado novas maneiras de se expressar. Dito isso, meninas ainda são bombardeadas por imagens de princesas usando cor-de-rosa como exemplos de feminilidade. Essas tendências estão mudando, mas não rápido o suficiente para muitas garotas e, certamente, muito devagar para meninas que se sentem masculinas.

Não importa como sua filha assumirá sua identidade de gênero, você deverá sempre lembrar que se trata da identidade dela, não da sua.

Apesar de certamente ser mais fácil para todos os envolvidos que ela optasse por ser jogadora de futebol para expressar sua pouco ortodoxa identidade, em vez de querer ser vista como um menino, coloque-se como defensora dela, independentemente da identidade que ela escolha. Que obstáculos enfrentará? Como irá superá-los? De que tipo de apoio precisará? Quem ficará contra ela? Refletir sobre essas questões não exclui a possibilidade de ter que mediar situações: Será que ela deveria ir de terno ao bar mitzvah do primo? Você deve concordar em chamá-la pelo novo nome ou referir-se a ela usando pronomes masculinos? (Claramente optei por pronomes femininos aqui, mas sua filha pode querer algo diferente.)

Ser LGBTQ é estressante para adolescentes e para os pais que querem apoiá-las, mesmo num momento em que a sociedade começa a aceitar melhor diferentes orientações sexuais e identidades de gênero. Muitas comunidades têm organizações de pais e simpatizantes em que as famílias que enfrentam desafios semelhantes se reúnem para trocar experiências. As famílias chegam com variados graus de aceitação e os membros mais antigos dão conselhos a partir de suas experiências pessoais. É bem complicado ajudar nossas filhas a conhecer o mundo dos relacionamentos. É mais difícil ainda quando elas fazem parte de uma minoria sexual ou precisam lidar com um gênero de identidade pouco convencional.

Entrando no Mundo do Romance: Quando se Preocupar

Comecemos por um cenário básico que *não* gera preocupações: a garota que não parece ter interesses amorosos. Muitas garotas têm uma adolescência satisfatória sem se preocupar com relacionamentos amorosos. Então, se sua filha não demonstra esse tipo de interesse e prefere qualquer atividade a conversar sobre garotos ou pensar em como se vestir para ficar atraente, não se preocupe. Se ela sente-se bem em não se conectar romanticamente durante a adolescência, você também deveria relaxar. Mesmo que ela não demonstre impulsos amorosos, é provável que esteja descobrindo o que deseja para si mesma. Pesquisas indicam que garotas[139] que preferem ter uma iniciação sexual no final da adolescência ou já jovens adultas se sentem mais confortáveis com a experiência do que as meninas que começaram sua vida sexual mais cedo.

Às vezes, a enorme cobrança de que adolescentes comecem a se relacionar amorosamente pode afetar meninas que não desejam se envolver em romances, fazendo com que se sintam excluídas ou desajustadas. Se necessário, tranquilize sua filha dizendo que a vida amorosa de um adulto independe de suas escolhas na adolescência e a apoie nas atividades que lhe dão prazer. De fato, uma menina que encontra meios de alimentar sua autoestima com atividades *além* de envolvimentos amorosos tem maiores chances de ter uma vida romântica mais saudável no momento certo. Por outro lado, devemos nos preocupar com uma menina que depende de relacionamentos amorosos para ter autoestima.

Os Afluentes e o Lago

Pessoas se sentem orgulhosas de si mesmas[140] pelas atividades em que são habilidosas; realizações são a melhor forma de desenvolver valor pessoal. Quando penso em garotas e na sua autoestima, visualizo um lago que tem muitos afluentes que o mantêm cheio. Cada rio tem uma particularidade e pode ser o reconhecimento pelo esforço em ser boa estudante, atleta dedicada, amiga confiável, voluntária do abrigo de animais, jovem inventora, incrível irmã mais velha, funcionária de confiança, só para citar alguns. Adolescentes podem ser frágeis e perder a noção de seu valor com facilidade, então é importante que tenham várias fontes de realização. Uma garota pode se sentir mal pela nota baixa, mas, mais tarde, recuperar-se ao receber o pagamento como empacotadora num supermercado. Outra que é dispensada do time de basquete da universidade pode se sentir melhor depois de passar a tarde de sábado dando aula para alunos pequenos.

Devemos nos preocupar quando a capacidade de uma garota de chamar atenção sexual ou amorosa é a única fonte que alimenta seu lago. Infelizmente, elas costumam focar em conquistar atenção dos garotos quando têm pouco no que se realizar. Elas se concentram muito na aparência, preferem encontros românticos a estar com as amigas, destratam os garotos com objetivo de se tornarem populares, e podem ignorar suas vozes interiores porque estão focadas em dar aos garotos o que eles querem.

Em longo prazo, não queremos criar mulheres que associam sua autoestima à sua vida romântica e sexual. Em curto prazo, vi adolescentes tomarem péssimas decisões apenas para terem uma vida amorosa ativa. Ao longo dos anos, tratei de garotas que andaram por bairros pouco seguros à noite porque não conseguiram carona para ir à festa na casa de algum garoto. Já consolei meninas que convidaram caras praticamente desconhecidos para ir à sua casa quando os pais não estavam. E já aconselhei as que tiveram experiências sexuais das quais se arrependeram mais tarde porque tinham muito medo de ser abandonadas.

Caso sua filha use sua capacidade de sedução para fortalecer a autoestima, ajude-a a descobrir novos meios de realização. Se ela não se orgulha do desempenho escolar, busque recursos para que possa trabalhar suas dificuldades. Se tem poucos interesses além dos garotos, sugira — ou exija — que arranje atividades extracurriculares, um trabalho voluntário, um emprego, ou todas as opções anteriores. Às vezes, garotas focam nos garotos quando não estão conseguindo se dar bem com garotas. Se for o caso de sua filha, converse com pessoas de sua confiança sobre como mudar sua dinâmica social. Ocupar o tempo de sua filha dará a ela novas oportunidades de construir sua autoestima, e menos tempo para querer que os garotos lhe deem atenção e façam se sentir importante.

Os Romances Sazonais

Se você passar algum tempo com alunos do ensino fundamental, verá que as garotas, em geral, chegam à puberdade[141]quase dois anos antes dos garotos. As diferenças no desenvolvimento chegam a ser engraçadas quando vemos garotas do sexto ano com aparência de meninas do ensino médio, bem mais altas do que os garotos de sua turma, facilmente confundidos com garotos do quarto ano. Se levarmos em consideração apenas os fatores biológicos do amadurecimento sexual, a maior parte das meninas do sétimo ano começam a se relacionar com meninos dos primeiros anos do ensino médio. Mas, pensando em tudo que sei sobre meninas, não temos bons resultados quando uma menina namora meninos que são, pelo menos, um ano mais velhos.

Estudos indicam que, em comparação com meninas que saem com meninos da mesma idade, garotas que se relacionam com garotos dois anos mais velhos iniciam sua vida sexual mais cedo, estão mais sujeitas a doenças sexualmente transmissíveis, têm menor probabilidade de usar camisinha e outros métodos contraceptivos. Além disso, namorar garotos mais velhos aumenta as chances de ela[142] usar drogas e demonstrar sinais de depressão. Existem duas formas de analisar esses resultados. Primeiro, adolescentes mais velhos tendem a se arriscar mais em comparação com os mais novos, afetando quem está ao seu lado. Segundo, sendo bem delicada, mostre-me um menino do ensino médio que corre atrás de meninas do sétimo ano e mostrarei a você um garoto que você provavelmente não desejará que se aproxime de sua filha.

A regra de "não ter mais do que um ano de diferença" não é universal; certamente existem garotos do último ano do ensino médio que tratam as namoradas do primeiro ano com respeito e igualdade. Mas, se sua filha namora alguém dois anos mais velho, ou se está saindo com um garoto do ensino médio, enquanto está no ensino fundamental, você deve se perguntar se ela está sendo tratada com igualdade nesse relacionamento. Se achar que não, considere intervir como na situação das meninas que ficam com garotos para preservar sua autoestima. É quase impossível controlar a vida amorosa de sua filha, não importa o quanto queira, mas você pode mantê-la ocupada com atividades e oferecer formas confiáveis de se sentir valorizada.

Claro que, quanto maior a diferença de idade, maiores as preocupações. Graças aos muitos sites de relacionamento, as adolescentes podem facilmente se encontrar com homens de caráter duvidoso. Durante as férias em família, uma paciente de dezesseis anos assustadoramente impulsiva mentiu sobre sua idade num aplicativo para pessoas em busca de parceiros sexuais com base na proximidade geográfica. Minha paciente pediu à irmã de doze anos que a ajudasse a esconder que ela sairia com um homem de 23 anos. Por sorte, a irmã não aguentou e contou aos pais o que estava acontecendo. Os pais correram atrás da filha, interromperam o encontro antes de haver graves consequências, e avisaram ao homem que chamariam a polícia se voltasse a procurar sua filha. Está na hora de se preocupar se sua filha está saindo com adultos ou em busca disso. Se isso acontecer, ajude-a a compreender que sua intromissão é para protegê-la, limite o acesso on-line dela, trabalhe com profissionais confiáveis de saúde mental ou peça ajuda da polícia se for necessário.

Como estamos falando de garotas que saem com homens mais velhos, deixamos de focar no que sua filha quer e começamos a conversar com ela sobre o que precisa fazer para se proteger. A seguir, veremos quais importantes conversas vocês deverão ter quando ela assumir a responsabilidade de cuidar de si mesma.

SETE

Cuidando de Si Mesma

Chegamos à última etapa de desenvolvimento adolescente. Nesse momento, sua filha aprende a tomar decisões sábias e independentes sobre sua própria saúde e segurança. Sem dúvida, ela já tem cuidado de si mesma de muitas maneiras. Olha para os dois lados antes de atravessar a rua, se agasalha em dias frios, prepara o próprio lanche, e assim por diante. Anna Freud afirmou[143] que "é de forma lenta e gradual que as crianças assumem a responsabilidade de cuidar do próprio corpo e protegê-lo de qualquer mal" e, neste capítulo, vamos analisar como isso funciona na adolescência. Começaremos falando sobre alimentação e sono, duas etapas básicas de cuidado que ela começará a administrar com independência já no início da adolescência. Em seguida, analisaremos escolhas perigosas e potencialmente danosas, e as primeiras situações da vida adulta que ela começará a enfrentar no final da adolescência.

Seria fácil ensiná-las a se cuidar se pudéssemos simplesmente dizer o que deveriam fazer. Nossos conselhos seriam previsíveis e diretos: alimente-se de forma saudável; durma bem; faça sexo seguro; não exagere na bebida; não use drogas. Não há nada de errado em dar conselhos, mas não é tão simples assim. Quando se trata de seu bem-estar, a maioria das garotas é resistente à opinião de adultos, por melhor que seja a intenção do conselho, em especial se vier dos pais. Como vimos no capítulo 5, nada tem mais poder do que o desejo de independência da adolescente. Dizer a sua filha como deve agir num dos momentos mais íntimos e delicados da vida dela pode provocar o efeito contrário. Ou ela pode ignorá-la completamente.

Concordar sem Escutar

Garotas podem parecer atentas a nossa sabedoria quando, na verdade, estão nos ignorando. Quando me reúno com adolescentes para falar sobre bem-estar e segurança, sempre começo perguntando com simpatia:

— Sabem aquilo que vocês fazem quando um adulto está aconselhando, mas vocês não concordam, deixam de prestar atenção, mas continuam assentindo com a cabeça? — Paro quando vejo as meninas corarem ao se identificar com a postura. Algumas gritam em concordância. Continuo: — Chamo isso de *véu da obediência*. Vocês se escondem atrás dele quando um adulto diz algo de que vocês discordam, e, então, desligam.

Invariavelmente, as meninas se reconhecem na descrição e sorriem, balançando a cabeça.

Em alguns momentos, garotos também agem dessa forma, mas, em geral, são diferentes das meninas porque costumam discordar abertamente ou desviar o olhar. Garotas, por sua vez, nos dão aquilo que acham que queremos: uma adolescente que parece estar prestando atenção. Se sua filha a deixa exausta por discordar constantemente de você, considere-se sortuda. Pelo menos, você *sabe* quando ela não concorda.

Antes de pensar em como ajudar sua filha a cuidar de si mesma, você precisa pensar sobre o véu da obediência dela. Por muitos anos, pedi a garotas que me contassem quais postura ou palavras dos adultos faziam com que ignorassem os conselhos oferecidos. Eis o que aprendi.

Elas param de ouvir quando damos um sermão. Se você estiver brigando *com* sua filha ou insistindo num determinado assunto, saiba que existe a possibilidade de ela colocar o véu. Nesse caso, você provavelmente estará perdendo tempo. A sabedoria ou a qualidade do seu conselho é irrelevante. É quase impossível um ser humano levar uma bronca e não ficar na defensiva, e, quanto mais tempo os pais falam, mais a filha se afasta. Pessoas não gostam de ouvir o que devem fazer e tal fato se multiplica quando se trata de adolescentes.

Garotas colocam o véu da obediência quando parecemos desconfiar delas. Quando perguntamos se haverá bebida alcoólica na festa, elas logo nos asseguram de que é uma festa sem álcool e tentam fazer com que não desconfiemos do contrário. Na realidade, elas já agem assim quando acreditam que não concordaremos em deixá-las ir à festa. Garotas dizem que o tom questionador das perguntas faz com que elas queiram encerrar logo a conversa, mesmo que não tenham nada a esconder. Como disse uma garota do último ano do ensino médio: "Mesmo que eu só tenha assistido à televisão na casa de uma amiga, eu paro de falar quando minha mãe começa a perguntar quem estava lá, o que fizemos, se havia meninos. Eu falo o menos possível e tento sair logo da sala."

Garotas nos afastam quando damos lições de moral. Mantenha suas crenças (por exemplo, burlar a lei é "errado"; só o sexo no casamento é "certo"), mas não espere que sua filha concorde com elas. Crenças são relativas e muito pessoais; então se você tentar impor sua visão quando conversar com sua filha, fará com que ela tente encontrar falhas no seu argumento, mesmo que ela concorde com você. Ao conversar com sua filha sobre cuidados pessoais, o melhor é não tentar dar lições de moral.

E garotas costumam desvalorizar o que dizemos se estamos exagerando nos riscos. Pais amorosos às vezes tentam assustar suas filhas para mantê-las a salvo. Quando dizemos que álcool é um veneno!, elas colocam seus véus e concordam, enquanto pensam: "Claro, a não ser pelos meus amigos que chegam bem na escola às segundas-feiras, depois de terem ficado bêbados, e, aparentemente, terem tido um ótimo fim de semana." Quando dizemos que drogas fazem mal e elas devem ser evitadas, nossas filhas concordam enquanto pensam: "Ei, maconha é legalizada em alguns estados americanos. Você certamente não tem ideia do que está falando."

Então, como falar com sua filha sobre cuidados pessoais e não ser ignorada? Não é fácil, e às vezes ela colocará o véu, não importa o que você diga. Mas se você quer ser bem-sucedida ao tentar, leve em consideração a relutância dela em aceitar seu conselho. É *possível* se comunicar de forma eficiente com sua filha sobre bem-estar e saúde e, neste capítulo, vamos apresentar táticas que permitem essas conversas.

Garotas, Comida e Peso

É especialmente difícil falar com garotas sobre peso e comida. Não queremos que sofram as consequências de uma alimentação ruim ou obesidade, mas não queremos dizer coisas que possam fazer com que desenvolvam um distúrbio alimentar. Enquanto pais lutam para falar sobre alimentação, as garotas recebem constantemente mensagens intoxicantes sobre sua forma e tamanho.

Especialistas têm tentado entender se a veiculação de imagens de mulheres exageradamente magras provoca nas garotas um sentimento de rejeição ao corpo ou se a mídia apenas retrata um padrão irreal em que as garotas já acreditam. Um grupo de pesquisadores de Harvard[144] encontrou uma maneira incrível de verificar o que se manifesta primeiro: as imagens irreais da mídia ou a insatisfação com o próprio corpo. Eles estudaram os habitantes de Fiji, uma ilha no Pacífico Sul, onde tradicionalmente mulheres mais encorpadas e que se alimentam são consideradas física e psicologicamente saudáveis. Pouco antes de os programas da televisão americana serem transmitidos na ilha, em 1995, a equipe de pesquisa teve a intuição de registrar os baixos índices de distúrbios alimentares entre as adolescentes locais. Três anos depois, os índices de insatisfação com o próprio corpo e as dietas aumentaram. Numa sociedade em que não existia o hábito de fazer dieta antes da chegada dos programas americanos, 69% das garotas adolescentes responderam que tinham reduzido sua alimentação para perder peso, enquanto 74% responderam que às vezes se sentiam acima do peso.

Ao divulgarem os resultados, os pesquisadores apontaram que a população de Fiji por coincidência estava passando uma série de modernizações no mesmo período em que os programas americanos começaram a ir ao ar, e que isso poderia ter contribuído para os resultados. Porém, durante a pesquisa,[145] os especialistas ouviram as garotas fazerem referências explícitas ao que assistiram na televisão. "As atrizes e todas aquelas garotas... Eu as admiro e quero ser como elas. Quero ter o corpo igual ao delas e usar o mesmo número de roupa"; "Quando vejo as mulheres sensuais na televisão, quero ser como elas."[146]

Estudos com garotas americanas corroboram as descobertas em Fiji. Quanto maior à exposição[147] a imagens que celebram as "mulheres magras", maior a probabilidade de as meninas sentirem-se insatisfeitas com o próprio corpo. Um impressionante estudo sobre os impactos da comunicação visual[148] na imagem corporal comparou a insatisfação com seus corpos entre mulheres que nasceram cegas, aquelas que ficaram cegas quando adultas, e mulheres que enxergavam. Como esperado, o estudo comprovou que as mulheres cegas de nascença sentiam-se melhores com seus corpos enquanto aquelas expostas à comunicação visual durante toda a vida sentiam-se piores.

Quando não há significativa comunicação visual, a influência dos grupos prevalece. Garotas conversam entre si sobre peso, dieta, aparência, e pesquisas mostram que elas têm maior probabilidade de se sentirem insatisfeitas com o corpo[149] e desenvolver tendência a distúrbios alimentares se essas conversas são frequentes. Diante das mensagens problemáticas sobre peso e alimentação que as meninas inevitavelmente recebem da mídia e de algumas amigas, você deve tomar cuidado e evitar comentários críticos sobre aparência e peso e, em vez disso, encontrar uma forma harmoniosa de falar.

Uma pesquisa chamada "Adolescentes com alto índice de satisfação corporal: Quem são e o que podemos aprender com elas?"[150] diz que garotas se sentem confortáveis com seus corpos quando os pais focam em maneiras *positivas* de manter um peso saudável, em vez de incentivá-las a fazer dieta. Especificamente, as garotas com melhores índices de satisfação corporal tinham pais que se exercitavam, incentivavam as filhas a manter a forma, e focavam na alimentação saudável. Então, torne a atividade física um hábito familiar e se concentre em uma alimentação que ofereça os nutrientes *necessários*, não em contar calorias ou restringir alguns alimentos.

E tente oferecer opiniões valorosas sobre alimentação. Rotular as comidas como boas ou ruins pode fazer com que as comidas "ruins" (ou pior, as comidas proibidas) sejam particularmente atraentes para algumas meninas e contribui para o desenvolvimento de distúrbios alimentares em garotas perfeccionistas que só comem comidas "boas". Os termos *saudável* e *não saudável* podem provocar o mesmo resultado. Quando se trata de alimentação, ouvi a melhor abordagem dos gênios da *Vila Sésamo*, que descreviam comida como sendo aquelas para "qualquer hora" e aquelas para "de vez em quando". Quando você apresentar essas categorias para sua filha, explique que as comidas de qualquer hora são as não processadas (e oferecem mais benefícios para o corpo), e as comidas para de vez em quando são muito processadas. Se necessário, ensine sua filha a identificar uma comida para comer "de vez em quando": é preparada numa fábrica, vem embalada, geralmente tem mais de cinco ingredientes, e contém coisas impronunciáveis.

Quando conversar com ela sobre *o quanto* de comida deve comer, incentive-a a prestar atenção às mensagens que o corpo envia. Somos equipados com um sistema calibrado com precisão, que nos ajuda e nos lembra de comer quando temos fome, que nos diz o quão faminto estamos, e nos indica quando já comemos o suficiente. Seria ideal que sua filha usasse esse sistema e não os marcadores externos, como o relógio e o conceito de porção para determinar quando e quanto comer. A maioria das garotas age dessa forma naturalmente, mas se sua filha parecer insegura, pergunte: "Você está com fome? Com quanta fome? Está satisfeita ou quer mais?" e a parabenize por estar cuidando da própria saúde quando escuta o que o corpo lhe diz.

Se sua filha falar mal do próprio tamanho ou da forma corporal, não fique calada. Levando em consideração que tenha um peso saudável, diga que ela está forte, cheia de vida e cuidando muito bem de si mesma. Quando eu era adolescente e folheava uma revista de moda, certa vez, Diane, uma amiga da família, apontou para uma modelo dos anúncios e disse: "Você sabe... Esse é o *trabalho* dela." Na foto, a modelo fingia ter outro emprego, muito bem-vestida para trabalhar num escritório, mas, diante das palavras de Diane, pensei: "É mesmo! Essa mulher não trabalha num escritório. Seu trabalho é parecer bonita." Por um momento senti que, durante o dia atarefado, se conseguisse uma aparência decente, já estaria ótimo.

Sabemos que é sábio evitar conflitos nas áreas em que sua filha detém o poder. Alimentação, assim como os deveres de casa, é uma dessas áreas. Pais que usam a autoridade para impor o que ela vai comer ou quanto se exercitar podem fazer com que ela coloque o véu da obediência e faça o contrário do que eles querem, apenas para provar independência. Lembro-me de uma garota acima do peso, cujos pais queriam que se exercitasse mais e, antes das tecnologias de hoje, obrigaram-na a usar um pedômetro para acompanhar quantos passos dava. Em meu consultório, ela confessou que conseguia cumprir a meta ao colocar o pedômetro dentro do par de meias e levá-las para a secadora (no ciclo sem calor) enquanto fazia o dever de casa. Num extremo oposto assustador, trabalhei com garotas abaixo do peso que faziam excessivos exercícios aeróbicos no quarto, escondidas dos pais, contra ordens médicas. Evite conflitos inúteis e até perigosos com sua filha sobre alimentação e peso, e foque seus comentários sobre nutrição, peso e exercícios físicos *unicamente* no desejo de que sua filha aprenda a cuidar de si mesma.

Joan e Eric, pais de Haley, de dezesseis anos, marcaram uma sessão porque tinham dúvidas de como lidar com o recente ganho de peso da filha. Quando nos encontramos, Eric, um pai tranquilo, que fazia home office, explicou que Haley amava doces e comia muitas balas enquanto estudava. Joan, a simpática dona de uma creche, acrescentou que Haley não cabia mais nas roupas, mas não pedira para comprar novas. Na verdade, ela não comentara sobre o rápido aumento de peso e resolvia a questão ao escolher apenas as roupas que ainda lhe cabiam. Eric, que estava em casa quando a filha chegava da escola, queria proibir os doces em casa e incentivar Haley a se exercitar. Joan tinha uma irmã que tivera anorexia na adolescência, e não queria dizer ou agir de forma que magoasse a filha ou, pior, induzi-la a passar fome.

O pai e a mãe tinham importantes pontos de vista e sugeri que avaliassem a situação levando em consideração se Haley estava cuidando de si mesma da melhor maneira ou não. Concordamos que Eric poderia dizer seriamente algo como: "Parece que você quer ingerir açúcar para se manter firme enquanto faz os deveres. Esses doces não vão oferecer a energia de que realmente precisa. Quem sabe você poderia comer frutas frescas quando quisesse algo doce enquanto faz os deveres, e assim cuida melhor de si mesma?" Sugeri que não cortasse os doces, porque já tratei de adolescentes com sobrepeso que queriam emagrecer e diziam que comiam doce escondido quando estavam fora de casa porque os pais haviam proibido sobremesa.

— E o que faremos se parar de comer doces em casa, mas continuar comendo besteiras quando estiver sozinha? — perguntou Joan de forma pertinente.

— Isso realmente pode acontecer — falei. — E se acontecer, vamos tratar o ganho de peso como um problema de saúde e envolveremos o pediatra dela. Se chegarmos a esse ponto, você pode dizer: "Percebemos que ganhou algum peso e estamos preocupados que não esteja saudável. Marcamos uma consulta com o médico. Vamos deixar que vocês dois decidam qual o melhor peso para você." Mais do que tudo, queremos tratar o peso de Haley da forma mais natural possível, deixando claro que nossa preocupação é como ela cuida de si mesma e de seu bem-estar. Incluir o médico na conversa vai reforçar esse ponto e evitar que vocês briguem por causa de comida.

— E se ela mudar para o extremo oposto? Começar a comer de forma hipersaudável e perder peso demais? — perguntou Eric.

Assegurei que acompanharíamos o peso de Haley, e, se Eric estivesse certo, poderiam mostrar à filha que ela ainda não estaria se cuidando da melhor forma se fizesse uma dieta muito restrita. O pediatra iria de novo participar se Haley começasse a desenvolver outro tipo de relacionamento ruim com a comida. Sabemos que, às vezes, garotas externalizam conflitos interiores, e, por isso, Eric e Joan podiam encarar a questão como uma luta entre o lado de Haley que sabe cuidar de si mesma, e o lado que não está sendo bem-sucedido.

É muito comum que adolescentes experimentem dietas ou queiram perder peso. Elas fazem parte de um grupo que apresenta alto risco de desenvolver distúrbios alimentares, e não estamos falando apenas de meninas brancas de classe média alta. Na verdade, um estudo recente[151] mostra que garotas afrodescendentes, hispânicas, asiáticas e norte-americanas são igualmente propensas a tentar emagrecer de forma não saudável. Falaremos novamente de como é importante reconhecer e tratar um distúrbio alimentar na seção "Quando se Preocupar" no final do capítulo.

Alimentação é uma das muitas áreas em que você deverá mostrar a sua filha a importância de cuidar de si mesma, ressaltando que não está obrigando a seguir suas regras. Mesmo que pudesse obrigá-la a fazer o que você acha certo no curto prazo — o que é improvável — você criará uma situação em que sua filha colocará o véu da obediência e seguirá suas orientações sobre comida (ou beber, usar drogas, fazer sexo) enquanto morar com você, mas violará tais regras assim que morar sozinha. Em vez disso, reconheça as boas escolhas que ela faz e ofereça ajuda quando não conseguir cuidar bem de si mesma.

Dormir *versus* Tecnologia

Garotas não suportam quando dizemos que estão agindo de forma "tipicamente adolescente" e colocam o véu de obediência antes que você possa dizer que o celular está prejudicando o sono. No começo da adolescência, muitas meninas desenvolvem uma relação de proximidade com a tecnologia e tratam os telefones como se fossem o cobertor ou bichinho de pelúcia que carregavam para toda parte quando eram pequenas. Enquanto o ursinho a ajudava a adormecer quando era bebê, sabemos que celular, computador e todas as outras formas de tecnologia têm o efeito oposto.

Para ter uma conversa produtiva com ela sobre como a tecnologia interfere no sono, não assuma o papel do adulto cheio de razão que critica como os adolescentes de hoje em dia usam a tecnologia. Em vez disso, foque nos fundamentos comportamentais e biológicos do sono que se aplicam a todos, independentemente da idade, ao incentivar sua filha a dormir as nove horas de sono recomendadas. Sim, você leu corretamente: adolescentes precisam de *nove* horas de sono,[152] mas quase metade deles dorme menos do que sete horas.

Aqui vai o aspecto científico que vocês precisam saber sobre como a tecnologia afeta o sono.

Para começar, a psicologia experimental nos mostra que não somos tão responsáveis pela nossa rotina quanto achamos. Nossos corpos aprendem os padrões do que fazemos, quando e como, e esses padrões modelam nosso comportamento. O melhor exemplo para explicar essa teoria é o estímulo de urinar. Todos nós já sentimos necessidade de ir ao banheiro quando estamos na rua resolvendo questões. Numa escala de um a dez, sua vontade pode chegar a três. Se necessário, você poderia facilmente terminar alguma das tarefas antes de ir ao banheiro. Mas, ao entrar em casa, a bexiga começa a doer e a gritar "Dez, dez, dez!". Por que isso acontece? Porque seu corpo sabe que você não costuma ir ao banheiro no supermercado, na lavanderia (ou quem sabe sim) ou no carro. Mas sabe que você urina em casa, e, por isso, a urgência vem quando você passa pela porta.

Qual a relação entre esse fato, adolescentes, tecnologia e sono? Infelizmente, muitas meninas tratam a cama como se estivessem no escritório. No conforto aconchegante, fazem trabalhos escolares, acessam as redes sociais, assistem à televisão e se comunicam com os amigos. Enquanto estão jogadas nas almofadas, aos poucos comprometem a associação que seus corpos fizeram entre estar na cama e dormir. Em pouco tempo, o corpo já não reconhece a cama como um "dez" para dormir.[153] Quando sua filha tenta adormecer, o corpo pergunta "Por que queremos dormir no escritório?" e permanece acordado e confuso.

Para piorar a situação, a luz emitida pelos aparelhos eletrônicos[154] interfere na melatonina, o hormônio que provoca sonolência quando escurece. A luz artificial diminui os níveis de melatonina, e pesquisas indicam que as luzes azuis emitidas pelos aparelhos eletrônicos são particularmente eficientes em neutralizar o cansaço saudável. Talvez você tenha verificado e-mails antes de ir para cama e sentiu um pequeno aumento de energia, seguido de problemas para dormir. Apesar do que sei sobre a ciência do sono, costumo errar pelo menos duas vezes por semana.

Isso acontece com todos os adolescentes que usam tecnologia no mundo. Depois de um longo dia na escola, a adolescente vai para a cama fazer os deveres de casa, e fica ali por longas horas, algumas vezes usando o computador. Em algum momento, decide dormir. Desliga o notebook, escova os dentes e vai dormir. Pelo menos é o que ela acha. Sem conseguir dormir, procura um aparelho eletrônico para se distrair. Se existisse um método maligno para causar insônia crônica, seria algo assim.

Em resumo, ninguém deve levar aparelhos eletrônicos para a cama. Todos os membros da família devem guardar os aparelhos *pelo menos* meia hora antes de tentar dormir. Mas colocamos em prática essa regra diária com adolescentes? Ao ensinar sua filha sobre o sono, peça que ela não faça mais o dever de casa na cama. Se ela insistir em ficar no quarto, sugira uma mesa ou o chão, ou peça que use outra cama da casa (talvez a sua ou do quarto de visitas, se houver), para ajudá-la a preservar o vínculo entre a experiência sensorial de estar na própria cama e o impulso do corpo para dormir.

Se ela precisa usar o computador para fazer as tarefas de casa, como geralmente acontece, incentive-a a gerenciar os níveis de melatonina preferindo os deveres que exigem o uso do computador ao anoitecer, e deixe os que requerem leitura e revisão de conteúdo para o final. Se ela terminar os deveres antes da hora de dormir e quiser se distrair com aparelhos eletrônicos, sugira outras maneiras de lazer (ler, assistir à televisão) na meia hora antes de ir para a cama. Muitos pais acham útil a regra de que a família desligue todos os equipamentos eletrônicos e os carreguem no quarto dos pais. Isso acaba com a forte tentação de abrir o notebook ou celular tarde da noite (para todos, com exceção dos pais) e evita que as notificações atrapalhem o sono.

Talvez sua filha já tenha estabelecido uma rotina de atividades que realiza na cama e você esteja relutante em pedir que altere seus hábitos agora. Se ela dorme logo e o suficiente, considere não interferir. Caso contrário, converse com ela sobre o impacto dos aparelhos eletrônicos no sono e a ajude a mudar os hábitos. Famílias que criam regras firmes sobre quando e onde usar tecnologia costumam afrouxá-las com o tempo. Faz sentido. Quando sua filha for morar sozinha, precisará estabelecer a própria rotina de uso de aparelhos eletrônicos. Como sabemos, é melhor que ela aprenda em casa, do que achar que o bom de morar sozinha é poder brincar com o celular a noite toda.

Ao explicar essas regras para ela, aponte que está estabelecendo tais limites porque o sono nos mantém saudáveis, independentemente da idade. Quando dormimos bem, nos sentimos melhor física e psicologicamente, trabalhamos com mais eficiência, nos concentramos melhor, ficamos menos estressados, e com menor probabilidade de adoecer. Garotas costumam resistir a restrições impostas pelos pais quando se trata de usar aparelhos eletrônicos à noite, especialmente se tinham livre acesso antes. Mas se ela ainda está começando a desenvolver hábitos tecnológicos ou se está com dificuldade para dormir, insista nessa regra e mostre a ela que, como parte de cuidar bem de *si mesma*, você também seguirá as mesmas diretrizes.

Conversa Séria sobre Beber

Enquanto as garotas se desenvolvem nessa etapa comportamental, precisam aprender rápido sobre beber na adolescência. Seria conveniente se os adultos pudessem se resguardar na lei que permite ingestão de bebidas alcoólicas apenas acima dos 21 anos (no caso, nos Estados Unidos) ou proibir que as filhas frequentem festas onde adolescentes bebem, mas, na realidade, no final do ensino médio, aproximadamente 80% [155] dos adolescentes já experimentaram algum tipo de bebida alcoólica. Se analisarmos esse número em detalhe, veremos que 43% têm catorze anos, e o percentual sobe para 65% aos dezesseis anos. Adolescentes brancos têm maior probabilidade[156] de beber em comparação a afrodescendentes e hispânicos. E, ao contrário dos estereótipos negativos sobre consumo de drogas em comunidades mais pobres, adolescentes de alta renda têm maior propensão a beber, fumar e experimentar drogas. Entre todos os grupos, não surpreende que adolescentes tenham maior probabilidade de beber se seus amigos também beberem.[157] Enquanto alguns adolescentes saem com amigos que não bebem e se divertem nos finais de semana, por volta do final no colégio (quando não mais cedo), a vida social de uma menina pode ficar muito limitada se ela só puder frequentar festas sem bebidas alcoólicas, especialmente em convivência com alguns grupos.

Quando dizemos aos adolescentes para não beber e se afastar de amigos que bebem, estamos pensando nas opções de convívio social que *gostaríamos* que eles tivessem, não naquelas que eles *de fato* têm. Dessa forma, as garotas se veem numa situação insustentável: podem abrir mão da vida social e ficar em casa com os pais ou inventar histórias e mentir a respeito do que acontece nas festas que frequentam. A maior parte dos adolescentes que faz parte de grupos saudáveis escolheria, mesmo com relutância, a segunda opção. Para piorar, meninas que escolhem a segunda opção provavelmente não pediriam ajuda aos pais se algo desse errado numa festa em que elas nem sequer deveriam ter ido.

Enquanto não encontramos uma maneira eficaz de evitar que adolescentes bebam ou que bebam de forma segura, devemos aceitar a realidade de que a maioria bebe. Com isso em mente quando for conversar com sua filha sobre bebida, evite que ela se esconda atrás do véu da obediência, e terá melhores chances de que ela leve a sério o que você diz e o comportamento que deseja que ela tenha nessas situações. Não existe regra para decidir quando tocar no assunto. Você conhece sua filha melhor do que ninguém. Mas não espere que uma única conversa seja suficiente. Ao longo do tempo, conforme ela cresce, desenvolve novas visões e novos tipos de relacionamentos sociais, vocês voltarão ao tema.

Para iniciar a conversa nos primeiros anos da adolescência de sua filha, você pode fazer uma comparação entre a forma com que adultos e adolescentes bebem. Obviamente, nossas filhas sabem que bebemos e seremos hipócritas se não tivermos essa noção (em outras palavras, fique de olho no véu). Quando converso com garotas sobre bebida, sempre friso que alguns adultos tomam atitudes estúpidas e perigosas, mas gostamos de pensar que, mais do que entre adolescentes, adultos bebem em situações em que as variáveis estão sob controle: em companhia de pessoas responsáveis, na segurança do lar, sabemos até onde podemos beber e não perder o controle etc.

Muitos pais ficam surpresos que a grande maioria dos estados americanos permite que adolescentes consumam álcool quando estão em local seguro, na presença dos pais e com o consentimento deles. De fato, a lei diz que beber com moderação tem menos a ver com a bebida e mais com o contexto em que ela é consumida. Você pode procurar se informar sobre as exceções na idade mínima para beber. Existe a possibilidade de agir dentro da lei caso queira permitir que sua filha prove bebida alcoólica em casa, sob sua supervisão, para que tenha a chance de desmistificar o ato de beber e apontar para ela a importância do contexto em que se bebe. Dito isso, pesquisas sugerem que as estruturas neurais associadas à sensação de recompensa[158] podem ser alteradas durante a adolescência pela deliciosa intoxicação por álcool. Como o cérebro do adolescente e o do adulto reagem de forma diferente ao álcool e às drogas, o uso de substâncias durante a adolescência pode modelar o que o cérebro considera prazeroso e criar bases para o vício.

À medida que ela for crescendo, você deverá mostrar quais fatores circunstanciais tornam a ingestão de bebida alcoólica algo arriscado. Deixe claro que o álcool afeta a capacidade de julgamento das pessoas e adolescentes costumam beber em situações nas quais precisarão estar com boa capacidade de julgamento. Quando converso com garotas, sempre falo de uma equação de muitos fatores que determinam o resultado. Digo: "Considerem uma situação com os seguintes fatores: você vai a uma festa, os amigos vão embora, e ficam caras bem assustadores."

Acrescentemos mais uma variável: "se você está sóbria ou se bebeu um pouco." A partir disso, elas já imaginam diversos cenários negativos se estiverem bebendo. E podem pensar em estratégias para ficar em segurança se estiverem sóbrias.

Não perca a oportunidade de colocar sob perspectiva as expectativas de como espera que sua filha cuide de si mesma em situações em que há bebida alcoólica. Se sabe que ela vai a uma festa onde haverá álcool, você pode dizer: "Ficamos preocupados com festas em que adolescentes bebem porque as coisas podem facilmente sair do controle." Talvez possa acrescentar: "Estamos contando com você para cuidar de si mesma. Isso significa se manter sóbria, quando estiver numa situação que pode sair do controle."

Na hora certa, converse com sua filha sobre a *quantidade* de álcool que alguns adolescentes ingerem. Existem provas de que o abuso do álcool na adolescência, seja periódico ou crônico, danifica o cérebro em desenvolvimento.[159] Sabemos que a ingestão de álcool em grandes quantidades afeta as conexões frontais e o hipocampo — partes relacionadas à memória e ao aprendizado — e pode levar, em longo prazo, a um enfraquecimento neural.[160] Além do dano cerebral, o álcool é um fator-chave na maioria das fatalidades entre adolescentes, seja pela direção perigosa ou pela ingestão excessiva e letal.[161]

Para deixar sua filha ciente de suas preocupações, você pode dizer: "Beber em excesso na sua idade não é uma boa ideia, porque o cérebro em desenvolvimento pode estar especialmente vulnerável a danos permanentes causados pela ingestão de álcool e outras substâncias. Você tem muito pela frente; acredito que queira enfrentar o futuro com o máximo de sua capacidade intelectual, e não vai estar numa situação em que possa se machucar ou morrer porque bebeu."

Sem dúvida, você está no direito de pedir que sua filha esteja entre os 20% que respeitam a idade legal para beber. Mas não use essa justificativa para evitar uma conversa mais profunda. Explique que você gostaria que ela não bebesse, mostre as razões neurológicas e de segurança que embasam seu argumento, e se coloque à disposição para ajudá-la a desenvolver estratégias para lidar com a pressão dos amigos e de negar uma bebida, deixando claro que isso acontecerá em algum momento durante os anos de adolescência dela.

Ouvi falar de pais que incentivam suas filhas a dizer, durante as festas, que elas têm história de alcoolismo na família (verdadeiro ou não), o que torna a ingestão de álcool muito arriscada. Ou, como já foi sugerido, facilite para sua filha e permita que ela culpe você pela exigência de manter o bom comportamento, uma mãe que telefona para saber se adultos estão supervisionando a festa. Alternativamente, incentive sua filha a dizer às amigas que você tem um sexto sentido apurado e sabe quando ela bebe. Você também pode sugerir que ela segure os copos de bebida numa festa, mas não beba. Nunca gostei de beber e passei a maior parte das festas da faculdade segurando um copo com metade de cerveja quente. Gostaria de dizer que tenho a malícia de lidar com a pressão dos colegas para beber, mas os amigos do ensino médio e da faculdade que bebem costumam julgar os que não bebem e exigem que se juntem a eles. Segurar a cerveja quente fez com que as festas ficassem mais animadas para mim.

Para que sua filha não se sinta encurralada, vamos rever outro ponto fundamental: deixe claro para ela que sua própria segurança é mais importante do que qualquer regra que você tenha criado. Apesar das diretrizes que estipulou sobre beber dentro e fora de casa, afirme com convicção que você sabe que adolescentes bem-comportados podem ter problemas e que você *jamais* a fará se sentir mal por pedir ajuda. E, como já falamos, você precisa agir se sua filha começar a beber no início da adolescência ou se fica bêbada para anestesiar sentimentos dolorosos. Se a qualquer momento achar que ela está bebendo sem controle, procure ajuda profissional.

Fazia muito tempo que não tinha notícias de Maya ou da filha Camille. Quando atendi ao seu telefonema numa manhã de dezembro, calculei rapidamente que Camille deveria estar no último ano do ensino médio. Maya me atualizou. Tudo estava indo bem, no geral. Camille era mais gentil em casa, tirava ótimas notas no ano final, e estava pronta para estudar engenharia. Há seis meses, estava namorando um colega de turma bacana e estudioso, e aguardava a resposta de várias faculdades do estado. Maya explicou que estava ligando porque Camille havia feito algo incomum na semana anterior: ficara totalmente bêbada numa festa, e Maya descobriu quando três amigas tentaram colocá-la disfarçadamente na cama sem que Maya acordasse.

Depois de uma noite assustadora, em que chegaram a pensar em levá-la para a emergência do hospital para fazer uma lavagem estomacal, Maya e o marido tentaram conversar com Camille no dia seguinte. A filha estava chorando, difícil de lidar, e não queria contar o que acontecera na noite anterior. Irritada, Maya sugeriu que Camille talvez precisasse de ajuda especializada, e, para sua surpresa, Camille concordou.

Maya disse que Camille estava disposta a me ver ou marcar uma consulta com qualquer clínico que eu indicasse. Expliquei que não haveria problema em marcar uma consulta, desde que Camille soubesse que Maya e eu conversamos sobre ela todos esses anos. Maya compreendeu que minha relação com Camille seria sigilosa, e disse que preferia que Camille se consultasse comigo a ver um médico desconhecido.

Quando cheguei à sala de espera, ela era parcialmente como a imaginei. Era alta e tinha cabelos escuros iguais aos da mãe, só mais compridos e presos num rabo de cavalo que escorria pelo ombro. Enquanto Maya era mais reservada e reflexiva, Camille era extrovertida e entusiasmada. Quando me apresentei, ela se levantou rapidamente.

— Oi, obrigada por me receber — disse ela com muita simpatia e postura para uma menina de dezoito anos.

Uma vez instaladas, comecei a falar.

— Sua mãe e eu conversamos ao longo dos anos e ela contou muita coisa a seu respeito.

Camille concordou.

— Quer que eu faça um rápido resumo do que sei sobre você ou prefere falar sobre o que a trouxe aqui?

— Sinto que sei o que é essencial. Minha mãe disse que você tem sido uma pessoa muito importante para ela nesses anos — explicou e fez uma pausa. — Você irá contar a ela o que *nós* conversarmos?

— Não. Sua mãe sabe que nossa conversa é confidencial, a não ser que haja motivos de preocupação com sua segurança ou de outra pessoa.

Camille acenou.

— Ah, não. Nada tão ruim assim, mas aconteceu algo na semana passada que não foi legal.

— Sim — respondi de forma neutra. — Sua mãe mencionou no telefone que você bebeu bastante.

Camille se remexeu no sofá antes de se abrir.

— Foi ruim. — Fez uma pausa e continuou. — Alguém levou vodca para a festa na casa da minha amiga, e achou que seria divertido tomarmos umas doses. Não sei o que passou pela nossa cabeça. Em geral, eu me comporto bem, então me assustei muito quando fiquei sóbria e percebi como as coisas saíam do controle.

— Acha que consegue entender agora o que aconteceu?

— Mais ou menos. Não havia bebido destilados, só cerveja, e passamos a tarde toda na correria, então não comi direito, só fiz um lanche. — Sacudiu a cabeça e continuou a falar. — Acho que bebi muito, e mais rápido do que percebi. Mas fiquei preocupada porque vou para a faculdade ano que vem e ouço todas aquelas histórias sobre bebida... — A voz dela sumiu enquanto olhava para o chão.

Quando estagiava, aprendi a fazer algumas perguntas para diagnosticar abuso de álcool: Quanto você bebe? O que bebe? Com que frequência? Está perdendo os sentidos? E assim por diante. Abandonei essa abordagem, em especial com adolescentes, porque achava que estava dando motivos para que mentissem. Em vez disso, preferi uma pergunta que tem funcionado com eficiência ao longo dos anos.

— *Você* está preocupada com a maneira que bebe?

Com a prática, encontrei um tom isento de crítica ou julgamento; estou apenas interessada no lado sábio e maduro da adolescente, para descobrir se existe alguma razão para duvidar de que ela saiba cuidar bem de si mesma.

Camille pensou um pouco antes de responder.

— Na verdade, não. Acho que foi uma noite muito estranha, eu nunca tive problemas com bebida até então. Eu estaria preocupada se tivesse acontecido antes e, de verdade, se não conseguisse falar a respeito disso com você.

É isso que eu amo em trabalhar com adolescentes. Quando você faz perguntas diretas, quase sempre lhe dão respostas diretas. Já tive outras adolescentes que responderam a esta pergunta assim: "Não tenho certeza... Não sei... É, talvez." E outras que respondem: "Sim. Acho que sim." A partir disso, podemos trabalhar juntas para definir que tipo de auxílio pode ser necessário.

É claro que já tive adolescentes (e adultos!) que responderam de forma tortuosa a minha pergunta direta. Negam de forma abrupta ou ficam na defensiva e expõem suas justificativas para mostrar que não estão preocupados, frequentemente apontando para o problema dos outros ou questionando os motivos da pessoa que se mostrou preocupada. Quando isso acontece, sou honesta e digo: "Certo, entendi. Mas não estamos num julgamento aqui. Não tenho certeza se seu problema com bebida é preocupante ou não. Se eu achar que é, vou avisá-lo." Certamente, o paciente não espera ouvir isso de mim. Mas, na minha experiência, adolescentes respeitam honestidade e são muito receptivos a críticas diretas. Só colocam seu véu de obediência quando sentem que o adulto está sendo dissimulado.

— Isso faz sentido para mim — falei a Camille. — E concordo que ter vindo aqui conversar sobre o que aconteceu deixa claro que você está disposta a evitar que se repita. O que quer fazer a respeito?

Ela inclinou um pouco a cabeça antes de falar.

— Ainda não sei. Todo o resto parece estar indo muito bem.

Em seguida, ela falou da ansiedade de esperar pela resposta das faculdades, as dúvidas de como aproveitar o último verão antes de sair da casa dos pais, e sua alegria por estar terminando o ensino médio sem precisar se preocupar como cada nota afetaria seus planos para o futuro.

— Quer agendar uma nova sessão ou prefere entrar em contato apenas se precisar? — perguntei, quando a consulta chegou ao fim.

— Prefiro avisar se precisar — respondeu ela.

— Está ótimo. E, se alguma coisa mudar, e você começar a ter dúvidas sobre seu consumo de álcool, você se sentiria confortável para conversarmos novamente?

— Sim. Não acho que será um problema, mas vou prestar atenção. — Sorriu. — Acredite, não quero ver bebida por um bom tempo.

Revi Camille mais duas vezes, mas nada relacionado à bebida. Nós nos encontramos em julho, pouco antes da formatura no colégio, porque o namoro ia muito bem e ela não sabia o que fazer. Estava indo estudar no sul de Ohio e o namorado na Califórnia. Pela minha experiência, disse que não havia uma saída fácil para esse dilema. Era difícil terminar um namoro gratificante, mas começar a faculdade com um relacionamento a distância também não era fácil. No final, Camille e o namorado decidiram tentar ser apenas amigos e manteriam um relacionamento próximo. Mas o resultado do namoro não me interessava muito. O que me impressionou foi que Camille tinha uma capacidade bem sedimentada de cuidar de si mesma. Havia se tornado uma jovem mulher que compreendia plenamente a necessidade de se proteger e defender, e que não tinha problemas em se encontrar comigo ou com outras fontes ao longo do caminho.

Falar Abertamente sobre Drogas

Em algum momento durante a adolescência de sua filha, ela terá acesso a drogas ilícitas ou, pelo menos, contato com outros adolescentes que as usam. É desnecessário dizer que ela precisará saber cuidar de si mesma com muita seriedade quando esse momento chegar. Conversas sobre esse tema são fundamentais porque drogas podem causar muitas consequências. Apesar de alguns adolescentes experimentarem drogas e não terem danos reais, outros precisam lidar com consequências legais ou físicas, incluindo morte, mesmo que tenham usado uma única vez.

Então, como conversar com sua filha sobre drogas e evitar que ela coloque o véu da obediência?

Não seja a vilã. Mostre que as drogas é que são as vilãs.

Para dar certo, evite ameaças como: "Se eu pegá-la usando drogas, chamo a polícia na mesma hora." Prepare-se para conversar sobre os efeitos que tais substâncias causam no cérebro e no corpo de uma adolescente, e as implicações legais de ser traficante. Já vimos que sua filha tende a agir com maior responsabilidade quando compreende os riscos que deveriam ser minimizados pelas regras. Quando conversar sobre drogas, seja neutra ao oferecer uma informação confiável, e deixe que os fatos relacionados às substâncias ilícitas sejam suficientes. Acredite em mim, eles são muito assustadores.

Responda qualquer curiosidade que ela tenha sobre as drogas e como agem. Ter dúvidas a respeito não significa que sua filha esteja experimentando. Mesmo que as perguntas soem provocativas, aceite-as como oportunidades para oferecer à sua filha informação sólida e imparcial. Se ela abordar o assunto antes de entrar no ensino médio, você deve conversar. Diga com toda a neutralidade possível: "Ouvi no rádio algo sobre adolescentes e o uso de drogas. Lembrei que há algumas coisas que gostaria que você soubesse. Não estou sugerindo que esteja usando ou vá experimentar drogas. Mas você certamente conhece colegas que usam, e gostaria de ter certeza de que você saiba bastante a respeito."

Uma das perguntas mais difíceis é a respeito da maconha. Com o uso medicinal da maconha e a legalização com fins recreativos para adultos aprovados em alguns estados norte-americanos, muitos adolescentes se perguntam por que não deveriam fumá-la. E eles fumam. Uma pesquisa de larga escala[162] mostrou que 41% das adolescentes (comparadas aos 49% dos garotos) experimentaram maconha no ensino médio, e a grande maioria dos alunos que irão se formar não acha um problema fumar em certas ocasiões.

Para falar da recente legalização da maconha em alguns estados norte-americanos, não hesite em mostrar que dentro da lei não significa o mesmo que seguro. Existem muitos exemplos do que é legal, porém perigoso (cigarros, câmeras de bronzeamento artificial, álcool) e confiamos que os consumidores saberão fazer escolhas conscientes no que se refere à própria saúde e à segurança. Adultos consomem álcool legalmente, mas podem se tornar alcoólicos ou tomar más decisões quando estão bêbados. De forma semelhante, a maconha impacta o julgamento e pode causar dependência, e o uso regular pode ser prejudicial aos adolescentes. Apesar de os dados sugerirem que a maconha causa menor dano social[163] que o álcool, há um enorme asterisco quando o usuário é adolescente. Estudos mostram que, assim como o álcool, maconha é tóxica[164] para o cérebro em processo de amadurecimento.

Um fantástico projeto de pesquisa[165] que existe há mais de quarenta anos acompanha a saúde e o comportamento das pessoas nascidas na cidade de Dunedin, Nova Zelândia, durante o ano de 1972. Ao longo do tempo, a equipe de pesquisas mediu, entre muitas outras coisas, a relação entre a inteligência dos participantes e o uso da maconha. O estudo tem 1.004 participantes vivos e 96% continuam no projeto. A partir dele, os pesquisadores descobriram que pessoas que usaram maconha regularmente aos 18 anos tiveram queda significativa no QI entre o período em que eram crianças e o período em que são adultos, mas o mesmo resultado não foi obtido entre pessoas que não usaram maconha regularmente até a vida adulta (nesse estudo, até os 21 anos). Os pesquisadores usaram técnicas de estatística para correlacionar os anos escolares com o uso habitual da maconha e do álcool e o resultado *novamente* mostrou que a maconha reduziu o QI dos usuários adolescentes, mas não dos adultos.

Além disso, os pesquisadores avaliaram a inteligência dos participantes que perderam pontos de QI na adolescência e descobriram que seus índices de inteligência jamais voltaram a ser os mesmos, nem depois que pararam de fumar maconha. Infelizmente o dano cerebral foi irreversível. Especificamente, mostrou-se que adolescentes que fumam regularmente maconha[166] apresentam alterações estruturais no cérebro, dificuldades de aprendizagem, de raciocínio e na habilidade de concentração e foco.

Ao ler isso,[167] talvez você pense: "Só um minuto! Eu fumei maconha ocasionalmente quando era mais novo e fiquei bem." Antes que você coloque seu véu da obediência, permita-me dizer duas coisas: primeiro, não duvido que tenha ficado bem; segundo, a maconha que as pessoas fumam hoje em dia é *sete* vezes mais potente[168] do que aquela disponível há vinte anos ou mais. Isso sem considerar as novas formas de maconha concentrada, chamadas de "cera"[169] ou "manteiga", que contêm THC (tetraidrocanabinol, o princípio ativo da maconha) quase puro e são extremamente perigosas de preparar e consumir. Vamos ter em mente essa nova potência ao imaginar os impactos do uso regular desse tipo de maconha no cérebro de uma garota.

Uma vez que tenhamos conversado sobre maconha, todo diálogo sobre drogas fica mais direto. Em geral, é sábio mostrar à adolescente que o governo não torna as substâncias tóxicas ilegais porque é contra a diversão ou precisa encontrar tarefas para os policiais. Drogas são proibidas quando suas propriedades moleculares são conhecidas por serem altamente viciantes e consideravelmente prejudiciais.[170] Adolescentes que estão confrontando a autoridade dos adultos podem estar preocupados em violar as leis sem serem alcançados e esquecerem da ciência que motivou a criação das leis contra drogas.

As substâncias disponíveis e seus nomes mudam constantemente, então você e sua filha podem aprender juntas sobre o que pode ser encontrado e como agem no cérebro e no corpo. Quando falarem sobre drogas, pesquisem on-line informações sobre a substância do momento: spice (uma maconha sintética) causa psicose e convulsões; MDMA (ecstasy) frequentemente causa depressão; cocaína pode provocar parada cardíaca. E assim por diante. Os opiáceos, uma categoria que inclui heroína e drogas farmacêuticas como Vicodin e Percocet, sequestram os centros de prazer do cérebro[171] e causam abstinência no usuário mesmo depois de muitos anos de não uso. Enquanto estiver fazendo pesquisas na internet, mostre que não há meios de regular as drogas ilegais. Não conhecemos as dosagens ou quais substâncias as compõem. Quando tenho a oportunidade de conversar com as garotas sobre drogas, muitas vezes pergunto com franqueza: "Se você só tem *um* cérebro, por que o colocaria nas mãos de um cara desconhecido que ganha a vida como traficante?"

Invista algum tempo explicando as consequências legais que envolvem as drogas. A prisão por porte de droga (com ou sem condenação) limita as opções de ter uma boa educação, viagens e trabalhos de forma indefinida. Infelizmente, ser preso nos Estados Unidos com drogas é especialmente perigoso para adolescentes de minorias. Apesar de adolescentes brancos e afrodescendentes usarem maconha na mesma proporção, os afrodescendentes são quatro vezes[172] mais propensos a serem presos.

Adolescentes às vezes procuram ou compartilham receitas médicas para substâncias de uso ilegal. Os viciados em opiáceos começam experimentando analgésicos prescritos encontrados em armários do banheiro. Uma vez viciados, migram para a heroína, um narcótico mais fácil de conseguir em comparação a receitas médicas. Menos perturbador, mas ainda preocupante, são os adolescentes que abusam de medicamentos estimulantes — drogas tipicamente prescritas para transtorno do déficit de atenção com hiperatividade (TDAH). Tomar estimulantes sem indicação[173] pode produzir uma sensação de energia e euforia, mas as garotas, mais do que os garotos, afirmam tomar os estimulantes não pelo barato, mas para ajudar nos estudos, já que melhora a atenção e a concentração. Os remédios para TDAH são considerados seguros se ingeridos nas doses recomendadas, mas o uso de medicação estimulante sem acompanhamento médico tem sido associado[174] a sintomas psiquiátricos preocupantes como desorientação, alucinações e paranoia. Uso indevido também aumenta o risco de complicações cardíacas[175] nas pessoas com problemas de coração.

Num final de tarde inesperadamente agradável no início de março, sentei com Bill, um médico, Wendy, uma advogada, e Zooey, sua filha chorosa que estava no primeiro ano do ensino médio. Bill ligou depois que vários comprimidos de cor laranja caíram da mochila de Zooey quando ele foi tirá-la da mesa da cozinha. Como a filha não estava em tratamento, ele presumiu que ela tivesse conseguido a medicação [um remédio para déficit de atenção que inclui anfetaminas na fórmula e não é vendido no Brasil] com alguma amiga de turma e a confrontou. Zooey confirmou que estava usando o estimulante para dar conta de todas as tarefas de casa, recusou-se a dizer quem havia fornecido o remédio, e insistiu que só estava tomando para lidar com as atividades escolares.

Bill e Wendy já haviam conversado com Zooey sobre o perigo de tomar medicação não prescrita e marcaram a consulta para discutir o que fariam a seguir. Zooey estava bastante arrependida por ter tomado o remédio e preocupada com o fato de que terminaria suas tarefas sem ele. Ela chorava, mas não aceitou os lenços de papel que lhe ofereci. Afastou as lágrimas com os dedos enquanto descrevia a enorme pressão que sofria para estar entre as melhores alunas da escola, especialmente como filha única de dois profissionais afrodescendentes claramente bem-sucedidos.

Os pais foram compreensivos, mas enfatizaram que ela sempre foi boa aluna e perguntaram por que ela começara com a medicação agora. Zooey explicou o acúmulo de tarefas para três disciplinas eletivas, seu intenso treino de natação, e a solicitação dos pais para que jantasse em família com eles várias noites por semana. Sua matemática estava correta. Não era possível dar conta de todas essas tarefas a não ser trabalhando em uma velocidade absurda na maioria das noites.

Bill e Wendy rapidamente asseguraram à filha que se importavam mais com seu bem-estar do que com suas notas ou seu futuro na faculdade. Quando enfatizaram que não esperavam que ela só tirasse notas máximas, ela irritou-se e disse que tinha suas próprias razões para querer estudar numa faculdade de ponta. Wendy apoiou com veemência as ambições da filha antes de ir para o ponto principal: eles não deixariam que ela fosse para uma faculdade se tivessem razões para acreditar que a filha estava usando medicamentos sem prescrição ou ilegais. Passamos o resto da consulta tentando encontrar uma solução para que Zooey conseguisse terminar o ano. Os pais concordaram em substituir uma das disciplinas eletivas por monitoria, para que tivesse mais tempo de fazer os deveres na escola, e, nas noites de maior atividade, eles podiam conversar rapidamente durante o jantar antes de ela voltar a estudar.

Fiquei à disposição deles, mas não tive outras notícias até encontrar Bill, por acaso, no supermercado, alguns anos mais tarde. Eu nunca cumprimento pacientes quando os vejo em público (por respeito a sua confidencialidade), mas sempre fico satisfeita de ter notícias caso venham falar comigo. De pé entre os brócolis e as batatas, Bill contou que Zooey fora admitida numa das faculdades com que mais sonhava depois de uma reclassificação e transferiu-se feliz e saudável para a universidade.

Nem todas as histórias acabam tão bem como a de Zooey. Como já falamos, se você tem razões para desconfiar de que sua filha está usando drogas, rapidamente busque ajuda do médico ou profissional de saúde mental de confiança. Adultos, em especial aqueles que experimentaram drogas na adolescência sem nenhuma consequência, às vezes não veem com gravidade o fato de adolescentes usarem substâncias ilegais. Eu não sou assim, porque os resultados mais terríveis que acompanhei invariavelmente envolviam o uso de drogas.

O uso de substâncias ilícitas provoca caos na vida do adolescente e rouba seu futuro. Em geral, o uso começa devagar. Conheci garotas que fumavam maconha com frequência e aos poucos foram se prejudicando na escola, se afastaram das amigas que não usavam drogas ou dos adultos que poderiam ajudá-las. Quando uma garota fica chateada com os problemas causados pelo uso de drogas, acaba por usar drogas mais potentes e com mais frequência para se acalmar. Você já pode prever como essa história termina, já que fazer uso de drogas mais pesadas só piora a situação. O uso de drogas e álcool de forma frequente torna o tratamento exponencialmente mais complicado quanto mais se prolonga; quanto antes as garotas com problemas de abuso de substâncias forem atendidas, maior a probabilidade de que consigam se recuperar totalmente.

Sexo e Seus Riscos

Terreno instável: é como a maioria dos pais se sente a respeito de conversar com as filhas sobre vida sexual. Mas você terá mais facilidade se conseguir lembrar-se de que tudo o que já conversamos sobre abordar temas delicados com adolescentes se aplica aqui. Não espere ter "a conversa"; prepare-se para várias conversas. Aproveite as oportunidades quando sua filha contar sobre as amigas, faça algumas perguntas e frise alguns detalhes sem criticar. Concentre-se nos riscos da penetração em vez de focar em regras que não poderá impor. Se ela tiver dúvidas sobre sexo, tente responder apenas o que ela quer saber, em vez de despejar tudo o que sempre quis ensiná-la sobre o assunto. E, quando tiver algo a dizer, assegure-se de fazê-lo em momentos relativamente tranquilos para ela. Essa conversa pode ter a presença apenas de um dos pais (em geral, a mãe), possivelmente enquanto estão juntas no carro ou caminhando, num momento em que não é necessário contato visual; talvez, quando estiverem quase chegando em casa, para que ela possa escapar rapidamente.

Com essas regras básicas em mente, analisemos várias questões específicas para uma conversa sobre sexo: Qual a postura mais útil que um pai pode ter numa conversa dessas? Como explicamos de forma clara nossas preocupações com penetração? O que dizer e quando?

Quanto à postura, já sabemos que garotas podem encarar sua opinião de forma positiva e negativa. Queremos que ela tenha maturidade diante dos riscos intrínsecos ao sexo, então devemos tratá-las como as jovens mulheres equilibradas que esperamos que sejam. Se abordar o assunto dizendo que "sexo é para adultos, você é uma criança, nem pense nisso", sua filha concordará por trás de seu véu. Pior, ela pode decidir provar que é adulta, iniciando sua vida sexual.

Quando tenho encontros com grupos de garotas para conversar sobre como se cuidar quando decidem fazer sexo, geralmente digo: "Os riscos de transar não têm nenhuma relação com a idade. Quando decidir fazer sexo, você vai precisar lidar com as consequências. Conheço mulheres de 35 anos que não se cuidam como deveriam ao fazer sexo. Na minha opinião, elas não deveriam estar fazendo sexo." Ao falar de uma mulher irresponsável aos 35 anos, tento deixar claro que não sou uma adulta que está aqui para fazer sermão. Vim para uma conversa de mulher para mulher. Se decidir experimentar essa abordagem com sua filha, preciso deixar um aviso: as adolescentes têm nojo ao imaginar uma mulher de trinta e cinco anos fazendo sexo, e não disfarçam seu sentimento. É bem engraçado.

Diferentes adultos podem priorizar diferentes riscos ao falar de sexo com adolescentes, mas segue uma pequena lista do que abordar: gravidez indesejada (em relações heterossexuais), doenças sexualmente transmissíveis, um mau entendimento do que significa sexo para cada parceiro, e a grande probabilidade de o encontro ultrapassar os limites do que foi consentido. Nas minhas conversas com as garotas, percebo que esses riscos são mais bem administrados em relacionamentos maduros em que os parceiros conversam de forma clara sobre métodos contraceptivos (em relações heterossexuais), seu histórico sexual e sua saúde física, como a relação é impactada pela decisão de fazer sexo com penetração, o que os dois desejam experimentar ou não durante o encontro sexual.

Uma das pesquisas mais criativas[176] e convincentes que já li comprova que adolescentes devem ser tratadas como pessoas inteligentes quando se trata de sexo. O índice de natalidade entre adolescentes americanas vem caindo desde 1991, mas, em 2009, despencou. Depois de a taxa se reduzir cerca de 2,65% por ano, entre 2009 e 2012, o índice caiu 7,5%, e os economistas e especialistas em gravidez na adolescência, Melissa Kearney, da Universidade de Maryland, e Phillip Levine, da Wellesley College, queriam descobrir por quê. Para a surpresa de muitos, Kearney e Levine se questionaram se o reality show *16 and Pregnant*[177] seria o grande motivador.

Quando o programa estreou na MTV, em junho de 2009, foi um grande sucesso. Enquanto o programa era criticado por glamourizar a adolescente grávida, ele retratava na realidade garotas norte-americanas no momento de lidar com as consequências do parto e da maternidade: partos longos, cesarianas, complicações na saúde, privação do sono, e, para a maioria, o fim do relacionamento com o pai da criança ou a pressão sobre o casal. Kearney e Levine descobriram picos de buscas no Google e postagens no Twitter sobre cada episódio que ia ao ar, e tais picos eram associados a maior volume de buscas e tweets que incluíam os termos *controle da natalidade* e *aborto*. Os exemplos de tweets citados no relatório[178] iam do bem-humorado ("Ainda não estou muito impressionada com a minha decisão de fazer aulas durante a primavera. Vi melhores opções em *16 and Pregnant*) ao honesto ("Sério, assistir ao *#16andPregnant* é o próprio controle da natalidade").

O trabalho partiu desse ponto: com base nos índices de audiência do programa, Kearney e Levine descobriram que o número de partos declinou radicalmente nas regiões geográficas de maior audiência. Os abortos também diminuíram no mesmo período, sugerindo queda na natalidade porque as meninas engravidaram menos, não porque abortaram menos. No final, concluíram que o programa foi responsável pela queda de *um terço* no número de partos adolescentes em todo os Estados Unidos nos dezoito meses após a estreia.

A pesquisa sobre o programa *16 and Pregnant* mostra[179] que as adolescentes são inteligentes. Ao terem acesso a uma realidade relativamente objetiva das consequências de sexo sem proteção, elas mudam de comportamento. Para aproveitar a experiência proporcionada pela MTV, tenha uma conversa descontraída com sua filha sobre os riscos de transar com penetração e como administrá-los. Se ela disser: "Ouvi dizer que Amy fez sexo com um cara que mal conhecia e pegou uma infecção dele", você pode responder: "Nossa, que horror! Se ela pudesse voltar atrás, o que acha que ela faria diferente?" Trate-a com igualdade e faça um convite para pensarem juntas em como ela pode se cuidar melhor quando decidir fazer sexo.

Você pode conversar com sua filha como se ela fosse adulta *e* compartilhar seu ponto de vista e valores ao mesmo tempo. Para a maioria das famílias, não há um momento certo para experimentar determinados comportamentos sexuais, mas, se você tem uma opinião, compartilhe. Você não poderá necessariamente impor seu ponto de vista, mas pesquisas mostram que adolescentes valorizam a opinião dos pais e mudam seu comportamento por causa disso. Se acha que sexo com penetração (ou comportamentos que levam à penetração) só deveria acontecer em relacionamentos longos, quando os parceiros se amam, são maduros, após o casamento, ou reunindo todas as opções anteriores, compartilhe com sua filha.

Quando conversarem sobre sexo, saiba que pesquisas sugerem constantemente que, quanto mais idade a menina tiver[180] quando iniciar sua vida sexual, melhor conseguirá debater os riscos com os parceiros. Por exemplo, você poderia dizer:

— Seu pai e eu achamos que sexo só deve acontecer como consequência de um relacionamento amoroso e adulto, porque adultos que realmente se amam costumam administrar melhor as consequências de ter uma vida sexual.

Ou:

— A idade certa para transar ou o tipo de relacionamento não é o mais importante para nós; nosso desejo é que você só faça sexo quando for responsável o suficiente para conversar sobre prevenção com seu parceiro.

Ou ainda:

— Fazer amor deve ser algo bom, e deixa de ser divertido se você preocupa-se se vai engravidar ou contrair alguma doença. Esperamos que você decida transar só quando estiver pronta para administrar esses riscos.

Talvez você tenha crenças religiosas sobre quando fazer sexo é apropriado ou não. Se for o caso, aproveite a capacidade de sua adolescente pensar de forma subjetiva e a convide para conversar sobre suas motivações religiosas. Trate sua filha de igual para igual, e não tente impor suas regras. Depois de explicar sua visão, abra espaço para uma conversa sincera sobre por que você gostaria que ela compartilhasse as mesmas crenças.

Finalmente, quando ter essas conversas? Não existe uma regra universal, mas seguem algumas dicas. Começar a abordar o assunto entre o oitavo e nono ano, quando sexo ainda não é comum entre adolescentes em muitas comunidades, dará tempo a você para falar das garotas em geral e evitar que sua filha se sinta o alvo. Muitos pais falam de gravidez com as adolescentes antes de abordar assuntos mais complicados, como prevenção de doenças sexualmente transmissíveis, consentimento, o significado do sexo num relacionamento etc.

Conforme sua filha amadurece, você quer a garantia de que ela sabe onde encontrar métodos contraceptivos, com ou sem sua ajuda. Se vocês têm um canal de comunicação aberto para falar de sexo, faça bom uso dele e ajude sua filha a ter acesso a contraceptivos, se ela precisar. Se não têm essa abertura, uma abordagem mais indireta também pode funcionar. Quando falar sobre gravidez, considere dizer: "Eu gostaria que adolescentes soubessem que podem adquirir métodos contraceptivos sem o conhecimento dos pais. Podem comprar camisinhas em qualquer farmácia e conversar em particular com os médicos. Caso eles não possam direcioná-las a programas de controle de natalidade, eles podem indicar clínicas populares ou até gratuitas." A mesma tática pode funcionar para falar sobre doenças sexualmente transmissíveis. Voltando à conversa imaginária sobre Amy (que pegou uma doença) você poderia comentar: "Nem todas as garotas sabem que existem clínicas populares ou gratuitas em que podem se consultar com seus parceiros para garantir que está tudo bem e se tratar se necessário." Se quiser ser mais específica, verifique onde encontrar unidades disponíveis na sua comunidade.

Discussões sobre atitudes arriscadas praticadas por adolescentes podem ser a brecha para você falar de sexo. Se houver razões para achar que a bebida tem um papel importante na vida social de sua filha, você pode explicar a perigosa combinação entre sexo e substâncias. Talvez possa dizer: "Quando eu era mais nova, sabia que algumas garotas bebiam para fazer sexo. O que não era nada bom. Primeiro, podemos nos questionar que tipo de parceiro faz sexo com alguém que está bêbado e significa que as meninas não estão em condições de se cuidar e provavelmente não estão confortáveis para transar."

Tenha em mente que conversar com sua filha sobre sexo com penetração não encorajará ou endossará o sexo adolescente. Talvez vocês não estejam com pressa para ter esse tipo de conversa, mas sexo adolescente faz parte do mundo dela. Na verdade, uma pesquisa nacional bem representativa[181] descobriu que 71% de todos os adolescentes entre doze e dezenove anos assistiram pelo menos a um episódio do reality show

16 and Pregnant, sem levar em consideração a audiência de *Teen Mom*, inspirado no programa da MTV. Sua filha tem muitas fontes para receber informações sobre sexo. Seja uma delas.

Cuidando de Si Mesma: Quando se Preocupar

Ao longo deste livro, abordamos atitudes autodestrutivas quando uma garota está tentando anestesiar uma dor emocional (beber, usar drogas, automutilação e outros comportamentos perigosos). Mas ainda temos que incluir mais dois tópicos na lista: garotas que desenvolvem distúrbios alimentares e as que não estão prontas para se cuidar sozinhas, mesmo quando terminam o ensino médio.

Distúrbios Alimentares

Entre as garotas, os distúrbios alimentares costumam começar na adolescência, e os índices de cura são bastante baixos. Quase um terço das pessoas[182] que sofrem distúrbios alimentares continuam com a doença por, *pelo menos*, dez ou vinte anos após o diagnóstico. Além disso, os distúrbios alimentares, incluído nos distúrbios mentais, são aqueles que apresentam a maior taxa de mortalidade. De cada vinte pessoas[183] com distúrbios alimentares, uma morre de suicídio ou dos efeitos físicos da doença.

Preste atenção se sua filha começar a fazer dietas, a "comer saudável", ou limitar as opções de alimentação (se tornar vegetariana ou vegana). Nem todas as garotas que fazem dieta desenvolvem distúrbios alimentares, mas as que desenvolvem distúrbios alimentares *sempre* começam restringindo alguns tipos de alimento ou mudando os hábitos alimentares. O distúrbio progride gradualmente, e garotas se preocupam em esconder seu comportamento delicado enquanto pioram. Pulam refeições ou dizem aos adultos que já comeram ou que se alimentarão mais tarde. Praticam exercícios em excesso, vomitam ou usam laxantes em grande quantidade para se livrar das calorias indesejadas. E algumas levarão suas regras alimentares bem a sério, recusando-se até mesmo a comer bolo no aniversário de amigos ou a ir a restaurantes com os pais.

Se você tem motivos para suspeitar que sua filha tenha um distúrbio alimentar ou está começando a dar indícios, marque uma consulta com um médico especialista em avaliação alimentar. Não quero incitar o medo ou a paranoia nos pais. Mas, dito isso, os distúrbios alimentares têm muitas semelhanças com distúrbios provocados pelo consumo abusivo de substâncias. Quando identificados no começo, podem ser tratados com sucesso. Mas o tratamento fica mais complicado se postergado e, assim como em relação ao consumo de drogas, muitas pessoas que se recuperam passam o resto da vida tentando não ter recaída, em especial quando sob pressão. Tenha pressa em buscar ajuda se sua filha está com dificuldades para cuidar da própria alimentação. Ninguém deve passar a vida em conflito com o corpo.

Ela Ainda Não Está Pronta para Deslanchar

Como uma sociedade, temos muitos problemas em diferenciar o término do ensino médio da capacidade de cuidar de nós mesmos. Com muita frequência, recebo no consultório adolescentes que estão se recuperando de uma desastrosa saída da casa dos pais. Apesar de deixarem claras evidências de que não estavam prontas para seguir em frente sozinhas depois da formatura no colégio (bebendo demais, perdendo prazos ou deixando de cuidar de si mesmas em outras áreas), elas saem de casa sem um bom planejamento ou vão para a faculdade. Quando começamos o tratamento, a situação já está bem ruim: tiram notas baixas na faculdade porque dormem durante as aulas, tomam decisões estúpidas ou perigosas e podem até ter parado em uma delegacia, e por aí vai. Trazê-las de volta para os trilhos não é fácil; sempre termino nossas sessões desejando que a jovem mulher não tivesse sido jogada no mundo antes de estar pronta.

Todos esses exemplos me vieram em mente quando Mary, uma mãe que morava em meu bairro, telefonou para minha casa numa noite de janeiro, pedindo ajuda para sua filha, uma jovem que costumava tomar conta de minhas duas filhas. Depois de alguma cordialidade, Mary contou que Jeanie estava no último ano do colégio e que esses últimos anos tinham sido difíceis. Eu perdi o contato com Jeanie quando ela parou de tomar conta das crianças, mas eu gostava dela e estava feliz por poder ajudar. Mary explicou que, na metade do ensino médio, Jeanie começou a sair escondida com rapazes de uma faculdade próxima. Os pais só descobriram quando ela os procurou apavorada com a possibilidade de estar grávida. Por sorte, foi um alarme falso. Depois do susto, eles exigiram que ela cortasse relações com os garotos da faculdade, e começaram a acompanhar com quem ela saía.

Tudo parecia tranquilo até o meio do ano, quando Mary encontrou maconha na escrivaninha de Jeanie. Quando confrontada, a menina insistiu que estava guardando para um amigo, mas um exame de sangue solicitado pelo pediatra revelou que ela estava usando maconha e havia experimentado cocaína. Mary e o marido imediatamente inscreveram a filha num programa de aconselhamento, que incluía exames rotineiros de urina. Durante vários meses, os exames tiveram resultados negativos.

Mary decidiu telefonar, porque, na semana anterior, o teste havia sido positivo para maconha e eles receberam um bilhete da escola avisando que a menina deixara de entregar muitos trabalhos importantes. Mary explicou: "Estamos confusos. Mesmo com toda essa situação, ela diz que vai para uma faculdade em Cincinnati como se fosse muito normal. Nós devemos deixá-la ir e torcer pelo melhor ou devemos intervir?"

Aconselhei que ela tivesse uma conversa muito séria com a filha. Concordamos que eles diriam a Jeanie que ela não teria opção de ir para Cincinnati se tivesse outro exame de sangue positivo para uso de drogas ou tirasse notas baixas em qualquer matéria. Mary e o marido temiam que Jeanie se sentisse muito invadida, já que deixara de usar drogas por algum tempo. Até então, nunca tivera problemas acadêmicos. Ao telefone, eu disse:

— Se Jeanie reclamar que vocês estão sendo invasivos, fiquem à vontade para dizer: "Nós não queremos nos meter, mas, para isso, precisamos ter certeza de que você está sabendo se cuidar e mantendo tudo sob controle. Não seremos bons pais se não pudermos intervir no momento em que você deixa de cuidar de si mesma. Mostre que pode se afastar das drogas e administre seus trabalhos escolares e teremos prazer em lhe dar liberdade."

Mary tentou essa abordagem e ligou novamente em julho para dar um retorno. Jeanie havia se formado com boas notas, mas seus testes de urina deram positivo para maconha e ecstasy em junho. A família cancelou a matrícula na faculdade e, apesar da reação violenta dela, insistiu que ela ficasse em casa e trabalhasse no negócio da família, até o ano seguinte. Jeanie trabalharia durante o ano para pagar o depósito de dinheiro perdido, se inscreveria num programa de tratamento para drogas mais rigoroso, e teria que provar ser capaz de cuidar de si mesma de forma confiável. Parabenizei Mary por ter tomado uma difícil atitude que deixa a possibilidade de ir para a faculdade em aberto. Não tinha a menor dúvida de que essa era a alternativa melhor do que a de permitir que Jeanie fosse para a faculdade antes de estar pronta para cuidar de si mesma.

Conclusão

CERTAMENTE VOCÊ JÁ PERCEBEU QUE O TÍTULO DESTE LIVRO TEM MAIS DE UM SIGnificado. O mais evidente deles está em nosso olhar para o desenvolvimento da adolescente — o atrito e os sentimentos sobre os quais os pais conversam uns com os outros — e o organizamos em sete etapas. Mostramos o necessário para que garotas se tornem adultas e analisamos como funciona seu comportamento algumas vezes confuso e frustrante. Basta observar quantas transições são necessárias para deixar a infância e seguir para a vida adulta. Isso já faz com que respeitemos o que elas estão enfrentando e esclarece por que a adolescência pode ser tão estressante para todos os envolvidos.

Menos óbvio, mas talvez mais importante, espero que o livro ajude os pais a se desenrolarem dos nós emocionais em que nos enredamos com nossas filhas adolescentes. Temos reações intensas enquanto nossas filhas crescem, e quando elas nos maltratam, criam um caos familiar, lutam contra as regras, e tomam atitudes estúpidas mesmo quando *acabamos* de aconselhá-las. É fácil tomar como pessoal o comportamento delas. Sei que é natural do adolescente se aproximar dos pais e afastá-los para longe, entendo que algumas vezes achamos que a adolescência é um castigo que as garotas infligem aos pais, quando, na realidade, é uma fase de desenvolvimento estressante e as meninas estão tentando descobrir como enfrentá-la.

Em outras palavras, adolescência não é sobre nós. Com exceção da parte sobre buracos negros, que nos diz *muito* respeito. Mas, mesmo quando precisamos assumir nossas falhas como seres humanos e pais, temos em mente preparar as filhas para o mundo. Nós assumimos nossas diferenças para dizer: "Sim, não sou tudo o que você espera de mim, mas não faça disso um obstáculo para pará-la no meio do caminho ou reduzir a velocidade. Há um mundo lá fora esperando por você; tente não deixar que minhas falhas fiquem no seu caminho."

Quando não tomamos como pessoal o comportamento de nossas filhas e mostramos que elas não devem encarar nossas atitudes como pessoais, seremos pais melhores. Podemos admirar o sucesso de nossas filhas como evidência de seu fantástico crescimento (não por bondade nossa), e podemos encarar suas tentativas como provas de que estão tentando dominar as etapas comportamentais que agora conhecemos tão bem. Desembaraçados, separados, mas completamente presentes, temos uma melhor percepção de quando devemos deixar nossas filhas lutarem e quando devemos lhes oferecer ajuda.

Criar uma jovem mulher será muito irritante, delicioso, desgastante e gratificante. Às vezes, tudo isso no mesmo dia. A tarefa é bem árdua até nas melhores circunstâncias, e todo trabalho duro merece apoio. Quando recebemos esse apoio, quando entendemos o grande esforço que é o desenvolvimento adolescente, podemos de fato desfrutar e empoderar nossas garotas.

Agradecimentos

Sou a pessoa mais sortuda que conheço, repleta de apoio de mais pessoas do que consigo enumerar. Uma lista completa com todos a quem quero agradecer resultaria em um novo livro, por isso aqui vai uma lista resumida.

Esqueça a convenção entre os autores de descrever sua equipe com adjetivos exagerados e acredite quando digo que Gail Ross, minha agente, e Susanna Porter, minha editora, são deusas gêmeas da literatura. Ainda não entendi como tive a sorte de trabalhar com profissionais do calibre delas em minha primeira incursão literária para um público mais amplo.

Este livro e a ideia por trás dele também contaram com a opinião de leitores sábios em cada passo do caminho: Kate Gjaja, Mark Joseph, Sarah McKenzie, Traci Onders, Emily Patton, Davida Pines, Barbara Richter, Diana Simeon, Lisa Spengler, Kim Thompson, Amy Weisser e Sarah Wilson. E este projeto não teria sido possível sem a profunda pesquisa de minha assistente Amanda Block. Agradeço as horas trabalhadas no Centro de Estudos da Criança de Yale, no Departamento de Psicologia da Universidade do Michigan e no Centro Hanna Perkins pelas incríveis oportunidades de aprendizagem que me ofereceram. Espero retribuir o esforço dos meus professores extraordinários quando compartilho parte do que eles me ensinaram com excelência.

No cotidiano, recebi o apoio ilimitado de colegas de profissão que são também meus amigos: Tori Cordiano, Maureen Kreick, Debby Paris e Terry Tobias. E o apoio sem igual do corpo docente da Laurel School, liderado pela nossa inspiradora diretora Ann V. Klotz. Dou o crédito pelo melhor de minha obra a Anne Curzan, minha amiga mais íntima. Não chegaria aqui sem o apoio firme de meus incríveis pais e D, o meu parceiro de verdade, e E e C, nossas meninas. Eu não poderia amar vocês mais.

Este livro apresenta minhas ideias, assim como resume excelentes trabalhos feitos por outros profissionais da minha área. Tenho por objetivo reconhecer cada acadêmico cujo trabalho desenvolveu ou formou minha compreensão a respeito das garotas adolescentes. Qualquer erro ou omissão neste livro é apenas responsabilidade minha.

Não sou a primeira psicóloga a dar-se conta de que realizar nosso trabalho é o mais próximo de poder conhecer muitas vidas em uma só. Reservo a mais profunda gratidão às garotas e suas famílias que enriqueceram meus dias ao corajosamente partilharem um pouco de suas vidas íntimas comigo.

Notas

Epígrafe

1 Freud, A. (1958). Adolescence. *The Psychoanalytic Study of the Child* 13, 255-78, p. 276.

Introdução

2 Por exemplo, ver Arnett, J. J. (1999). Adolescent storm and stress, reconsidered. *American Psychologist* 54 (5), 317-26. Dr. Arnett discute a pesquisa na p. 319, ressaltando que os "diferentes elementos da tempestade e do estresse têm picos diferentes — conflito com os pais no início da adolescência" (Paikoff & Brooks--Gunn, 1991), alterações de humor em plena adolescência (Petersen et al., 1993) e comportamento de risco na adolescência tardia e início da vida adulta (Arnett, 1992, 1999).

3 Freud, A. (1965). *Normality and Pathology in Childhood: Assessments of development*. Nova York: International Universities Press. Ms. Freud se refere a essas etapas como "linhas de desenvolvimento mental".

4 Erikson, E. H. (1950). *Childhood and Society*. Nova York: Norton.

Capítulo 1: Saindo da Infância

5 Freud, A. (1958). Adolescence. *The Psychoanalytic Study of the Child* 13, 255-78, p. 269.

6 Hawk, S. T., Hale, W. W., Raaijmakers, Q. A. W. e Meeus, W. (2008). Adolescents' perceptions of privacy invasion and reaction to parental solicitation and control". *Journal of Early Adolescence* 28 (4), 583-608.

7   Enquanto alguns estudiosos sugerem que o jantar em família talvez não tenha tamanha relevância, a pesquisa tende a indicar que é benéfico para as garotas quando seus pais conseguem estar com elas assiduamente. Veja Musick, K., e Meier, A. (2012). Assessing causality and persistence in associations between family dinner and adolescent well-being. *Journal of Marriage and Family* 74 (3), 476-93.
8   Luthar, S. S. e Latendresse, S. J. (2005). Children of the affluent: Challenges t well-being. *Current Directions in Psychological Science* 14 (1), 49-53.
9   R. Spencer, comunicação pessoal, 24 de outubro de 2013.
10 Furman, E. (1992). *Toddlers and Their Mothers*. Madison, CT: International Universities Press.
11 Freud, S. (1917, 1966). Some thoughts on development and regression-aetiology. *Introductory Lectures in Psychoanalysis*. Nova York: W. W. Norton & Company, Inc., 423-24.
12 Biro, F. M., Galvez, M. P., Greenspan, L. C. et al. (2010). "Pubertal assessment method and baseline characteristics in a mixed longitudinal study of girls". *Pediatrics* 126 (3), e583-90.
13 Bellis, M. A., Downing, J. e Ashton, J. R. (2006). Trends in puberty and their public health consequences. *Journal of Epidemiological and Community Health* 60 (11), 910-11. Garotas afro-americanas entram na puberdade aproximadamente um ano antes das garotas caucasianas: Walvoord, E. C. (2010). The timing of puberty: Is it changing? Does it matter? *Journal of Adolescent Health* 47 (5), 433-39.
14 Greenspan, L. e Deardorff, J. (2014). *The New Puberty*. Nova York: Rodale.
15 Davis, K. (2013). Young people's digital lives: The impact of interpersonal relationships and digital media use on adolescents' sense of identity. *Computers in Human Behavior* 29 (6), 2281-93.
16 Tolstoy, L. (1876, 1981). *Anna Karenina*. (J. Carmichael, trans.). Nova York: Bantam, p. 1.
17 Allen, J. P., Schad, M. M., Oudekerk, B. e Chango, J. (2014). What ever happened to the "cool" kids? Long-term sequelae of early adolescent pseudomature behavior. *Child Development* 85 (5), 1866-80.
18 Lammers, C., Ireland, M., Resnick, M. e Blum, R. (2000). Influences on adolescents' decision to postpone onset of sexual intercourse: A survival analysis of virginity among youths aged 13 to 18 years. *Journal of Adolescent Health* 26 (1), 42-48; Tucker, J. S., Orlando, M. e Ellickson, PL. (2003). Patterns and correlates of binge drinking trajectories from early adolescence to young adulthood. *Health Psychology* 22 (1), 79-87; Schinke, S. P., Fang, L., e Cole, K. C. A. (2008). Substance use among early adolescent girls: Risk and protective factors. *Journal of Adolescent Health* 43 (2), 191-94.

19 Veja um exemplo, Dodge, K. A., Pettit, G. S. e Bates, J. E. (1994). Socilization mediators of the relation between socioeconomic status and child conduct problems. *Child Development* 65 (2), 649-65.
20 Luthar, S. S. e Latendresse, S. J. (2005). Comparable risks at the socioeconomic status extremes: Preadolescents' perceptions of parenting. *Development and Psychopathology* 17 (1), 207-30, p. 207.
21 Luthar, S. S. e D'Avanzo, K. (1999). Contextual factors in substance use: A study of suburban and inner-city adolescents. *Developmental Psychopathology* 11 (4), 845-67.
22 Ward, M. L. e Friedman, K. (2006). Using TV as a guide: Associations between television viewing and adolescents' sexual attitudes and behavior. *Journal of Research on Adolescence* 16 (1), 133-56.

Capítulo 2: Entrando numa Nova Turma

23 Cillessen, A. H. N. e Rose, A. J. (2005). Understanding popularity in the peer system. *Current Directions in Psychological Science* 14 (2), 102-5.
24 Cillessen, A. H. N. e Mayeux, L. (2004). Sociometric status and peer group behavior: Previous findings and current directions. Em J. B. Kupersmidt e K. A. Dodge (eds.), *Children's Peer Relations*. Washington, DC: American Psychological Association, 3-36.
25 Parkhurst, J. T. e Hopmeyer, A. (1998). Sociometric popularity and peer-perceived popularity: Two distinct dimensions of peer status. *The Journal of Early Adolescence* 18 (2), 125-44.
26 Rose, A. J., Swenson, L. P. e Waller, E. M. (2004). Overt and relational aggression and perceived popularity: Developmental differences in concurrent and prospective relations. *Developmental Psychology* 40 (3), 378-87.
27 de Bruyn, E. H. e Cillessen, A. H. N. (2006). Popularity in early adolescence: Prosocial and antisocial sub-types. *Journal of Adolescent Research* 21 (6), 1-21.
28 Charge do antigo *New Yorker*: Mankoff, R. (novembro 16, 1992). Um político falando de outro. *The New Yorker*.
29 Waldrip, A. M., Malcolm, K. T. e Jensen-Campbell, L. A. (2008). With a little help from your friends: The importance of high-quality friendships on early adolescent development. *Social Development* 17 (4), 832-52. A pesquisa sobre o assunto é complexa, e há certamente indício de que ter uma ampla rede social aumenta a probabilidade de ter amizades binárias (entre duas pessoas). Veja, por exemplo, Nangle, D. W., Erdley, C. A., Newman, J. E. et al. [2003]. Popularity, friendship quantity, and friendship quality: Interactive influences on children's loneliness and depression. *Journal of Clinical Child and Adolescent Psychology* 32 [4], 546-55). Porém,

Waldrip et al. (2008), p. 847, descobriu que "um adolescente que tenha pelo menos um amigo que lhe ofereça apoio, proteção e intimidade tem menor propensão a apresentar, mais tarde, dificuldades para controlar outras importantes relações e a quantidade de amigos. Baseado nisso, parece que a qualidade das amizades é um indicador único do ajuste de um adolescente".

30 Weisner, T. S. (1998). Human development, child well-being, and the cultural project of development. Em D. Sharma e K. Fisher (eds.), Socioemotional Development Across Cultures. *New Directions in Child Development*, vol. 81. San Francisco: Jossey-Bass, 69-85.

31 Adams, M. (2009). *Slang: The People's Poetry*. Nova York: Oxford University Press.

32 Gardner, M. e Steinberg, L. (2005). Peer influence on risk taking, risk preference, and risky decision making in adolescence and adulthood: An experimental study. *Developmental Psychology* 41 (4), 625-35.

33 Experimentos como os de Gardner e Steinberg ajudam a explicar o sucesso das leis de licenciamento de condutores para reduzir os acidentes fatais entre adolescentes jovens. Veja, por exemplo, Masten, S. V., Foss, R. D. e Marshall, S. W. (2011). Graduated driver licensing and fatal crashes involving sixteen to nineteen-year-old drivers. *Journal of the American Medical Association* 306 (10), 1098-103.

34 Steinberg, L. (2008). A social neuroscience perspective on adolescent risk-taking. *Developmental Review* 28 (1), 78-106.

35 Steinberg (2008), p. 92.

36 Damour, L. K., Cordiano, T. S. e Anderson-Fye, E. P. (2014). My sister's keeper: Identifying eating pathology through peer networks. *Eating Disorders* 23 (1), 76-88.

37 Costanza, K. (março 11, 2014). "Teens and Social Media? 'It's Complicated'" extraído de http://remakelearning.org/blog/2014/03/11/teens-and-social-media-its-complicated/

38 Selfhout, M. H. W., Branje, S. J. T., Delsing, M. et al. (2009). Different types of Internet use, depression, and social anxiety: The role of perceived friendship quality. *Journal of Adolescence* 32 (4), 819-33.

39 Valkenburg, P. M. e Peter, J. (2011). Online communication among adolescents: An integrated model of its attraction, opportunities, and risks. *Journal of Adolescent Health* 48 (2), 121-27.

40 Pea, R., Nass, C., Meheula, L. et al. (2012). Media use, face-to-face communication, media multitasking, and social well-being among 8- to 12-year-old girl. *Developmental Psychology* 48 (2), 327-36.

41 Hall-Lande, J. A., Eisenberg, M. E., Christenson, S. L. e Neumark-Sztainer, D. (2007). Social isolation, psychological health, and protective factors in adolescence. *Adolescence* 42 (166), 265-86.

42 Black, S. (2003). An ongoing evaluation of the Bullying prevention program in Philadelphia schools: Student survey and student observation data. Artigo publicado no Centers for Disease Control's Safety in Numbers Conference, Atlanta, GA.
43 Evans, C. e Eder, D. (1993). No exit: Processes of social isolation in the middle school. *Journal of Contemporary Ethnography* 22 (2), 139-70.
44 Fekkes, M., Pijpers, F. I. M. e Verloove-Vanhorick, S. P. (2004). Bullying: Who does what, when, and where? Involvement of children, teachers and parents in Bullying. *Health Education Research* 20 (1), 81-91; Wang, J., Iannotti, R. J. e Nansel, T. R. (2009). School Bullying among US adolescents: Physical, verbal, relational, and cyber. *Journal of Adolescent Health* 45 (4), 386-75.
45 Copeland, W. E., Wolke, D., Angold, A. e Costello, E. J. (2013). Adult psychiatric outcomes of bullying and being bullied by peers in childhood and adolescence. *JAMA Psychiatry* 70 (4), 419-26; Teicher, M. H., Samson, J. A., Sheu, Y. et al. (2010). Hurtful Words: Exposure to peer verbal aggression is associated with elevated psychiatric symptom scores and corpus callosum abnormalities. *American Journal of Psychiatry* 167 (12), 1464-71.
46 Olweus, D. (1993). *Bullying at School: What we know and what we can do*. Boston, MA: Blackwell.
47 T. Tobias, comunicação pessoal, julho de 2009.
48 Merrell, K. W., Buchanan, R. e Tran, O. K. (2006). Relational aggression in children and adolescents: A review with implications for school settings. *Psychology in the Schools* 43 (3), 345-60, p. 348.
49 Veja, por exemplo, Copeland, W. E., Wolke, D., Angold, A. e Costello, E. J. (2013). Adult psychiatric outcomes of Bullying and being bullied by peers in childhood and adolescence. *JAMA Psychiatry* 70 (4), 419-26.

Capítulo 3: Dominando as Emoções

50 Uma descrição esclarecedora de altos índices de falsos positivos nas respostas de adolescentes no Rorschach Schizophrenia Index pode ser encontrada em Smith, S. R., Baity, M. R., Knowles, E. S. e Hilsenroth, M. J. (2001). Assessment of disordered thinking in children and adolescents: The Rorschach Perceptual-Thinking Index. *Journal of Personality Assessment* 77 (3), 447-63.
51 Freud, A. (1958). Adolescence. *The Psychoanalytic Study of the Child* 13, 255-78, p. 276.
52 Wenar, C. e Kerig, P. (2006). *Developmental Psychopathology*. 5ª ed. Boston, MA: McGraw-Hill.
53 Casey, B. J., Jones, R. M. e Hare. T. A. (2008). The adolescent brain. *Annals of the New York Academy of Sciences* 1124 (1), 111-26.

54 Hare, T. A., Tottenham, N., Galvan, A. et al. (2008). Biological substrates of emotional reactivity and regulation in adolescence during an emotional go-nogo task. *Biological Psychiatry* 63 (10), 927-34.

55 Siegal, D. J. (2013). *Brainstorm: The power and purpose of the teenage brain*. Nova York: Penguin Group.

56 Steinberg, L. e Morris, A. S. (2001). Adolescent development. *Annual Review of Psychology* 53, 83-110; Brooks-Gunn, J., Graber, J. A. e Paikoff, R. L. (1994). Studying links between hormones and negative affect: Models and measure. *Journal of Research on Adolescence* 4 (4), 469-86. Curiosamente, um recente estudo de Marceau, K., Dorn, L. D. e Susman, E. J. [2012]. Stress and puberty-related hormone reactivity, negative emotionality, and parent-adolescent relationships. *Psychoneuronendocrinology* 37 [8], 1286-98) descobriu que o aumento de atividade hormonal em resposta ao estresse leva a "uma emotividade negativa e a problemas familiares no início da adolescência em garotos, mas *não em garotas*". Mesmo aqui as evidências sugerem que a reação hormonal (um pico nos hormônios da puberdade em resposta ao estresse) pode ser decorrente de fatores estressantes ambientais (como, por exemplo, eventos traumáticos). Em outras palavras, as correlações entre os hormônios da puberdade, humores adolescentes, acontecimentos na infância e os acontecimentos mais recentes são altamente complexas e não podem ser facilmente reduzidas a "alterações hormonais", apesar de a percepção popular dizer o contrário.

57 D. Barrett, comunicação pessoal, setembro de 2002.

58 Sacks, O. (1998). *The Man Who Mistook His Wife for a Hat*. Nova York: Touchstone.

59 Baumeister, R. F., Bratslavsky, E., Muraven, M. e Tice, D. M. (1998). Ego depletion: Is the active self a limited resource? *Journal of Personality and Social Psychology* 74 (5), 1252-65.

60 Hampel, P., and Petermann, F. (2006). Perceived stress, coping, and adjustment in adolescents. *Journal of Adolescent Health* 38 (4), 409-15.

61 Rood, L., Roelofs, J., Bogels, S. M. e Nolen-Hoeksema, S. (2009). The influence of emotion-focused rumination and distraction on depressive symptoms in non--clinical youth: A meta-analytic review. *Clinical Psychology Review* 29 (7), 607-16; Tompkins, T. L., Hockett, A. R., Abraibesh, N. e Witt, J. L. (2011). A closer look at co-rumination: Gender, coping, peer functioning and internalizing/externalizing problems. *Journal of Adolescence* 34 (5), 801-11.

62 Existem debates acalorados sobre a vida emocional dos garotos. Para simplificar, alguns acadêmicos, como o psicólogo William Pollack, dizem que os garotos aprendem a seguir cegamente um código masculino que não identifica emoções, enquanto os psicólogos Dan Kindlon e Michael Thompson acham que os meninos

se tornam "incapazes de aprender emoções" (Kindlon, D. e Thompson, M. [2000]. *Raising Cain: Protecting the emotional lives of boys*. Nova York: Ballantine Books, 197) enquanto outros (por exemplo, os psicólogos Niobe Way e Margarita Azmitia) defendem que os garotos são tão afinados emocionalmente quanto as garotas até o meio da adolescência e não se tornam "menos articulados emocionalmente" até o final da adolescência (Way, N. [2011]. *Deep Secrets: Boys' friendships and the crisis of connection*. Cambridge, MA: Harvard University Press, 18). Existe acordo que os garotos recebem menor apoio cultural para falar sobre seus sentimentos do que uma garota, e que de maneira nada positiva o garoto dispensa igual tratamento para a feminilidade e a homossexualidade.

63 Dan Kindlon e Michael Thompson: Kindlon and Thompson (2000).
64 Rose, A. J. e Rudolph, K. D. (2006). A review of the sex differences in peer relationship processes: Potential trade-offs for the emotional and behavioral development of boys and girls. *Psychological Bulletin* 132 (1), 98-131.
65 Hinduja, S. e Patchin, J. W. (2008). CyberBullying: An exploratory analysis of factors related to offending and victimization. *Deviant Behavior* 28 (2), 129-56.
66 Thapar, A., Collishaw, S., Pine, D. S. e Thapar, A. K. (2012). Depression in adolescence. *Lancet* 379 (9820), 1056-67.
67 Blader, J. C., e Carlson, G. A. (2007). Increased rates of bipolar disorder diagnoses among U.S. child, adolescent, and adult inpatients, 1996-2004. *Biological Psychiatry* 62 (2), 107-14.
68 Costello, E. J., Mustillo, S., Erkanli, A. et al. (2003). Prevalence and development of psychiatric disorders in childhood and adolescence. *Archives of General Psychiatry* 60 (8), 837-44.
69 Freud, A. (1965). *Normality and Pathology in Childhood: Assessments of development*. Nova York: International Universities Press, 124.

Capítulo 4: Desafiando a Autoridade do Adulto

70 Inhelder, B. e Piaget, J. (1958). *The Growth of Logical Thinking from Childhood to Adolescence: An essay on the construction of formal operational structures*. Nova York: Basic Books.
71 Uma inteligente e detalhada descrição desta dinâmica pode ser encontrada em Fraiberg, S. H. (1959). *The Magic Years*. Nova York: Charles Scribner's Sons, 64-65.
72 T. Barrett, comunicação pessoal, novembro de 2001.
73 Lamborn, S. D., Mounts, N. S., Steinberg, L. e Dornbusch, S. M. (1991). Patterns of competence and adjustment among adolescents from authoritative, authoritarian, indulgent, and neglectful families. *Child Development* 62 (5), 1049-65.

74 Steinberg, L., Albert, D., Cauffman, E., et al. (2008). Age differences in sensation seeking and impulsivity as indexed by behavior and self-report: Evidence for a dual systems model. *Developmental Psychology* 44 (6), 1764-78.
75 Steinberg, L. (2007). Risk taking in adolescence: New perspectives from brain and behavioral Science. *Current Directions in Psychological Science* 16 (2), 55-59.
76 Para um resumo dos processos cognitivos que influenciam na capacidade de um adolescente em avaliar situações de risco, veja Albert, D. e Steinberg, L. (2011). Judgment and decision making in adolescence. *Journal of Research on Adolescence* 21 (1), 211-24.
77 Steinberg, L. (2001). We know some things: Adolescent-parent relationships in retrospect and prospect. *Journal of Research on Adolescence* 11 (1), 1-19.
78 Fonagy e sua equipe de pesquisa usaram o termo *mentalizar* e não *inteligência emocional* para descrever sua área de estudo. Fiz a troca por *inteligência emocional* por acreditar que é mais compreensível para um público leigo. O extenso trabalho realizado pela equipe de Fonagy está elegantemente resumido no livro *Affect Regulation, Mentalization, and the Development of the Self* (Fonagy, P., Gergely, G., Jurist, E. L. e Target, M. [2002]. Nova York: Other Press).
79 Asen, E. e Fonagy, P. (2012). Mentalization-based therapeutic interventions for families. *Journal of Family Therapy* 34 (4), 347-70, p. 347.
80 Digo "quase aqui" porque desordens no espectro do autismo são caracterizadas, em parte, pelo que parece ser uma falta inata de inteligência emocional.
81 Gallagher, H. L. e Frith, C. D. (2003). Functional imaging of "theory of mind". *Trends in Cognitive Science* 7 (2), 77-82; Fine, C., Lumsden, J. e Blair, R. J. (2001). Dissociation between 'theory of mind' and executive functions in a patient with early left amygdala damage. *Brain* 124 (2), 287-98.
82 Veja, por exemplo, Sharp, C., Ha, C., Carbone, C. et al. (2013). Hypermentalizing in adolescent inpatients: Treatment effects and association with borderline traits. *Journal of Personality Disorders* 27 (1), 3-18.
83 Refiro-me aqui à ativação do mecanismo de apego, que foi demonstrada, empiricamente, como capaz de acalmar emoções negativas. (Veja Sroufe, L. A. [1996]. *Emotional development: The organization of emotional life in the early years*. Nova York: Cambridge University Press.) Igualmente relevante na conjectura altamente plausível de Fonagy, mostrando que pessoas que demonstraram dificuldades em mentalização em sua adolescência ou vida adulta podem chegar a esse ponto como resultado de um trauma de infância que a sobrecarregou e assim a impediu de refletir sobre os estados internos da mente.
84 Wang, M. T. e Kenny, S. (2014). Longitudinal links between fathers' and mothers' harsh verbal discipline and adolescents' conduct problems and depressive symptoms. *Child Development* 85 (3), 908-23.

85 Zahn-Waxler, C., Crick, N. R., Shirtcliff, E. A. e Woods, K. E. (2006). The origins and development of psychopathology in females and males. Em D. Cicchetti e D. J. Cohen (eds.), *Developmental Psychopathology, Volume 1: Theory and Method*. Hoboken, NJ: John Wiley & Sons, Inc., 76-138.

86 Brett Laursen e W. Andrew Collins: Laursen, B. e Collins, W. A. (2009). Parent-child relationships during adolescence. Em R. Lerner e L. Steinberg (eds.), *Handbook of Adolescent Psychology*. 3ª ed., vol. 2. Nova York: Wiley, 3-42, p. 21.

87 Veja, por exemplo, Steinberg (2001).

88 Jacobs, J. E., Chin, C. S. e Shaver, K. (2005). Longitudinal links between perceptions of adolescence and the social beliefs of adolescents: Are parents' stereotypes related to beliefs held about and by their children? *Journal of Youth and Adolescence* 34 (2), 61-72.

89 Burke, J. D., Hipwell, A. E. e Loeber, R. (2010). Dimensions of oppositional defiant disorder as predictors of depression and conduct disorder in preadolescent girls. *Journal of the American Academy of Child and Adolescent Psychiatry* 49 (5), 484-92; Loeber, R., Burke, J. D., Lahey, B. B. *et al*. (2000). Oppositional defiant and conduct disorder: A review of the past 10 years, part 1. *Journal of the American Academy of Child and Adolescent Psychiatry* 39 (12), 1468-84.

90 As expressões *tempestade* e *estresse* foram cunhadas para descrever a adolescência por G. Stanley Hall, um dos primeiros fundadores do campo da psicologia. Veja Hall, G. S. (1904). *Adolescence: Its psychology and its relation to physiology, anthropology, sociology, sex, crime, religion, and education*. Vols. 1 e 2. Englewood Cliffs, NJ: Prentice Hall. Vale a pena notar que Jeffrey Arnett documentou que, conforme discutido neste livro, há na adolescência um aumento de conflitos com os pais, mudanças violentas de humor e comportamento de risco, mas ele salientou que as pesquisas igualmente indicavam que havia diferenças substanciais entre as dificuldades e que a tempestade e o estresse não são de forma alguma universais ou inevitáveis. Arnett, J. J. (1999). Adolescent storm and stress, reconsidered. *American Psychologist* 54 (5), 317-26, p. 323.

Capítulo 5: Planejando o Futuro

91 Klettke, B., Hallford, D. J. e Mellor, D. J. (2014). "Sexting prevalence and correlates: A systematic literature revie. *Clinical Psychology Review* 43 (1), 44-53.

92 Freeman, C. E. (2004). *Trends in Educational Equity of Girls and Women: 2004* (NCES 2005-16). U.S. Department of Education, National Center for Education Statistics. Washington, DC: U.S. Government Printing Office; Kena, G., Aud, S., Johnson, F. et al. (2014). *The Condition of Education 2014* (NCES 2014-083). U.S. Department

of Education, National Center for Education Statistics. Washington, DC: U.S. Government Printing Office; Cornwell, C., Mustard, D. B. e Van Parys, J. (2013). Noncognitive skills and the gender disparities in test scores and teacher assessments: Evidence from primary school. *Journal of Human Resources* 48 (1), 236-64.
93 Else-Quest, N. M., Hyde, J. S., Goldsmith, H. H. e Van Hulle, C. A. (2006). Gender differences in temperament: A meta-analysis. *Psychological Bulletin* 132 (1), 33-72.
94 Reiner, R. (1987). *The Princess Bride*. Twentieth Century Fox Film Corp.
95 Cassady, J. C. e Johnson, R. E. (2002). *Cognitive test anxiety and academic performance. Contemporary Educational Psychology* 27 (2), 270-95; Chapell, M. S., Blanding, Z., Silverstein, M. E. et al. (2005). Test anxiety and academic performance in undergraduate and graduate students. *Journal of Educational Psychology* 97 (2), 268-74.
96 Veja, por exemplo, Keeley, J., Zayac, R. e Correia, C. (2008). Curvilinear relationships between statistics anxiety and performance among undergraduate students: Evidence for optimal anxiety. *Statistics Education Research Journal* 7 (1), 4-15.
97 Dunlosky, J., Rawson, K. A., Marsh, E. J. et al. (2013). Improving students' learning with effective learning techniques: Promising directions from cognitive and educational psychology. *Psychological Science in the Public Interest* 14 (1), 4-58.
98 Veja, por exemplo, Larsen, D. P., Butler, A. C. e Roediger, H. L. (2013). Comparative effects of test-enhanced learning and self-explanation on long-term retention. *Medical Education* 47 (7), 674-82.
99 Steele, C. M. e Aronson, J. (1995). Stereotype threat and the intellectual test performance of African Americans. *Journal of Personality and Social Psychology* 69 (5), 797-811.
100 Schmader, T. (2002). Gender identification moderates stereotype threat effects on women's math performance. *Journal of Experimental Social Psychology* 38 (2), 194-201.
101 Spencer, S. J., Steele, C. M. e Quinn, D. M. (1999). Stereotype threat and women's math performance. *Journal of Experimental Psychology* 35 (1), 4-28.
102 Bancroft, T. e Cook, B. (1998). *Mulan*. Buena Vista Pictures; Ross, G. (2012). *The Hunger Games*. Lionsgate.
103 Beyer, S. e Bowden, E. M. (1997). Gender differences in self-perceptions: Convergent evidence from three measures of accuracy and bias. *Personality and Social Psychology Bulletin* 23 (2), 157-72.
104 Henderson, V. e Dweck, C. S. (1990). Adolescence and achievement. Em S. S. Feldman e G. R. Elliott (eds.) (1991). *At the Threshold: The developing adolescente*. Cambridge, MA: Harvard University Press, 197-216.
105 Duckworth, A. L., Peterson, C., Matthews, M.D. et al. (2007). Grit: Perseverance and passion for long-term goals. *Journal of Personality and Social Psychology* 92 (6), 1087-101.

106 Freud, A. (1966). *The Ego and Mechanisms of Defense*. Madison, CT: International Universities Press, Inc., p. 168.
107 M. McConville, comunicação pessoal, janeiro de 2001.
108 Undheim, A. M., e Sund, A.M. (2005). School factors and the emergence of depressive symptoms among young Norwegian adolescents. *European Child and Adolescent Psychiatry* 14 (8), 446-53; Verboom, C. E., Sijtsema, J. J., Verhulst, F. C. et al. (2014). Longitudinal associations between depressive problems, academic performance, and social functioning in adolescent boys and girls. *Developmental Psychology* 50 (1), 247-57; Wiklund, M., Malmgren-Olsson, E., Ohman, A. et al. (2012). Subjective health complaints in older adolescents are related to perceived stress, anxiety and gender — a cross-sectional school study in Northern Sweden. *BMC Public Health 12* (993), 1-13.

Capítulo 6: Entrando no Mundo do Romance

109 Kann, L., Kinchen, S., e Shanklin, S. et al. (2014). Youth Risk Behavior Surveillance--United States, 2013. *MMWR Surveillance Summaries* 63 (4), 1-178.
110 Veja, por exemplo, Fine, M. e McClelland, S. I. (2006). Sexuality education and desire: Still missing after all these years. *Harvard Educational Review* 76 (3), 297-338.
111 Eder, D. (1993). Go get ya a French! − Romantic and sexual teasing among adolescent girls. Em D. Tannen (ed.), *Gender and conversational interaction. Oxford studies in sociolinguistics*, 17-31. Nova York: Oxford University Press.
112 Connolly, J. A. e Goldberg, A. (1999). Romantic relationships in adolescence: The role of friends and peers in their emergence and development. Em W. Furman, B. B. Brown e C. Feiring (eds.), *The development of romantic relationships in adolescence*. Nova York: Cambridge University Press, 266-90.
113 Veja, por exemplo, Lawrence, J. (2013, August 2). One Direction Could Be the First Boy Band Worth $1 Billion. *Business Insider*. Extraído de businessinsider.com/one--direction-worth-1-billion-2013-8 em 30 de janeiro de 2015.
114 Faço referência ao excelente trabalho de Lyn Mikel Brown, Lisa Diamond, Michelle Fine, Carol Gilligan, Sharon Lamb, Sara McClelland, Deborah Tolman e outros.
115 Ward, M. L. (2003). Understanding the role of entertainment media in the sexual socialization of American youth: A review of empirical research. *Developmental Review* 23 (3), 347-88.
116 Impett, E. A., Schooler, D. e Tolman, D. L. (2006). To be seen and not heard: Feminist ideology and adolescent girls' sexual health. *Archives of Sexual Behavior* 35 (2), 131-44; Zurbriggen, E. L., Collins, R. L., Lamb, S. et al. (2007). *Report on the APA Task Force on the Sexualization of Girls, Executive Summary*. Washington, DC: American Psychological Association.

117 Fredrickson, B. L., Roberts, T. A., Noll, S. M. et al. (1998). That swimsuit becomes you: Sex differences in self-objectification, restrained eating, and math performance. *Journal of Personality and Social Psychology* 75 (1), 269-84.

118 M. Hicks, comunicação pessoal, outubro de 2009. As ideias de Marybeth não podiam ser mais diferentes do que as minhas (sou tão liberal quanto ela é conservadora), mas concordo com ela plenamente nesse ponto.

119 Peter, J. e Valkenburg, P. M. (2006). Adolescents' exposure to sexually explicit material on the internet. *Communication Research* 33 (2), 178-204.

120 Zillmann, D. (2000). Influence of unrestrained access to erotica on adolescents' and young adults' dispositions toward sexuality. *Journal of Adolescent Health* 27 (2), 41-44.

121 Brown, J. D. e L'Engle, K. L. (2009). X-Rated: Sexual attitudes and behaviors associated with U.S. early adolescents' exposure to sexually explicit material. *Communication Research* 36 (1), 129-51.

122 Häggström-Nordin, E. (2005). Association between pornography consumption and sexual practices among adolescents in Sweden. *International Journal of STD and AIDS* 16 (2), 102-7.

123 Brown e L'Engle (2009); Braun-Courville, D. K. e Rojas, M. (2009). Exposure to sexually explicit web sites and adolescent sexual attitudes and behaviors. *Journal of Adolescent Health* 45 (2), 156-62.

124 Barter, C. e Stanley, N. (2015). *Safeguarding Teenage Intimate Relationships*. Bristol: University of Bristol. Extraído de www.bristol.ac.uk/news/2015/february/stir-study.html em 5 de março de 2015.

125 Isso é claramente uma brincadeira em cima da citação equivocada sobre Mark Twain: "Relatórios de minha morte foram bastante exagerados."

126 Kreagar, D. A. e Staff, J. (2009). The sexual double standard and adolescent peer acceptance. *Social Psychology Quarterly* 72 (2), 143-64; Dunn, H. K., Gjelsvik, A., Pearlman, D. N. e Clark, M. A. (2014). Association between sexual behaviors, Bullying victimization and suicidal ideation in a national sample of high school students: Implications of the sexual double standard. *Women's Health Issues* 24 (5), 567-74.

127 Veja, por exemplo, Cornell, J. L. e Halpern-Felsher, B. L. (2006). Adolescents tell us why teens have oral sex. *Journal of Adolescent Health* 38 (3), 299-301; Bay-Cheng, L. Y., e Fava, N. M. (2011). Young women's experiences and perceptions of cunnilingus during adolescence. *Journal of Sex Research* 48 (6), 531-42.

128 Brady, S. S. e Halpern-Felsher, B. L. (2007). Adolescents' reported consequences of having oral sex versus vaginal sex. *Pediatrics* 119 (2), 229-36. A descoberta descrita no texto se aplica tanto ao sexo oral quanto ao vaginal.

129 Halpern-Felsher, B. L., Cornell, J. L., Kropp, R. Y. e Tschann, J. M. (2005). "Oral versus vaginal sex among adolescents: Perceptions, attitudes, and behavior". *Pediatrics* 115 (4), 845-51.
130 K. Gjaja, comunicação pessoal, agosto de 2014.
131 Ver, por exemplo, Tarrant, M., North, A. C., Edridge, M. D. et al. (2001). Social identity in adolescence. *Journal of Adolescence* 24 (5), 597-609.
132 Weinstein, N., Ryan, W. S., DeHann, C. R. et al. (2012). Parental autonomy support and discrepancies between implicit and explicit sexual identities: Dynamics of self--acceptance and defense. *Journal of Personality and Social Psychology* 102 (4), 815-32.
133 Legate, N., Ryan, R. M. e Weinstein, N. (2012). Is coming out always a "good thing"? Exploring the relations of autonomy support, outness, and wellness for lesbian, gay, and bisexual individuals. *Social Psychological and Personality Science* 3 (2), 145-52.
134 Waldner, L. K., e Magruder, B. (1999). Coming out to parents: Perceptions of family relations, perceived resources, and identity expression as predictors of identity disclosure for gay and lesbian adolescents. *Journal of Homosexuality* 37 (2), 83-100.
135 Olweus, D. (1993). *Bullying at School: What we know and what we can do*. Boston, MA: Blackwell.
136 Padilla, Y. C., Crisp, C. e Rew, D. L. (2010). Parental acceptance and illegal drug use among gay, lesbian, and bisexual adolescents: Results from a national survey. *Social Work* 55 (3), 265-75.
137 Ver, por exemplo, Marshal, M. P., Friedman, M. S., Stall, R. et al. (2008). Sexual orientation and adolescent substance use: A meta-analysis and methodological review. *Addiction* 103 (4), 546-56.
138 Padilla et al. (2010); Ryan, C., Russell, S. T., Huebner, D. et al. (2010). Family acceptance in adolescence and the health of LGBTQ young adults. *Journal of Child and Adolescent Psychiatric Nursing* 23 (4), 205-13.
139 Ver, por exemplo, Walsh, J. L., Ward, L. M., Caruthers, A. e Merriwether, A. (2011). Awkward or amazing: Gender and age trends in first intercourse experiences. *Psychology of Women Quarterly* 35 (1), 59-71.
140 Sabedoria de Jim Hansell, um dos mentores mais importantes da minha vida e carreira, que disse isso enquanto supervisionava meu trabalho psicoterápico com uma jovem mulher que havia se afastado de todas as fontes possíveis de autoestima e, por isso, estava muito deprimida.
141 Tanner, J. M. (1981). Growth and maturation in adolescence. *Nutrition Reviews* (39) 2, 43-55.
142 Para um excelente resumo das descobertas nesse tema, veja Haydon, A. A. e Halpern, C. T. (2010). Older romantic partners and depressive symptoms during adolescence. *Journal of Youth and Adolescence* 39 (10), 1240-51.

Capítulo 7: Cuidando de Si Mesma

143 Freud, A. (1965). *Normality and Pathology in Childhood: Assessments of development*. Nova York: International Universities Press, pp. 75-76. O aspecto comportamental de aprender a cuidar de si mesma se estende ao longo da linha de desenvolvimento "From Irresponsibility to Responsibility in Body Management" articulado por Anna Freud. Ela estava menos otimista do que eu sobre a capacidade de um adolescente cuidar de si mesmo quando disse: "Crianças serão notoriamente descompromissadas e dificultarão os assuntos relacionados à saúde. De acordo com as queixas frequentes das mães, elas se comportam como se exigissem o direito de colocar a saúde em risco e deixar a cargo de suas mães protegê-las e curá-las, uma atitude que muitas vezes se prolonga até o final da adolescência e pode representar o último resíduo da original simbiose entre mãe e filho", p. 77.

144 Becker, A. E., Burwell, R. A., Herzog, D. B. et al. (2002). Eating behaviours and attitudes following prolonged exposure to television among ethnic Fijian adolescent girls. *British Journal of Psychiatry* 180 (6), 509-14.

146 Becker et al. (2002), p. 513.

147 Stice, E. e Shaw, H. E. (1994). Adverse effects of the media portrayed thin-ideal on women and linkages to bulimic symptomatology. *Journal of Social and Clinical Psychology* 13 (3), 288-308.

148 Baker, D., Sivyer, R. e Towell. T. (1998). Body image dissatisfaction and eating attitudes in visually impaired women. *International Journal of Eating Disorders* 24 (3), 319-22.

149 Shroff, H. e Thompson, J. K. (2006). Peer influences, body-image dissatisfaction, eating dysfunction and self-esteem in adolescent girls. *Journal of Health Psychology* 11 (4), 533-51.

150 Kelly, A. M., Wall, M., Eisenberg, M. E. et al. (2005). Adolescent girls with high body satisfaction: Who are they and what can they teach us? *Journal of Adolescent Health* 37 (5), 391-96.

151 Neumark-Sztainer, D., Croll, J., Story, M. et al. (2002). Ethnic/racial differences in weight-related concerns and behaviors among adolescent girls and boys: Findings from Project EAT. *Journal of Psychosomatic Research* 53 (5), 963-74.

152 Roberts, R. E., Roberts, C. R., e Duong, H. T. (2009). Sleepless in adolescence: Prospective data on sleep deprivation, health and functioning. *Journal of Adolescence* 32 (5), 1045-57; Johnson, E. O., Roth, T., Schultz, L. e Breslau, N. (2006). Epidemiology of DSM-IV insomnia in adolescence: Lifetime prevalence, chronicity, and an emergent gender difference. *Pediatrics* 117 (2), 247-56.

153 LeBourgeois, M. K., Giannotti, F., Cortesi, F. et al. (2005). The relationship between reported sleep quality and sleep hygiene in Italian and American adolescents. *Pediatrics* 115 (1), 257-65.

154 Higuchi, S., Motohashi, Y., Liu, Y. et al. (2003). Effects of VDT tasks with a bright display at night on melatonin, core temperature, heart rate, and sleepiness. *Journal of Applied Physiology* 94 (5), 1773-76; Kozaki, T., Koga, S., Toda, N. et al. (2008). Effects of short wavelength control in polychromatic light sources on nocturnal melatonin secretion. *Neuroscience Letters* 439 (3), 256-59.

155 Swendsen, J., Burstein, M., Case, B. et al. (2012). Use and abuse of alcohol and illicit drugs in US adolescentes. *Archives of General Psychiatry* 69 (4), 390-98.

156 Blum, R. W., Beuhring, T., Shew, M. L. et al. (2000). The effects of race/ethnicity, income, and family structure on adolescent risk behaviors. *American Journal of Public Health* 90 (12), 1897-84.

157 Osgood, D. W., Ragan, D. T., Wallace, L. et al. (2013). Peers and the emergence of alcohol use: Influence and selection processes in adolescent friendship networks. *Journal of Research on Adolescence* 23 (3), 500-512.

158 Pascual, M., Boix, J., Felipo, V. e Guerri, C. (2009). Repeated alcohol administration during adolescence causes changes in the mesolimbic dopaminergic and glutamatergic systems and promotes alcohol intake in the adult rat. *Journal of Neurochemistry* 108 (4), 920-31.

159 Silveri, M. M. (2012). Adolescent brain development and underage drinking in the United States: Identifying risks of alcohol use in college populations. *Harvard Review of Psychiatry* 20 (4), 189-200.

160 Ver, por exemplo, Brown, S. A., Tapert, S. F., Granholm, E. e Delis, D. C. (2000). Neurocognitive functioning of adolescents: Effects of protracted alcohol use. *Alcoholism: Clinical and Experimental Research* 24 (2), 164-71.

161 Kann, L., Kinchen, S., e Shanklin, S. et al. (2014). Youth Risk Behavior Surveillance--United States, 2013. *MMWR Surveillance Summaries* 63 (4), 1-178.

162 Johnston, L. D., O'Malley, P. M., Bachman, J. G. *et al.* (2014). *Monitoring the Future: National survey results on drug use, 1975-2013. Volume 1, Secondary school students.* Ann Arbor: Institute for Social Research, The University of Michigan.

163 Nutt, D. J., King, L. A. e Philips, L. D. (2010). Drug harms in the UK: A multicriteria decision analysis. *The Lancet* 376 (9752), 1558-65.

164 Veja, por exemplo, Gruber, S. A., Sagar, K. A., Dahlgren, M. K. et al. (2012). Age of onset of marijuana use and executive function. *Psychology of Addictive Behaviors* 26 (3), 496-506.

165 Meier, M. H., Caspi, A., Ambler, A. et al. (2012). Persistent cannabis users show neuropsychological decline from childhood to midlife. *Proceedings of the National Academy of Sciences* 109 (40), E2657-64.

166 Jacobus, J., Bava, S., Cohen-Zion, M. et al. (2009). Functional consequences of marijuana use in adolescents. *Pharmacology Biochemistry and Behavior* 92 (4), 559-65.

167 Índices de uso de maconha nos anos de 1980 e 1990 estiveram, como os de hoje em dia, próximos aos 40%. Johnston, L. D., O'Malley, P. M. e Bachman, J. G. (2000). *Monitoring the Future: National Results on Adolescent Drug Use: Overview of Key Findings*, 1999. U.S. Department of Health and Human Services, National Institute on Drug Abuse.

168 Não está claro ainda como a maconha ficou tão mais poderosa desde 1970, mas as hipóteses atuais incluem o fato de o carregamento vir cada vez mais do interior do país e usufruir de técnicas mais avançadas de cultivo. Sevigny, E. L. (2013). Is today's marijuana more potent simply because it's fresher? *Drug Testing and Analysis* 5 (1), 62-67.

169 Ver, por exemplo, Schneberk, T., Sterling, G. P., Valenzuela, R. e Mallon, W. K. (2014). 390 "A little dab will do ya": An emergency department case series related to a new form of "high-potency" marijuana known as "wax". *Annals of Emergency Medicine* 64 (4), S139.

170 Ver, por exemplo, Zawilska, J. B. e Wojcieszak, J. (2014). Spice/K2 drugs-More than innocent substitutes for marijuana. *International Journal of Neuropsychopharmacology* 17 (3), 509-25; Bauman, J. L., e DiDomenico, R. J. (2002). Cocaine-induced channelopathies: Emerging evidence on the multiple mechanisms of sudden death. *Journal of Cardiovascular Pharmacology and Therapeutics* 7 (3), 195-202; Verheyden, S. L., Hadfield, J., Calin, T. e Curran, H. V. (2002). Sub-acute effects of MDMA (+3,4-methylenedioxymethamphetamine, "ecstasy") on mood: Evidence of gender diferences. *Psychopharmacology* 161 (1), 23-31.

171 Ver, por exemplo, Robinson, T. E. e Berridge, K. C. (1993). The neural basis of drug craving: An incentive-sensitization theory of addiction. *Brain Research Reviews* 18 (3), 247-91.

172 Edwards, E., Bunting, W. e Garcia, L. (2013). *The War on Marijuana in Black and White*. Nova York: American Civil Liberties Union.

173 Pilkinton, M. e Cannatella, A. (2012). Nonmedical use of prescription stimulants: Age, race, gender, and educational attainment patterns. *Journal of Human Behavior in the Social Environment* 22 (4), 409-20.

174 Morton, W. A. e Stockton, G. G. (2000). Methylphenidate abuse and psychiatric side effects. *Primary Care Companion to the Journal of Clinical Psychiatry* 2 (5), 159-64.

175 Kaye, S. e Darke, S. (2012). The diversion and misuse of pharmaceutical stimulants: What do we know and why should we care? *Addiction* 107 (3), 467-77.

176 Kearney, M. S. e Levine, P. B. (2014). Media Influences on Social Outcomes: The Impact of MTV's *16 and Pregnant* on Teen Childbearing. Apresentada na NBER Working Paper Series, National Bureau of Economic Research.

177 *16 and Pregnant*. MTV, 11 de junho, 2009.

178 Kearney e Levine (2014), appendix B.
179 Ver, por exemplo, Blake, S. M., Simkin, L., Ledsky, R. et al. (2001). Effects of a parent-child communications intervention on young adolescents' risk for early onset of sexual intercourse. *Family Planning Perspectives* 33 (2), 52-61.
180 Mitchell, K. e Wellings, K. (1998). First sexual intercourse: Anticipation and communication. *Journal of Adolescence* 21 (6), 717-26.
181 Albert, B. (2010). *With One Voice 2010: America's Adults and Teens Sound Off About Teen Pregnancy*. Washington, DC: Campanha nacional para prevenção de gravidez adolescente e não planejada.
182 Keel, P. K. e Brown, T. A. (2010). Update on course and outcome in eating disorders. *International Journal of Eating Disorders* 43 (3), 195-204.
183 Smink, F. R. E., van Hoeken, D. e Hoek, H. W. (2012). Epidemiology of eating disorders: Incidence, prevalence, and mortality rates. *Current Psychiatric Reports* 14 (4), 406-14.

Fontes Recomendadas

Capítulo 1: Saindo da Infância

Harris, R. H. e Emberley, M. (2009). *It's Perfectly Normal: Growing bodies, growing up, sex, and sexual health*. Somerville, MA: Candlewick Press.

Lamb, S. e Brown, L. M. (2006). *Packaging Girlhood: Rescuing our daughters from marketers' schemes*. Nova York: St. Martin's Press.

Natterson, C. e Masse, J. (2013). *The Care and Keeping of You 2: The body book for older girls*. Rev. ed. Middleton, WI: American Girl Publishing.

Schaefer, V. e Masse, J. (2012). *The Care and Keeping of You: The body book for younger girls*. Rev. ed. Middleton, WI: American Girl Publishing.

Capítulo 2: Entrando numa Nova Turma

Boyd, D. (2015). *It's Complicated: The social lives of networked tens*. New Haven, CT: Yale University Press.

Simmons, R. (2011). *Odd Girl Out, Revised and Updated: The hidden culture of aggression in girls*. Nova York: First Mariner Books.

Thompson, M., Grace, C. O. e Cohen, L. J. (2002). *Best Friends, Worst Enemies: Understanding the social lives of children*. Nova York: Ballantine Books.

Wiseman, R. (2009). *Queen Bees and Wannabes: Helping your daughter survive cliques, gossip, boyfriends, and the new realities of girl world*. Nova York: Three Rivers Press.

Capítulo 3: Dominando as Emoções

Foa, E. B. e Andrews, L. W. (2006). *If Your Adolescent Has an Anxiety Disorder: An essential resource for parentes*. Nova York: Oxford University Press.

Hollander, M. (2008). *Helping Teens Who Cut: Understanding and ending self-injury*. Nova York: The Guilford Press.

Machoian, L. (2006). *The Disappearing Girl: Learning the language of teenage depression*. Nova York: Dutton.

Siegel, D. J. (2014). *Brainstorm: The power and purpose of the teenage brain*. Nova York: Jeremy P. Tarcher.

Capítulo 4: Desafiando a Autoridade do Adulto

Barkley, R. A., Robin, A. L. e Benton, C. M. (2013). *Your Defiant Teen, Second Edition: 10 steps to resolve conflict and rebuild your relationship*. Nova York: The Guilford Press.

Brown, L. M, e Gilligan, C. (1993). *Meeting at the Crossroads: Women's psychology and girls' development*. Nova York: Ballantine Books.

Simmons, R. (2010). *The Curse of the Good Girl: Raising authentic girls with courage and confidence*. Nova York: The Penguin Press.

Capítulo 5: Planejando o Futuro

Cooper-Kahn, J. e Dietzel, L. (2008). *Late, Lost, and Unprepared: A parents' guide to helping children with executive functioning*. Bethesda, MD: Woodbine House.

Dweck, C. S. (2006). *Mindset: The new psychology of success*. New York: Ballantine Books.

Silver, L. B. (2006). *The Misunderstood Child, Fourth Edition: Understanding and coping with your child's learning disabilities*. Nova York: Three Rivers Press.

Capítulo 6: Entrando no Mundo do Romance

Durham, M. G. (2008). *The Lolita Effect: The media sexualization of young girls and what we can do about it*. Nova York: The Overlook Press.

Levin, D. E. e Kilbourne, J. (2009). *So Sexy, So Soon: The new sexualized childhood and what parents can do to protect their kids*. Nova York: Ballantine Books.

Orenstein, P. (2011). *Cinderella Ate My Daughter*. Nova York: Harper.

Tolman, D. L. (2005). *Dilemmas of Desire: Teenage girls talk about sexuality*. Cambridge, MA: Harvard University Press.

Capítulo 7: Cuidando de Si Mesma

Jensen, F. E. e Nutt, A. E. (2015). *The Teenage Brain: A neuroscientist's guide to raising adolescents and young adults*. Nova York: Harper.

Kuhn, C., Swartzwelder, S. e Wilson, W. (2002). *Just Say Know: Talking with kids about drugs and alcohol.* Nova York: W. W. Norton & Co.

Lock, J. e Le Grange, D. (2015). *Help Your Teenager Beat an Eating Disorder, Second Edition.* Nova York: The Guilford Press.

Pipher, M. (2005). *Reviving Ophelia: Saving the selves of adolescent girls.* Nova York: Riverhead Books.

Impressão e Acabamento:
GRÁFICA STAMPPA LTDA.